エリア・スタディーズ 154

フィリピンを知るための64章

大野拓司
鈴木伸隆（編著）
日下　渉

明石書店

はじめに――21世紀フィリピンへの招待

この本は、「フィリピンってどんな国だろう」という新鮮な疑問を抱いた読者に、最初に手にとってもらえる入門書として研究者や実践者、ジャーナリストらが執筆した。

近年、フィリピンと関わりをもつ人びとの数が増え続けている。外務省の統計によれば、フィリピンに暮らす日本人の数は、２０００年には９２２７人だったが、２０１４年には1万８８７０人となり、なんと1万人近くも増えている。ビジネス出張、ＮＧＯのスタディーツアーやボランティア、英語留学など、様々な形でフィリピンに短期滞在する人も加えると、フィリピン渡航者の数はかつてないほど急増した。またフィリピンにルーツをもつ子どもたちは、母や父の母国に関心をもったり、二つの祖国を行き来したりして暮らしている。国内でも、フィリピン人の介護士や看護師、英語教師と出会う機会が増えてきた。

フィリピンへの好奇心に応える入門書として、２００1年に出版された『現代フィリピンを知るための60章』（大野拓司・寺田勇文編著）は、２００９年に「61章」となって版を重ねるなど、多くの人びとに愛されてきた。しかし、初版からすでに15年が経過し、フィリピンの状況は大きく変化した。フィリピンは、もはや途上国ではなく新興国になったといっても過言ではない。そのため、本書

『フィリピンを知るための64章』では、概説にとどまらず、フィリピンの最前線を捉えることを目的とした。

フィリピンの変化でもっとも印象的なのは、たくましい経済成長だろう。GDP年間成長率は、2000年代中頃から6%～7%を記録し続けている。出生率もアジア諸国では目を見張る高さで、2014年には人口が1億人を突破した。国民の平均年齢は23歳と日本の半分で、周辺国と比較しても若く、「人口ボーナス」に期待が寄せられている。好調な経済を牽引するのは、活発な消費活動で豊かな生活を求める中間層だ。彼らにとって、自家用車はもちろん、海外旅行も新たなライフ・スタイルの一部である。高い英語力を評価されて北米資本のコールセンターが急増し、若者が国内で高い給与を得ることもできるようになった。豊かになったフィリピン市場を狙う投資も相次いでいる。セブン・イレブンは1840店舗（2016年9月）、ミニストップは501店舗（2016年9月）に達し、地方都市でも日系のコンビニがフィリピン伝統の「サリサリ・ストア」にとって代わるなど、日常の消費生活も変わりつつある。

グローバル経済のなかで、フィリピンは看護師、船員、技師など、数多くの優れた労働者を世界各地に供給してきた。日本では、プロの家政婦や家事代行として働くフィリピン人女性に注目が集まっている。2005年以来、ホワイトハウスの料理長もフィリピン人女性だ。たしかに、こうしてグローバルに活躍するフィリピン人の背景には、経済成長の陰でなかなか改善されない貧困、腐敗した国家への幻滅、海外就労者の送金に依存する経済構造がある。しかし、否が応でも押し寄せてくるグローバル経済を自ら乗りこなしていこうとする逞しいフィリピン人の姿を、そうした従来の負のイメージだけで捉えることはできない。

経済成長に後押しされるかのように、政治の面でもフィリピンを発展させるべく様々な挑戦が展開されている。ベニグノ・アキノ大統領（２０１０〜16）は、ＮＧＯ活動家、大学教授、官僚などとして活躍してきた改革勢力を実務者に迎えて、徴税、教育、健康保険、人口対策、貧困対策、反腐敗などの分野で改革を主導した。２０１６年大統領選挙で勝利したロドリゴ・ドゥテルテ大統領は、過激な発言で世界的に物議を醸す一方で、社会の隅々にまで根を張った腐敗構造にメスを入れ、規律ある国家と社会を実現しようとしている。その手法については賛否両論あるが、彼を当選させたのは母国のさらなる発展を願うフィリピン人の挑戦だった。

日本とフィリピンの関係にも変化が生じている。従来、日本は近代化に成功した先進国で、フィリピンは経済発展に失敗した途上国と見なされてきた。両国の関係も、富めるものから貧しきものへの支援といった文脈で語られ実践されてきた。しかし今日、日本の「優越性」はもはや自明ではない。日本社会は、グローバルな経済競争の激化、財政赤字の累積、福祉国家の解体、格差社会化、少子高齢化など、多くの困難に直面している。企業の終身雇用も減少し、非正規雇用が雇用全体の４割を占める。生活が不安定化し、生き残りのための競争が厳しくなる一方、全てを「自己責任」に帰する風潮が強まり、生きぐるしさが増しているようだ。今日、子どもの貧困、非正規雇用、社会格差といった社会問題は、日本とフィリピンが共有する課題となった。

ただし、様々な困難に対処していくにあたって、日本人が国家に頼りがちなのに対して、フィリピン社会では人と人のつながりでお互いの生を支えていこうとする意識と実践が強い。社会保障が未整備で安定した雇用を得るのも難しいなか、人びとは親族や友人など様々な人びとと相互依存の関係を築き、豊かさと幸せを模索してきた。しかも、こうした相互依存のネットワークは、異なる文化をもつ他者にも開かれている。硬直化した日本社会で生きぐるしさを抱え、フィリピンに移住した日本人のなかには、現地の濃密な人間関係のなかに「安心できる居場所」と「再チャレンジの契機」を見出す者も少なくない。またフィリピンには、国家がうまく機能しないならば、自分たちから働きかけて、より良きフィリピンを創出していこうとする人びとも多い。ＮＧＯやジャーナリズムなど、市民社会の活動が活発なのだ。

国家に生の保障を頼れぬ状況のもと、いかに「善き生」を模索していけるのか、という現代日本の課題に対して、フィリピン社会はずっと前から先んじて取り組んできた。日本とフィリピンは同様の問題を抱えて同時代をともに生きる仲間であり、私たちがフィリピンからこの困難な時代を生き抜いていくための手がかりを学んでいくことも可能だ。

こうしたフィリピンの魅力と可能性を読者に広く紹介していくにあたって、本書では次の編集方針を心がけた。まず、読者がフィリピンに抱いた新鮮な疑問に答えられるよう、執筆者はフィリピンと初めて出会った時の感動や驚きを大事にする。次に、フィリピンに関する情報を辞書的に網羅するのではなく、現地の生のリアリティーを感じられるよう、人びとの生活感あふれるストーリーを重視する。そして、日本や他の東南アジア諸国との比較によってフィリピンの特長を浮かび上がらせると同時に、様々な出来事を歴史の流れのなかに位置づけ、その意味を明らかにする。

２０１６年は日比国交正常化から60周年、フィリピン独立から70周年にあたる。また民主化をもたらした1986年のエドサ革命から30周年の節目でもある。本書も、初版・第2版と同様、フィリピンに関心ある多くの読者に息長く愛され、日本とフィリピンの相互理解と交流に少しでもお役に立てれば幸いだ。

最後に、本書の進捗を温かく見守ってくださった明石書店、編集プロダクション、そして本書の趣旨に賛同して原稿を寄せてくださった執筆者の皆さんに心からお礼を申し上げたい。明石書店編集部の小林洋幸氏と佐藤和久氏、編集実務を担当してくださった秋耕社の小林一郎氏のお三方のお力添えがなければ、刊行に漕ぎつけることは出来なかった。あらためて感謝の意を表したい。

2016年12月

鈴木伸隆

日下　渉

フィリピン全図

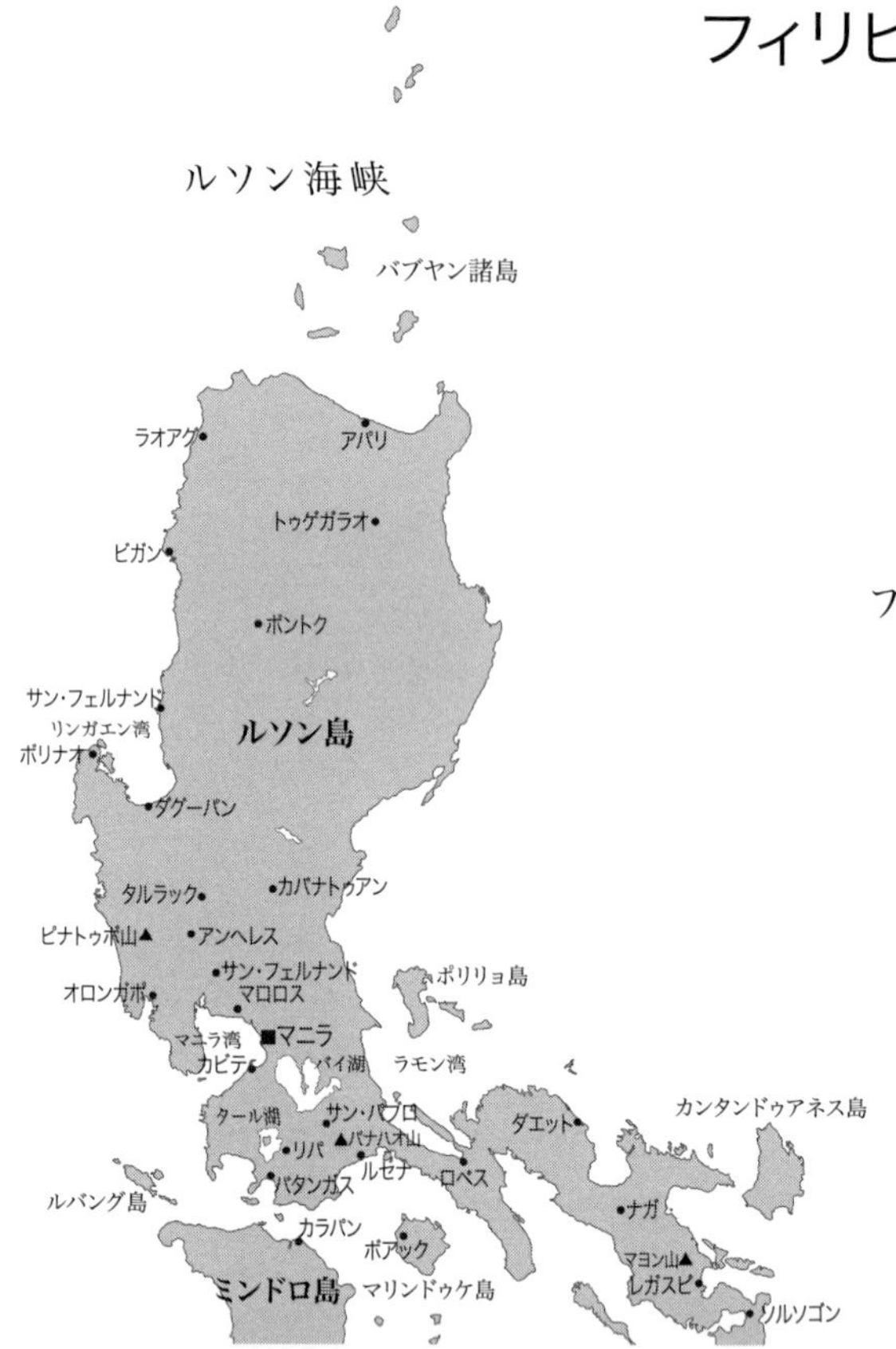
ルソン海峡
バブヤン諸島
ラオアグ
アパリ
トゥゲガラオ
ビガン
ボントク
フィリピン海
サン・フェルナンド
リンガエン湾
ボリナオ
ルソン島
ダグーパン
タルラック
カバナトゥアン
ピナトゥボ山
アンヘレス
サン・フェルナンド
マロロス
ポリリョ島
オロンガポ
マニラ湾
マニラ
カビテ
バイ湖
ラモン湾
タール湖
サン・パブロ
バナハオ山
リパ
ルセナ
ロペス
ダエット
カンタンドゥアネス島
南シナ海
バタンガス
ルバング島
カラパン
ボアック
ナガ
マヨン山
レガスピ
ミンドロ島
マリンドゥケ島
ソルソゴン

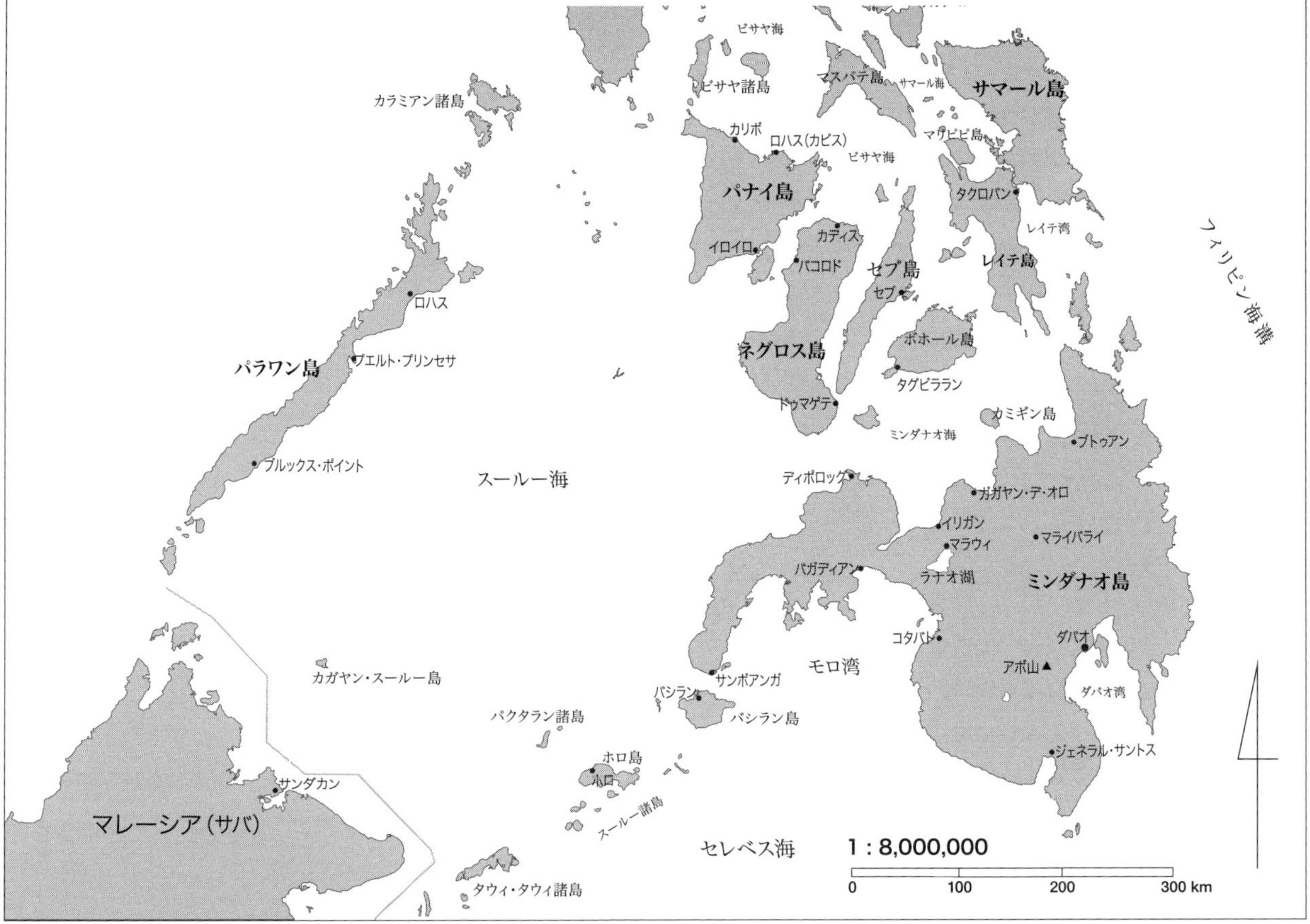
ビサヤ海
ビサヤ諸島
マスバテ島
サマール海
サマール島
カラミアン諸島
カリボ
ロハス(カピス)
ビサヤ海
マリピピ島
パナイ島
タクロバン
カディス
レイテ湾
イロイロ
バコロド
セブ島
レイテ島
ロハス
セブ
フィリピン海溝
ボホール島
ネグロス島
パラワン島
プエルト・プリンセサ
タグビララン
ドゥマゲテ
カミギン島
ミンダナオ海
ブトゥアン
ブルックス・ポイント
スールー海
ディポログ
カガヤン・デ・オロ
イリガン
マラウィ
マライバライ
パガディアン
ラナオ湖
ミンダナオ島
コタバト
ダバオ
アポ山
モロ湾
カガヤン・スールー島
サンボアンガ
バシラン
ダバオ湾
バシラン島
パクタラン諸島
ジェネラル・サントス
ホロ島
ホロ
サンダカン
スールー諸島
マレーシア(サバ)
セレベス海
1 : 8,000,000
0
100
200
300 km
タウィ・タウィ諸島

フィリピンを知るための64章

目次

I　暮らしを映す人間模様

II 未来を照らす歴史

Ⅲ　**変容する社会と文化**

IV 多元化する政治

V

躍動する経済

VI　絡み合う日比関係

※本文中、特に出所の記載のない写真は、一部の例外を除いて基本的に執筆者の撮影・提供による。

I

暮らしを映す人間模様

カラバオ（水牛）と遊ぶ子どもたち（2011年パラワン島、西尾善太）

1

島国の自然と地理

★豊かさを育む★

フィリピンという国から何を連想するだろうか？　透明な海に囲まれた観光地、山岳地の急峻な斜面に整然と作られた世界遺産にも登録される棚田、それともバナナやマンゴーなどのフルーツだろうか。プラスのイメージに繋がるものの中に多様な自然環境が含まれているに違いない。ここでは、こうした自然環境の全体像と成り立ちについて紹介したい。

日本の南西側、熱帯太平洋の西縁にフィリピンは位置する。南北に細長く広がる国土は、緯度にしておよそ5～20度の範囲にあり、日本の最南端である沖ノ鳥島の緯度が、フィリピンの最北端とほぼ等しい。日本と同様に国土は多くの島々から成り立ち、日本が６８００余りの島を持つのに対し、フィリピンは７１０９からなり、インドネシアに次ぐ世界第2位の多島国でもある。国土面積は約30万平方キロメートルで、日本のおよそ8割にあたる。最高峰はミンダナオ島にあるアポ山（２９５４メートル）であり、標高３０００メートル近くに達する山は日本に比較して少ないものの、起伏に富み、火山国であるという点で、日本と共通している。最近５００年間で活動があった火山の数は22と言われ、１９９１年に大規模な噴火をしたピナトゥボ山、その形状から「ルソン富士」とも呼ばれるマヨン山などがある。

南北に広がる国土とはいえ、熱帯の中にあるため、一年を通じて気温変化は小さく、日本のように春夏秋冬を感じられるわけではない。もっとも、北部西岸側には、明瞭な雨季と乾季によって季節が分けられる地域も多く、乾季に落葉する樹木や雨季に花を咲かせる植物もあり、日本と同様景色の中に季節を感じることができる。一方、南部や東岸部は、いわゆる熱帯雨林で覆われるような一年を通じて雨に恵まれる地域で、一日の中に季節があると言われるように、気温だけでなく降水も、年変化より日変化が大きく、ほぼ毎日決まった時間に雨がふるといった特徴がある。このような気候の特徴は、地形や季節風によってさらに変化が加えられるが、気温と降水量の違いは生物の生育にとって大きな問題とはならない。したがって気候環境で考える限り、同じような生物がどの島にも観られてもよいのだが、実際には島によって固有の生物が存在している。

これは島々が一様に形成されてこなかったことに起因している。端的に言えば、パラワン島とミンドロ島がアジア大陸の一部として形成されてきた一方、他の島々は環太平洋造山帯の活動の中で数百万年前に形成されてきたのである。海を挟んで地域性を持って順次形成されてきたフィリピンの島々は、時には海を渡ることが可能な生物を受け入れ、一方で生物の保護に必要な空間と時間を適切に生み出し、同じ気候帯の国々に比較しても生物多様性に富んだ国土を作り出してきた。特に約1万年前に終わった最終氷期の最盛期に、約120メートルの海面低下があったことから、陸繋がりとなった島々とそうはならなかった島々の違いが生じ、現在のフィリピンにおける固有種の分布や特異性に強く影響を与えたとされている。

この時期には、ルソン島と近隣の小さな島々が一塊となったグレーター・ルソンや、ミンダナオ島とレイテ島・ボホール島・サマール島などが一緒になったグレーター・ミンダナオ、ネグロス島・パナイ島・セブ島・マスバテ島で構成されるグレーター・ネグロス-パナイといった大きな島となっていた。最終氷期に陸続きであった島々では生物の類似性が認められる一方で、陸続きとはならなかった島との間で生物分布の相違が生じたのである。グレーター・ミンダナオに属していた島では、フィリピンヒヨケザルや、トカゲや大型昆虫を捕食するメガネザルが生息するなど、海を渡ることのない哺乳動物のうち約80％が他の地域には見られない。同様に、グレーター・ルソンの中の少なくとも70％は、他の地域には見られず、この中にはジャイアント・クラウド・ラットなどを見ることができる。フィリピンの島々を巡る機会があるのなら、頭に入れておきたい点である。

このような長期的に生じてきた生物地理的な分布と生物の多様性に加え、気候環境はより多彩な自然的特徴を島々に作り出す。季節風や降水帯の季節変化と南北に連なる山地は、降水量の多いフィリピン国土の中で特に降水量の多い地域や比較的少ない地域、また乾季を伴う地域を生み出している。降水帯が北上し、南西からの季節風が吹く北半球の夏季になると、国土のほぼ全域で降水量は増加する。特に、高い山を配する島の風上側にあたる西岸部を中心に降水量は増加する。ルソン島の北部やパナイ島などがこれにあたる。逆に北半球の冬季には、北東季節風に覆われ、降水帯も南下するため、南部を除く地域で全体的に降水量が減少すると共に、風上側となる東岸部で降水量は増加する。一方、中部ルソン平原やシブヤン海からミンダナオ海に至る内海は、季節風に対して常に山の風下側となり総降水量が相対的に少ない。こうした地域は弱い乾季が存在することもあり、熱帯モンスーン気候区として区分されていることも多く、特に中部ルソン平原などは統計期間によってはサバナ気候にも区分されるような場所でもある。

さらに標高による気温や降水量の違いは、多様な植生分布を作り出している。およそ１０００メートル程度の標高までに成立する熱帯低地林の植生分布は、一般に熱帯雨林と同等で、フィリピン・マホガニと呼ばれるフタバガキの生い茂る植生帯である。その上部は山地林となり、ナラやカシ、月桂樹などの樹木へと変わり、樹高も低くなる。さらに標高が上がり低温になると、頻繁に霧に覆われる蘚苔林帯へと推移し、コケ、シダ、ランが地表を覆う景色となる。ただし、１０００メートルを超す山地においても乾季を持つ地域では松林となる。

雨は植生分布だけでなく、生活の中に日常的な風物を作り出している。雨季を中心に田植えの風景が見られ、刈り入れ時期には稲籾で覆われた金色の道路が広がる。雨季に冠水してしまうような水田では、雨季の終わりを前後して田植えが見られたりする。熱帯特有のスコール、日本で言えば夏の夕立のような短時間に降る強い雨を、子どもたちが天然のシャワー代わりにしているのは今でもよく見かける光景だ。その一方で、スコールは、マニラなどの市街地の道路を日常的に冠水させるので、これによる交通渋滞にもよく遭遇する。ただし、こうした雨よりも熱帯低気圧や台風による雨の方が圧倒的に多く、年降水量の約7割が低気圧によるものだという。

日本と違って台風はゆっくりと進むので、影響する時間も長く、もっとも強くなる地域でもある。洪水はもちろん、土砂崩れによる被害など毎年のように災害の原因となっている。２０１３年にレイテ島を直撃した台風30号（現地名・ハイエン）が、沿岸のタクロバンを中心に高潮をもたらし、死者・

行方不明者7000人を超す被害を与えたことは記憶に新しい。ミンダナオ島を除くほとんどの地域は、台風の常襲地であり、人びとはそれも織り込み済みで生活をしているともいえる。自然災害を引き起こす現象は厄介なものではあるが、それを含めてフィリピンの豊かな自然は成り立っている。

（森島　済）

2

人の一生と儀礼

★洗礼・成人・結婚・葬式★

誕生、洗礼、成人、結婚など、人の一生にはいろいろな節目がある。節目の行事は、家族や宗教、さらに法律といった様々なレベルで、「やるべきこと」、あるいは「やったほうがいいもの」として受け継がれてきた。

フィリピンのローマ・カトリック社会では、子どもが生まれると、親が真っ先に考えるのが洗礼式の準備である。カトリック教会では、遅くとも出生後3カ月以内に洗礼を受けさせるよう呼び掛けているが、親の側としては、式とパーティーの準備に時間がかかるので、洗礼が1年以上も後になるケースも珍しくない。後見人役の洗礼親を選び、教会への提出書類を揃え、子どもを「良きカトリック教徒」として育てるためのセミナーも受け、また、ケーキや料理の注文をするなど準備することはたくさんある。また、その費用も用意しなければならない。低所得者層の家族でも、洗礼のパーティーでは鶏をつぶし、子豚の丸焼きを買い求め、多くの客が来ても食べきれない量のご馳走を用意して、子どもの誕生を祝うのである。

フィリピンの男性にとって誕生の次に来る大きな節目は、「トゥリ」と呼ばれる割礼であろう。この国の割礼は、スペインによる植民支配以前のイスラーム教の影響ではないかとみる説もあるが、実際には、所属する宗教に関係なく行われており、一般には、衛生上好ましいので行うものと信じられている。男の子は5歳～7歳ぐらいになると、遊び仲間やクラスメートからトゥリについて知るようになる。性器の包皮の一部を切除するので痛みは数日間続き、日常生活に不便を伴う。トゥリを受けることで困難に挑む勇敢さを証明し、「子ども」の段階を抜けて、次のライフサイクルに進むことを示すのである。いつまでも割礼をしないでいると、「臆病者」というレッテルを貼られてしまう。

トゥリ専門家や民間治療師が施術する慣習が続いている一方で、都市部の家族は、病院の小児科に行ったり、保健センターで夏季休暇期間中に実施される割礼クリニックを利用したりする。

フィリピンのイスラーム教徒の間には女子の割礼もあったようだが、現在は8歳前後での象徴的な儀礼にとどまり、実際に女性器に施術することはなくなっているという。

少年期から青年期に入る節目には、「プロム」と「デビュー」がある。プロムは正式なダンスパーティーで、ハイスクールで学校行事として行われるのが一般的だ。学年全員が参加するイベントなので、大掛かりなパーティーとなる。男子はスーツにネクタイ、女子は足首までの長いドレス姿で、いわば、成人としての正装である。当日はそれぞれが「プロムデート」と呼ばれる異性の同伴者を選んで、一緒に会場に行く。

プロムがアメリカの影響なら、デビューはスペインが持ち込んだといわれる。女の子が18歳になった時に開かれる盛大なダンスパーティーである。プロムは学校行事だが、デビューは家族の催事だ。父と娘のダンス、娘と招かれた男性とのダンスが繰り広げられ、女の子が父親の庇護を離れて他の男性と新しいライフサイクルに入っていく準備ができたことが象徴的に示される。フィリピンの法的な成人年齢は18歳だが、プロムもデビューも、社会人としての認知より、婚姻という次の節目に向けての儀礼という意味合いが濃い。

フィリピン語の「結婚する」に相当する言葉には、一般的に「マグアサワ」が使われる。アサワは配偶者を意味し、同居して夫婦関係に入ることを指す。一方、「マグカサル」という言葉もある。これは宗教儀式としての結婚式を挙げることで、この二つは区別される。カトリックの結婚式には多大な費用がかかるため、同居を始めて子どもが生まれても、資金が貯まるまで挙式を待つというケースは多い。これは、宗教上の婚姻ということだけではなく、法的側面もある。ふつう、式における結婚の誓いと婚姻契約書への署名はセットとして考えられているので、式がなければ法的手続きも行われず、妻は姓を変えないし、夫婦お互いの財産に対する権利も発生しない。宗教的手続きを踏まなくても、民事裁判所で裁判官の立ち合いの下に結婚することはできるのだが、カトリック教徒のフィリピン人にとっては式こそが重要なので、民事結婚だけで済ませるのは、あまり一般的ではない。

フィリピンの家族法は離婚を認めていない。カトリック教総本山のバチカンの決定に従っているからといわれているが、離婚はできなくても、婚姻の解消、つまり結婚を無効とする手続きをとることは可能だ。しかし、解消は訴訟という形をとり、弁護士を立てて厳しい要件をクリアしなければならない。時間も費用もかかるため、実際には法的手続きをとらずに別居して、実質的な再婚生活に入る人も少なくない。

イスラーム教徒に関しては、１９７７年成立の大統領令第１０８３号「イスラーム身分法」がある。

これは、ムスリム同士に限って重婚（夫が複数の妻帯）および離婚を認める文化多元主義的な法令である。

フィリピン人の社会観では、地縁コミュニティや社会制度より、親族縁者のつながりに重きを置く傾向があり、老後の生活もこのネットワークの中で営まれるのが一般的だ。ある東南アジアの高齢化調査によると、フィリピンの高齢者は親族縁者のサポート環境に対する満足度が相対的に高く、また高齢者労働市場も存在する。その一方で、年金受給者は65歳以上の人口の3割に満たず、高齢者の貧困化という問題は親族サポートの有無にかかっている。

葬送の儀礼は、カトリックでは通夜と埋葬である。通夜は、長い時では1週間も続く。親類や友人、知人が次々にやってくるので、弔問者のために軽食が用意され、ちょっとしたパーティーのようである。葬式は死者を悼むと同時に、人びとの生活が継続していることを確認する場でもあるのだ。埋葬の日は、ミサの後、墓地まで長い葬列を作って棺を運ぶ。埋葬が終わったら、会葬者は墓地から直接家に帰らず、レストランなどに立ち寄ってから帰宅するという習慣もある。

カトリック、イスラーム、それに先住民グループでも、火葬は一般的ではない。都市部のカトリック教徒の間では簡便さから火葬を選ぶケースが多少出てきているが、イスラーム教徒では火葬はタブーで、死者を死去当日の日没までに埋葬するのが原則である。山岳地方の先住民ではいったん埋葬や風葬などをしてから、肉体軟部の腐敗を待って数年後に骨を取り出し、洗骨して保存する慣習があった。これは身体や霊魂に関する考えに基づくものであり、また、長期にわたる祖先崇拝の儀礼の一部でもあった。

墓は原則的に個人のものなので、都市部のカトリック教徒では、亡くなった家族が別々の墓地に葬られていることも珍しくない。毎年11月２日の万霊節が近づくと、墓参りに、あちこちの墓地を巡り歩く人もいる。墓地のスペースが限られていたり、家族に埋葬地を購入する余裕がなかったりする場合は、土中に埋めるかわりに棺をコンクリートで固めて積み上げて墓にする。一方、富裕層では数体を収容できる大きな埋葬地を所有し、親戚が会合する機会に備えて、墓を中心に家を建て、エアコンや冷蔵庫を設置するケースもある。どちらにしても、万霊節には、人びとは貧富に関係なく花とロウソクを買い、食べ物を持って、先立った家族の墓の回りに集うのである。

（永井博子）

3

都市生活者

★「豊かさ」を追い求めて★

フィリピンの都市化は急速に進んだ。都市人口は、1980年には全体の37％だったが、2010年には49％となった。今や全人口の半数が都市部で暮らしており、マニラ首都圏に1000万人以上が集まる。平日には近郊から300万人が通勤・通学してくるので、日中の人口はさらに膨れ上がる。これだけの人たちをマニラに引き付けるのは、「豊かさ」だ。しかし、大都市の生活は決して容易でない。都市生活者は、どんな困難に立ち向かいつつ、それぞれの豊かさを追い求めているのだろうか。

まずは都市中間層に焦点を当ててみよう。一握りの富裕層と多数を占める貧困層。その間を形成する中間層は人口の2、3割とされ、その6割が都市で暮らす。安定した収入のある給与生活者が主だが、その所得の幅は広い。職業をみると、医師・弁護士・教員といった専門職、企業の経営者、多国籍企業の従業員、商店主、公務員に加えて、海外企業から業務を委託されるビジネス・プロセス・アウトソーシング（BPO）で働く人も急増している。

マニラでは、開発業者が高層コンドミニアム、ゲート付きの分譲地、ブランド店の並ぶショッピング・モールを次々と建設してきた。これらを牽引するのも、中間層の活発な消費活動だ。実際、中間層の友人たちの暮らしぶりが、2010年代に入ってからますます豊かになっているのを痛感する。中でも豊かな層はゲート付きの分譲地や高層コンドミニアムに住み、そこから自家用車で職場に通う。近隣アジア諸国への海外旅行も人気だ。日本を訪れるフィリピン人の数も、2010年の7万7377人から2015年の26万8361人に激増している。就労目的ではなく、旅行客が数字を押し上げているのだ。こうした豊かさは、彼らが様々な職業分野で成功しているのに加えて、経済成長の恩恵でもある。2010年代に国際的な格付け機関がフィリピンの評価を引き上げたことにも後押しされ、低利の銀行ローンで車や住宅を買えるようになった。

ただし、特に若い世代はただ社会上昇を追い求めるのではなく、「いかに自分らしい人生を実現できるか」と自己実現を模索している。10代の子を持つ親たちによると、子どもの高等教育とキャリアをめぐって世代間の食い違いがあるという。親は子に弁護士や医師、技術者、建築士など伝統的な専門職に就いてもらいたいと願うが、若い世代はたとえばシェフやアニメーターといった自分の趣味や価値を反映したより多様な道に進みたいと思うようになっているというのだ。

中間層の生活ぶりは一般的な日本人と似たり寄ったりだが、彼らはグローバルな英語文化に、より深く組み込まれている。子どもの時から私立学校で高度な英語の授業を受け、家庭でも英語を話す。アメリカのテレビ番組や最新映画をそのまま視聴し、常時接続されたインターネットを通じて英語情報に接し、自らも情報を発信する。グローバルな労働市場に参入することに大きな障壁はない。

中間層の不満は、給与から3割もの所得税を差し引かれているのに、政府の供給する公的サービスが劣悪なことだ。公立の学校や病院は質が落ちるし、警察も頼りにならない。そのため、費用の高い私立学校で子どもを学ばせ、私立病院で治療を受け、警備会社に治安を頼らなくてはならない。年々悪化する交通渋滞や雨季の大洪水といった都市インフラの欠陥も頭痛の種だ。公的サービスが劣悪なのは、政治家が税金を不正に流用したり、法を適切に執行していないからだ、と彼らは不平をこぼす。

国家に頼れないという諦めは、自らの力でキャリアと生活を築かなくてはならないという決意となる。子どもの教育に熱心なのもそのためだ。また大学の同窓生ネットワークも、仕事の紹介や取引を円滑にするので重要だ。

もっとも、キャリアを追及するだけでなく、自らの専門職やNGO活動を通じて、国家と社会の仕組みそのものを変革しようとする者も多い。彼らはメディアを駆使して洗練された意見を表出するので、政治家も気を配らざるをえない。変革を目指す中間層の言論と活動が、フィリピンの市民社会を先導してきたといえよう。

他方、都市貧困層は土地を不法に占拠したスラム街で暮らす。農村から出て、豊かになる夢を都市の生活に賭けた移住者とその子どもたちだ。団地のような国家の大衆住宅政策が成功しないなか、スラムの形成は独立前後から始まった。政府の推計だと、２０１０年時点で２８０万世帯が首都圏の不法占拠地で暮らしている。続々と流入する労働人口を吸収するような製造業が十分に発達しなかったため、彼らの多くは露天商、雑貨店、輪タクの運転手といったインフォーマル・セクターで生業を立てる。また商店の警備員、ショッピング・モールの販売員などサービス業での短期契約労働も増えている。

一見するとスラムの生活は、明るいし楽しそうですらある。女性は洗濯をしながら井戸端会議に興じ、穴の空いた服を着た子どもが元気に裸足で走り回っている。小金が手に入った男らは、道端で酒を酌み交わす。若者はバスケットボールに熱中している。だが、彼らの生活には多くの困難がある。収入は細々なうえ、不安定だ。失業しても、社会保障の恩恵にあずかれるわけでもない。スラムは都市開発の妨げになるとして、いつ国家から立ち退きを強制されてもおかしくない。ドブ川沿いや路地の奥で暮らす人は、洪水や火事が起きれば住まいを失い、時には命まで失いかねない。スラムの中でも、「豊かさ」に辿り着ける人もいれば、そうでない人もいる。

調査のため、私がスラムで共に暮らしたエルマとピーターの夫婦は、1997年にボホール島の農村からセブ市の不法占拠地に移り住んだ。だが、その家が取り壊されてしまったので、マニラの不法占拠地に引っ越して賃貸生活を始めた。彼らの大家は80年代に土地を不法占拠して、賃貸用の住居を後続の移住者に貸し出し、雑貨店と食堂も経営していた。賃貸生活の問題は、家賃に加えて割高な電気代と水道代を大家に払わなくてはならないことだ。そのため夫婦は、3年後に中古のトタンやベニヤ板を買い自らの家を建設し始めた。

その際、この土地を所有する国立フィリピン大学は、新たな土地占拠を禁じているので、夫婦は目こぼししてもらうために7000ペソ（当時のレートで約1万5000円）を賄賂としてその治安担当の部局に支払った。また彼らは果物を街頭で売って生計を立てたが、毎週末に役人と警察に賄賂を渡した。住居や露店の取り壊しを免れるためだ。貧困層は法を遵守していては都市で生きていけない。そのため国家の法制度を底辺から侵食し、生存を支える非公式な秩序を作り上げてきた。こうした「腐敗」がなければ、国家の法と貧者の生活は、都市に深刻な対立をもたらすだろう。

ただし、賄賂はその場しのぎの安全しか約束しない。この夫婦がささやかな豊かさをつかむきっかけは、妻エルマの尊厳と商才にあった。彼女は近所の中間層の女性からソーセージを仕入れて街頭で売り始めたが、売上金の配分をめぐる諍いで決裂してしまう。雨の日も風の日も仕事をしてきたのに、「ただの露天商」と見下されたというのだ。その後、彼女はソーセージ工場を自ら探し当て、商品を直接仕入れることに成功すると、仲介者がいなくなったので利益率が上がり、商売はうまくいった。不法占拠地に住み続けているものの、家を増築し4つの部屋を別の家族に貸して家賃収入も得られるようになった。長女を大学に進学させることもできた。

羽振りの良くなったエルマのもとには、様々な問題を抱えた友人が頻繁に金を借りにくる。その多くは戻ってこないが、彼女は陰で文句を言いながらも貸し続けている。彼らは困っているから仕方ないというのだ。反目しつつも相互扶助の縁を切らないというのも、スラムで生き抜く知恵のひとつだ。

（日下　渉）

4

地方生活者

★しなやかな資源利用★

地方社会の人びとの生活は、様々な自然資源の利用によって成り立っている。この章では、7000以上の島々からなる多島海域社会という特徴をもつフィリピンにおける人と資源の関係に焦点をあてて、そこでの暮らしを描いてみたい。そのために、漁民のライフヒストリーをみてみよう。

フィリピンでは1990年代以降、地方分権化が進められ、「国のかたち」が大きく変わった。それは政治制度だけでなく、地方社会の資源利用の制度にも大きな変化をもたらした。具体的には、各地方自治体（特にムニシパリティ）のものとされる資源の範囲が明確に区画化され、囲い込まれることになった。これにより、従来は誰でも利用可能という「オープンアクセス性」を特徴とした資源利用が、特定の人びとによる排他的利用へと移行していった。この結果、沿岸部には多くの海域資源保護区が設置され、限られた利用者によって資源を「獲る」のみでなく、「保護し」、「育て」、その市場価値を「高める」ことが求められるようになった。このような変化は、一方では持続的資源利用に必要となる規律や規範を身に付けることを人びとに求める。他方、新たな制度は人びとの従来の生業活動を大きく制限・拘束し、人びとがその制度の下で生きていくことを困難にもする。

今日の地方社会の人びとは、資源利用におけるこのようなジレンマの中で、どのように生活しているのであろうか。以下に提示するライフヒストリーからは、このような大きな制度的変化に翻弄されつつも、しなやかに生きぬく生活者の様子が垣間見える。

リト（仮名）は、フィリピン中部のビサヤ諸島中央に位置するセブ島南部のオスロブ町で1960年に生まれた。当時のセブ島南部の人びとの生活は、アビネス家という有力な政治家一族の強い影響下にあった。リトによれば、彼が小学生の頃には、自分の父と兄を含め、町のほとんどの男たちはアビネス家の経営するムロアミと呼ばれる大型追い込み網漁に雇用されていた。セブ南部のムロアミは、一組300人前後の乗組員漁師により組織され、年間の10カ月ほどをスールー海や南シナ海に遠征して操業した。ムロアミは、潜水夫として雇われた多くの少年たちにより、さんご礁に生息する魚類を根こそぎ捕獲するという、いわば略奪的な漁法であった。リトの少年時代には、セブ南部の町々にはこのようなムロアミ船団が30組近くもあり、操業期間には漁師だけでなく、遠方での操業キャンプで煮炊きをする女性たちも含め数千人もの住民がはたらいていたという。

リトは少年時代、遠征操業から帰ってきた同年代の漁師たちが肩で風を切り、仲間たちに大盤振舞いする様子を非常に羨ましく思い、小学校を卒業して14歳の時に、自分もムロアミの遠征で働くことを希望した。当時のムロアミ漁は、児童労働と酷使ぶりが社会から強い批難を浴びていた。リトたちの操業においても、船上や海中での長時間の労働は過酷を極め、銃を持った監視役に重労働を強いられた。中には、病気になり、そのまま命を落とす少年たちもいた。

こうしてリトは2年間ムロアミで働いたが、「操業中の寒さには耐えられなかった」という。そして18歳の時、ある決断をした。彼の船団が、操業先のパラワン島で停泊している最中、夜陰にまぎれて逃亡し、付近の漁村に身を隠したのであった。彼が逃亡したのは、操業が過酷だったからだけではなく、むしろ「新天地で運を試したい」という若者らしい願望からであった。

パラワン島でリトは成長し、家族をもうけ、一人前の漁師としてその生活を支えた。しかしながら１９９０年代以降、リトの生業を取り巻く環境は変化し始めた。まず、それまで漁場として利用してきた沖合の島周辺が海域資源保護区となり、そこでの操業が禁じられた。また、従来フィリピンの多島海域の零細漁民たちは、季節風の影響を受けにくい場所に一時的なキャンプを形成し、そこへの季節的な移動を伴う漁業操業を行ってきた。しかし、そのような操業は、先に述べた資源管理制度の変化とともに違法化され、移動先の地方自治体によって厳しい取締りの対象となった。リト自身も、しばしば移動先の自治体の司法当局に逮捕・拘束され、罰金を科されることになり、２００６年以降ついに彼は漁業継続を断念せざるを得なくなった。

その後、リトは友人の紹介で付近の鉱山で職を得た。パラワン島には、銅、ニッケル、クロムなどの資源が豊富で、日本や欧米系の会社によって経営される多くの鉱山が展開している。その一つで、リトは鉱石や鉱夫たちの海上運搬のためのボートの操業をして賃金を得ていた。しかしこの時期、パラワン島の鉱山開発が森林環境にもたらす破壊的影響に対して、メディア、ＮＧＯ・市民社会、そして知識人たちからの厳しい批判が増大しつつあった。その結果、２００８年にパラワン州政府は、全国に先駆けて州内の鉱山操業の停止を命じた。収入源を断たれたリトは、鉱山批判の急先鋒であった環境系NGOに対して、「NGOは、反鉱山、反開発を主張しなければ海外ドナーから資金を得ることができない。彼ら自身鉱山開発から利益を得ているのだ」と辛辣に語った。

リトはその後、同じ鉱山で働いていた鉱山技師が所有するアイランド・リゾートに雇用され、観光客をパラワン本島から離島のリゾートまで運搬する漁船の操業長として働き始めた。周囲が海域資源保護区に指定されたその島には、ダイビングを楽しむ国内外からのエコツーリズム客が訪れている。特にリゾートでは、パラワンにのみ生息する絶滅危惧種のウミガメの産卵と孵化が観察できる島として、東アジアやヨーロッパからの多くの観光客を呼び寄せようとしている。リトは、リゾートのボート操業で家族の生活を支えつつも、状況次第では、かつてのような漁師生活に戻りたいと考えている。

リトのライフヒストリーから分かるのは、近年の環境主義の浸透の中で翻弄されるフィリピンの地方生活者の状況である。少年リトが従事したムロアミ漁は、フィリピン漁業史における、「魚を追い求める大いなる競争（the great fish race）」の時代を代表する漁法であった。すなわちそれは、境界を持たない大海原におけるオープンアクセスを前提とした資源の略奪的利用を特徴とする。しかし、そのような漁法は、容易に資源の枯渇と環境破壊に結びつく。このような帰結を避けるために、1990年代以降新たな資源管理体制が生まれたのだが、それはリトのような零細漁民の生活を困難にするものであった。

リトのライフストーリーは、そうした困難と制約に直面しつつも、海域社会の提供するさまざまな資源利用の機会をとらえようとフレキシブルに転身をかさねながら、生計を維持する漁民の生活を映し出している。リトのように、今日のフィリピン地方社会に暮らす人びとの生活は、しばしばその生業に拘束的に作用する制度に対して、現実と向き合いながら絶えず微調整を試みることで成り立っているといえる。

（関　恒樹）

［参考文献］
関　恒樹『海域世界の民族誌――フィリピン島嶼部における移動・生業・アイデンティティ』世界思想社　２００７年

5

海外就労

★国民の１割が国外に★

フィリピン中部のサマール島。第一次産業が中心のこの島にある私立大学で２０１１年に講義をしたとき、学生に「家族や親戚のなかに現在外国で暮らしている人はいますか」と尋ねてみた。すると、約４分の３の学生が「いる」と答えた。滞在先で多かった国は、アメリカと中東（特にサウジアラビアとアラブ首長国連邦）、次いでアジアの国々だった。続いて、「自分自身も海外で働きたいですか」と尋ねると、約３分の２の学生が「働きたい」と回答した。理由は「給料がフィリピンより高いから」「外国で暮らしてみたいから」「家族を助けたいから」など様々だったが、いずれにしても海外で働くことは、マニラ首都圏や大都会から離れたこの島の大学生にとっても身近なことになっている。

このような状況がフィリピンで起きている事実は不思議なことではない。フィリピン政府の統計によると、在外フィリピン人は２０１５年現在で１０００万人を超え、総人口の１割に達している。そのうち、５割が国外の永住者で、４割は正規の海外就労者、１割が非正規の海外就労者である。在外フィリピン人が祖国へ送る送金額は２０１５年が２５８億ドル（約３兆円）。

この年の国家予算が約7兆円であることを考えると、海外からの送金がフィリピン社会にどれほどのインパクトを与えているか容易に想像できる。

移民の送り出し国としては、フィリピン以外にも、人口が多く、長い移住の歴史がある中国やインドがよく知られている。また、アメリカと陸続きのメキシコもアメリカへの大量移民送出国として有名だ。これらの国々と比べ、何がフィリピンの特徴かといえば、①政府が海外就労を国策と位置付け、海外就労者（Overseas Filipino Workers）の送り出しに積極的に関与している、②海外就労先が、ほぼ全世界（２０１５年現在１７０カ国以上）に広がっている、④職種も技師や看護師といった専門職から家事労働などの単純労働者まで多岐にわたる、⑤女性の割合が半分かそれ以上と高い、⑥船員として働く人の割合が高い（海外就労者全体の2割程度）――といった点が挙げられる。

フィリピンにおいて海外移住や就労がここまで一般化するには、いくつかの段階があった。まず、アメリカ統治期から１９６０年代ごろまで、フィリピン人は農園労働者や看護師などとしてアメリカに移住した。この時期にアメリカに渡った人たちの一部はアメリカに永住し、フィリピンに残してきた家族らを呼び寄せるケースが多かった。この流れが下火になり始めた70年代、新たな流れが加わった。原油価格が高騰し中東の産油国で建設ブームが起きると、これらの国々が国外の労働者を大量に受け入れ始めた。フィリピン政府は、国内の失業対策のための一時的措置としてこれらサウジアラビアやクウェートなど中東諸国への労働者派遣を国策として推進する。さらに80年代になると、香港、シンガポールといった近隣アジアの新興国における女性の社会進出に伴い家事労働者の需要が高まり、今度はフィリピンの女性が海外就労の波に加わった。

　90年代には、海外就労者が無実を訴えながら死刑になるなどの海外就労者たちの悲劇的な事件が国民の関心を集め、国内では海外就労者の保護に関する政府の無策を非難する大規模デモが起こった。その結果、海外送金などの経済的利益よりも在外フィリピン人の保護が優先されるとする「移民労働者ならびに海外フィリピン人法」（1995年）がとられた。しかし、この時代には海外からの送金が家計の重要な収入源になっている家族が増え、事件によって海外就労者の数が減るようなことにはならなかった。また、フィリピン人就労者を受け入れている国々においても、フィリピンから働きにくる人たちは、それらの国々の経済活動や社会生活を維持するうえで不可欠な存在とみなす人も少なくない。つまり、送り出しも受け入れも、構造化したのである。

図1　滞在資格別在外フィリピン人数　（2013年12月現在）

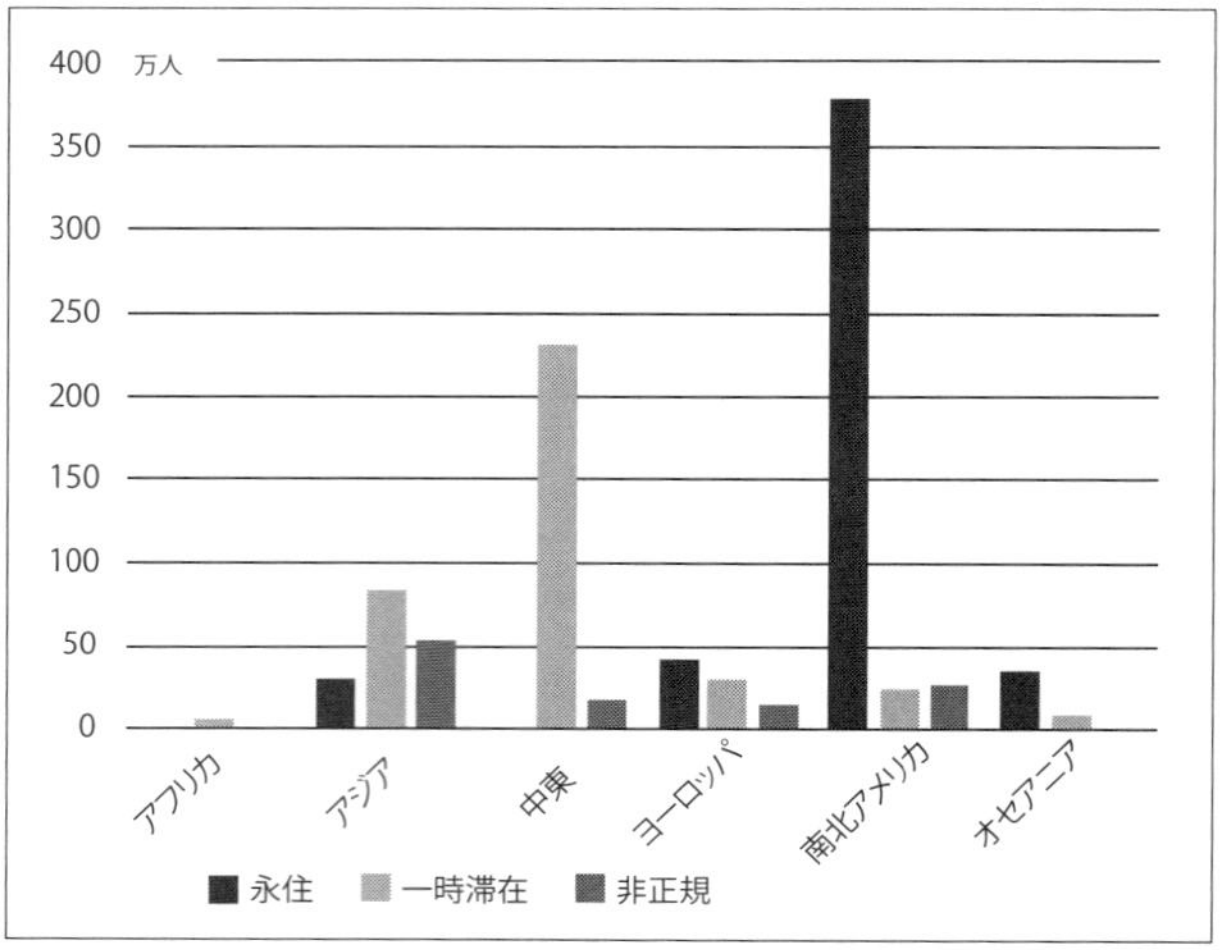

出所：Commission on Filipinos Overseas “Stock Estimate of Overseas Filipinos as of Dec. 2013”

　在外フィリピン人の地理的分布をみてみると、二つのパターンが読み取れる（図1）。前述のように、永住者はアメリカなど北米の移民国に集中している。これに対して、一時滞在者、つまり海外就労者は移民国ではないが外国人労働者を積極的に受け入れる中東やアジアの国々にもっとも多く暮らしている。

しかし、移動する人たちの視点からすると、両パターンは別々のものとしてとらえられてはいない。移民国で暮らせることは多くのフィリピン人にとって憧れだが、外国で永住権をとることは今の時代、容易ではない。そこで初めに、仕事を手に入れやすい中東やアジアへ行き、そこで経験を積んだり、幸運な出会いを探したりして過ごしながら、移民国に行ける日を待つという考え方もある。これは海外就労者の間で「クロス・カントリー」方式と呼ばれている。クロス・カントリーすることで、最後に移民国に到達する人もいれば、到達しない人もいる。正確な調査結果はないが、私見では後者のほうが圧倒的に多い。彼・彼女たちは数年で帰国したり、あるいは働けなくなるまでアジアや中東の国で暮らしたりしている。

たとえば、レイテ島の地方都市出身のメイのケースをみてみよう。彼女は大学卒業後、地元で働いたが、給与が上がらず煮え切らない日々を送っていたある日、親友に誘われて一緒に台湾の工場で働くことになった。４年の契約終了後、レイテに戻ったメイは貯めた金で自家製の菓子を売り始める。評判は悪くなかったが、ほとんど儲けはなかった。そして30代半ばにアラブ首長国連邦のドバイで働き始めた。世界中の人が働く大都市ドバイで、メイは単身で来ている欧米人のマンションを数軒かけもちして家事をこなしている。月収は９万円程度で物価の高いドバイでは生活するのにギリギリだと嘆く。ドバイ到着直後は、次にヨーロッパに行きたいと思っていた。だが、ドバイ滞在が７年過ぎた今、ドバイにあるプロテスタント教会のフィリピン人コミュニティを中心に親しい友人が増え、この

ドバイのフィリピン系プロテスタント教会の信者たち（2013年3月）

一時滞在者のコミュニティがフィリピンの地元よりも「自分の家」だと感じるようになったので、ドバイで働ける限りドバイで暮らすつもりだ。

海外就労が日常生活の一部となったフィリピンでは、それをいかに社会の一部としてとらえ、国民のよりよい生活や幸せに結びつけるかが課題になっている。たとえば、長期にわたる親の不在が子どもの養育に与える影響、配偶者の不在がもう一方の配偶者との関係に与える影響などは、海外就労の負の側面だとしばしば指摘されている。また、世界各地で頻発する災害や紛争に巻き込まれるリスクも高まる。さらに、本来ならフィリピンの発展に直接的な形で貢献するだろう優秀な人材が流出しており、フィリピン国内の発展が阻害されているとの見方もある。国外で稼いだ資金や、得た技術・知識をもとに、海外就労がフィリピン国内の産業育成や地域振興に結びつくことが期待されるが、実際のところ、海外からの送金は消費財やサービスの購入などにあてられるほかは、自宅の改築、子どもの教育、零細ビジネスへの出資、貯蓄などに使われ、社会全体の発展に結びつくような起業の動きにはなかなかならない。

21世紀の今日、世界各国は、急速に進むグローバル化に適応する方法を模索している。フィリピンでは世界に先駆けて、政府の積極的関与のもと、人びとが国外で働くことが広まった。その結果、政府は、世界各地の多様な職種で働く国民を管理し、自国の発展へと結びつける道を模索しているのである。フィリピンの経験、そして将来は、日本を含む世界の国々にとっても参考になる事例といえるだろう。

（細田尚美）

［参考文献］

新田目夏実「フィリピンの移民政策──『移民大国』の現状と将来」吉成勝男・水上徹男・野呂芳明編著『市民が提案するこれからの移民政策──NPO法人APFSの活動と世界の動向から』現代人文社　2015年
細田尚美「海外就労先を開拓し続けるフィリピン」安里和晃編著『労働鎖国ニッポンの崩壊──人口減少社会の担い手はだれか』ダイヤモンド社　2011年
細田尚美「UAE在住フィリピン人の生存戦略とコミュニティの多様性」細田尚美編著『湾岸アラブ諸国の移民労働者──「多外国人国家」の出現と生活実態』明石書店　2014年

6

祈りと信心

★暮らしの構えとしてのキリスト教★

「あの聖像は、本当は夜中に歩き回っている。ぼくはそれを知っているんだ」。キコイ少年は目を輝かせて確信にみちた表情をみせる。それは彼の母が家庭祭壇に祀っているサントニーニョ（幼きイエス）像のことだ。彼の確信は、家の外に生えているアモルシコ（ひっつきむし＝オナモミ＝のように衣類にとりつく植物の一種）が聖像のコスチュームの裾にくっついているのを見たことがあるからだという根拠にささえられている。それも一度ではなく何度も、である。その確信はまた、彼だけでなく他の人の経験とも共鳴する〈知識〉になっている。

「ぼくだけじゃない。マリアはサントニーニョに踊りを教えてもらったよ。道で踊っている聖像の動きに合わせて踊ると、上手になるんだって。彼女がシヌログのダンスコンテストでいつも賞をもらうのは、そのせいさ」

シヌログというのは、現在ではセブ市をあげての一大観光イベントのようになったストリートダンスの祭典であるが、もともとはスペインからもたらされたサントニーニョを記念するための行事である。フィリピンの地方都市や町では、中心部に教会、広場（プラザ）、町役場といった施設が集中している光景をよく目にする。その造りからもわかるように、カトリック教会の組織としての小教区と行政単位であるムニシパリティ（町）の形成が連動しており、教会の宗教行事と行政組織や住民組織のイベントが重なることも不自然ではない。両親が特に熱心な信者でもないキコイ少年などは、教会へ行く機会はそう多くはないが、年間を通して、「クリスマス、復活祭、サントニーニョのシヌログの3回くらいは、ミサに行くこともあるかな」。シヌログはふつうの町におけるタウンフィエスタに相当すると考えると、この三つは普通のフィリピンの人びとにとって教会がもっとも身近に感じられる機会でもあるのだ。

クリスマスは全世界共通で12月25日だが、それに先立つ9日間はシンバン・ガビとよばれ、毎日早朝4時ごろからミサが行われる。一般に9日間祈禱を「ノベナ」といい、フィエスタなどでも9日間の期間を経て、特に最終日は「ベスペラス」とよばれる前夜祭を祝い、10日目に本祭が行われるという形式をとる。クリスマスの場合は12月16日から24日（つまりクリスマス・イブがベスペラスになる）までの毎深夜あるいは毎早朝のミサに大勢の人が参加する。この9日間祈禱を完遂すれば願がかなうという俗信もあってか、とくに参加者が増えるのだ。また、復活祭は春分の日以降の満月のあとにくる最初の日曜日と教会暦に定められているので、祝祭日が年によって移動する。その前の一週間は「聖週間」というとくに重要な期間であり、十字架の道行きとよばれる祈禱やキリスト受難劇の上演、受難詩の朗読などがさかんに行われる。

この二つの儀礼は固定祝祭日と移動祝祭日というちがいはあるが、いずれも教会暦の上でもっとも大きな祝祭であり、その祝い方にフィリピンならではのバリエーションはみられるものの、祝日としては世界共通である。この時期は小教区司祭が任地移転などによって交代する節目にもなっており、キコイ少年によれば、「みんな新任の神父さんの説教を聞いて、『今度赴任してきた神父さんは……』などと噂し合ったりする」こともあり、こういう機会にしか教会に行かない人たちの楽しみにもなっているようだ。

三つ目の教会行事はタウンフィエスタだが、これは小教区によってまちまちである。行政単位である「ムニシパリティ（町）」が教会組織の「小教区」と重なっている場合が多く、各小教区教会はそれぞれに守護聖人をもつので、その守護聖人の祝日を町全体の祭礼としたものがタウンフィエスタである。たとえば、農民の守護聖人である「聖イシドロ」は5月15日、漁師の守護聖人「聖ペトロ」や「聖アンドレア」はそれぞれ6月29日と11月30日、流行病からまもる守護聖人「聖ロクス」は8月16日がそれぞれ祝日である。この場合も、その前9日間にわたるノベナでは演劇や歌謡ショー、クイズ大会など毎夜なんらかの催しが用意され、10日目の本祭にむけて町全体で次第に盛り上がりを見せていくのである。

クリスマス、復活祭、タウンフィエスタという三大行事は、教会が中心となる〈公的〉宗教生活とよべるだろうが、すでに述べたように、このかなりの部分は先人が言ったりおこなったりしてきたことの伝承実践によるものであり、かならずしも教会が公認したり主導したりするものではない。たとえば、シンバン・ガビの願かけやノベナ期間中の演し物など、教会が主催するわけではないが、町やバランガイ（ムラ）において代々繰り返されてきたしきたりであり、言い伝えられてきた実践なのである。

キコイ少年の母方の実家は、セブからフェリーで数時間かかる離れ小島にある。そこは聖週間の聖像行列で有名な島だ。聖書に描かれたキリストの生涯が何十ものシーンに分かれ、それを聖像で形象した山車が町じゅうを練り進む。山車の一台一台は先祖伝来の継承物として、教会ではなく町の名士たちが家ごとに所有するものであり、その行列自体も教会行事ではないが、多くの観光客を集め盛況な祭礼となる。あまりに華美に走る傾向に顔をしかめた小教区教会はあるとき、この聖像行列を自粛するよう町に申し入れたことがある。ところが、町側はこれをはねつけた。「先祖代々つづいてきたわれわれ自身のしきたりを、教会ではなく各家々が所有する聖像を持ち寄って自分たちで出資して行うのに、とがめ立てを受ける何のいわれがあろうか」というのが彼らの主張であった。

これは住民主催のイベントであり、教会とは本来無関係のはずであるが、キリストの受難と死と復活という教義ともかかわることを考えると、完全に教会の手を離れたものともいいがたい。しかし、畑や漁船のお祓いや病気治療のために祈禱師や呪医をたのむといった実践も「先祖がやっていたから」という理由で、しかし同時にカトリックのシンボルや文言をもちいて現在でもなお行われていることを考えると、教会主導の〈信仰〉と民衆主導の〈信心〉との間の線引きは相当に困難であることがわかる。

このような暮らしのなかの宗教は、「フォーク・カトリシズム」とよばれることがある。しかし、必ずしも教義（カトリシズム）と民俗（フォーク）が完全に溶け合って新たな宗教実態が生まれているとは言い切れない。また、カトリックの教義そのものと民俗宗教というふうに二極化しているというよりも、この両極のあいだには個々人の暮らし向きに即して、つねに〈信じごと〉が複数あらわれる。

その一端が、冒頭にあげた個人的思い入れのような出来事である。人びとが個別に経験した不思議現象は、独創的に解釈されると同時に共有されて、フィリピン民衆の生活の隅々にまでいきわたる。いわく、医者も見放した病が聖母の洞窟の水で治った、いわく、火事に遭って煙にまかれそうになったとき聖像が避難路に導いてくれた、いわく、どこからともなく現れた少年が隣家との諍いをとりなしてくれた、いわく……。枚挙にいとまがないほどのさまざまな出来事は、ある〈総体〉として、人びとの暮らしを取り巻いている。それは彼らの暮らしの構えそのものなのではなかろうか。

聖像の歩いた道を確かめるんだと、今日もTシャツの裾にアモルシコの葉をつけて草むらを歩き回るキコイ少年を見ていると、何だかそう思えてくるのである。

（川田牧人）

【参考文献】
川田牧人「聖者の行進——聖週間儀礼から見たビサヤ民俗社会」寺田勇文編『東南アジアのキリスト教』23—53頁　めこん　2002年
川田牧人「複数性と選択性——フィリピン・セブ市のグアダルーペの聖母信仰に関する予備的考察」宮沢千尋編『社会変動と宗教の〈再選択〉』63—91頁　風響社　2009年

7

イスラーム教徒

★マイノリティとして生きる★

フィリピンの全国紙「マニラ・ブレティン（Manila Bulletin）」が2015年7月18日付で、頭から腰まで色とりどりの布を着け、縦横に整然と並んで礼拝するイスラーム教徒（ムスリム）の女性たちの写真を一面に掲載した。場所は首都マニラのリサール公園で、イスラーム暦の断食月が明けた朝の集団礼拝を撮ったものである。フィリピンの人口の9割はキリスト教徒であり、イスラームを信奉する人びとは13の言語集団に及ぶものの、全人口のわずか5～10％である。それでも、大統領令によって、毎年の断食明けの祭りが祝日として定められている。また、「ムスリム身分法」によって、フィリピン人のなかでもムスリムだけが、離婚のみならず、最大4人までの妻帯が認められている。マイノリティにしては優遇されているようにみえるが、この記事もそうした優遇姿勢を裏付けるものなのだろうか？

フィリピン南部のミンダナオ島南西部、スールー諸島、およびパラワン島南部にはムスリムが比較的集中して居住してきた。国内のムスリムの政治的経済的周辺化が進んだ結果、1970年代以降、分離独立を求めるムスリムとフィリピン政府との間で、しばしば武力を伴った紛争が繰り広げられてきた。紛争は地域を荒廃させ、人びとを離散させる。この紛争も同様であり、長年の争いのなかで、住むところを追われ、経済活動ができなくなり、継続的に教育を受けられなくなったムスリムが経済移民や国内避難民となった。これにより、国内の主要都市にムスリムが流入し、首都マニラだけでも30以上のムスリム・コミュニティが形成され、そこに12万人以上の人びとが暮らしている。現在は、二世や三世も生まれており、若者に至っては、言語、豚肉を除いた食の嗜好、趣味など一般キリスト教徒との類似点が増えている。改宗や異教徒間結婚も珍しくなくなっている。

ミンダナオ地域から離れたとはいえ、マニラのムスリムの地位は依然として不安定である。上記の紛争だけでなく、1990年代以降に生じたイスラーム主義を名乗る過激集団アブ・サヤフ・グループによる旅行者や宣教師の誘拐・殺害のほかに、2001年のアメリカ同時多発テロは、ムスリムに対する圧力を強めるに至った。あらゆる不法行為は「ムスリムによる犯行」と報道され、麻薬シンジケートも入り込んでいると噂され、そのたびに、ムスリム集住地区では逮捕状なしに男性たちが容疑者として連行された。ムスリム弁護士協会の働きによって釈放される場合もあれば、そのまま所在不明となる場合もあった。行方知れずとなった宗教指導者の妻が「まるで私たちは人権のない、二流市民だ」と私に吐露したが、それは数多ある出来事の一つにすぎず、すでに彼らの「日常」となっていた。

ただ、一般のムスリム住民の嘆きに対して、リーダーたちも手をこまぬいているばかりでなく、管轄する地方自治体との協力を促進した。行政との連携を強め、秩序ある「良きムスリム市民」として振舞うことを各コミュニティのムスリム住人に呼びかける代わりに、報道による偏見の撤廃や、証拠・逮捕状なしの逮捕の削減を訴えた。マニラのムスリムは、立法者やマスメディアの目と鼻の先にいることから、その一挙手一投足が仔細に観察されているといえよう。

こうした困難な状況にあっても、多くのムスリムは精力的に生計活動に勤しんでいる。郷里のミンダナオ地域とマニラ周辺部との間で商品の取引をする「バイ・アンド・セル」、ショッピング・モールに出店して携帯電話の付属品や宝飾品を展示販売する「エグジビット」、海賊版DVDなどを露天で売る「ティンダ・ティンダ」といった商業活動のほか、ハラル食材店や食堂の経営、トライシクル運転手、湾岸諸国へのムスリム女性の家事労働者を斡旋するリクルーターなど多岐にわたる。イスラーム教徒に関係する事項を扱う国家ムスリム委員会の職員もいる。警察や軍といった公務員もいるが、その多くは投降したモロ民族解放戦線（MNLF）兵士の「統合プログラム」として採用された者である。なお、海賊版DVDの販売は、フィリピン国内においても違法である。イスラームからみてもハラム（禁忌・罪）ではないのかと、あるムスリム・コミュニティのリーダーに訊くと「作るのはハラムだが、売るのはハラムではない」という珍妙な返答をしていた。

全般的にマニラのムスリムの生計手段には、フィリピン・ムスリムとして政府から得た恩恵のほかに、親族や民族ネットワークを頼りにした職が多く、一般企業での職などはあまりみられない。その最大の障壁は、歴史的につくられ、ムスリムを「テロリスト」「好戦的」「殺人者」とみなすキリスト教徒の忌避感情である。低学歴や資質不足が理由であることも少なくないが、履歴書の宗教欄にイスラームと記載した場合や、姓が「アラブ的」である場合、一般的なフィリピン企業では採用されないと感じるムスリムが多い。もっとも、高等教育を受けて高い資質を持つ人はきちんと職に就いてお

出稼ぎ先のカタールに暮らすフィリピン・ムスリムの一家

り、キリスト教徒の友人も多数いる。だが実際に社会調査団体が2005年に出した報告では、国民の5割がイスラーム教徒とは距離感があると答えている。このため、就職で不利にならないようにと、偽の出生証明書を買うなどしてキリスト教徒を装ったり、子どもにマイクやジェシカといった「キリスト教徒的」な名前をつけたりすることもある。

これらの行いについて、フィリピンでの生存戦略としてやむをえないと考えるムスリムもいるが、他方で、そうまでして自分を押し殺してフィリピン国内で生きる必要はないと、高等教育を受けた後に、海外、とくに湾岸アラブ諸国で専門職に就くムスリムもいる。フィリピン人として、イスラーム教徒として自分らしく生きることを選択した人たちだ。収入がいいのも魅力のひとつで、就労先の国に家族や親戚を呼び寄せ、親族のほとんどが一カ国に集まってしまうケースもある(写真参照)。しかし、そうして遠く離れた地で生きるムスリムたちの多くが、できることなら郷里で穏やかに暮らしたいと語る。

冒頭のマニラ・ブレティンの記事に戻ろう。記事の掲載にはどのような意図があるのだろうか？筆者は毎年断食明けの日に、各紙新聞が集団礼拝の記事を掲載するのをみてきた。日々の新聞に取り上げられるのは政治事件や殺傷事件であり、ムスリムのイメージ悪化に繋がっていることが多い。だが、思い出したようにこうした記事を載せることによって、フィリピン社会は国内のムスリムの存在を忘れておらず、その文化を尊重したい・尊重しているとアピールしているようにもみえる。他方で、キリスト教徒の読者に対し、ムスリムは遠く離れた場所にいる野蛮で異質な人びとではなく、むしろ神を畏れ家族を大切にするごくちかしい隣人であるというメッセージを発信しているようにも捉えられる。実際、冒頭の記事の舞台はリサール公園という首都の中心部である。記事が掲載された当時、アキノ大統領と分離独立を求めてきたムスリムの集団との間で結ばれた包括的和平合意の内容を、いかにして実現していくかが交渉されており、ジャーナリズムとしても両者の間の真の平和の実現を望むという意図もあったろう。果たして、フィリピンにおける法や制度が変わり、ムスリムとキリスト教徒の良好な関係の記事が増え、ミンダナオ地域のムスリムのみならず、他所で生き抜こうと奮闘するムスリムにも尊厳の回復や将来への希望が与えられるのだろうか、これからも注意してみていきたい。

（渡邉暁子）

[参考文献]
石井正子『女性が語るフィリピンのムスリム社会――紛争・開発・社会的変容』明石書店　２００２年
川島　緑『マイノリティと国民国家――フィリピンのムスリム』山川出版社　２０１２年

8

華僑・華人

★中国にルーツを持つ★

中国福建省南部の閩南《びんなん》地域は、古くからフィリピン諸島と深い関係を持ってきた。今日、フィリピンに居住する中国系住民は100万人を超えると言われ、その90％が閩南人だが、逆に閩南側から見た場合も、華僑が輩出した村（僑郷）のほとんどが主な移民先をフィリピン諸島としている。

フィリピンに居住する中国系住民の残りの10％は広東人だ。世界的に見るとサンフランシスコやニューヨークなど、中国系移民のなかでも主流派と言える存在だが、フィリピンに限っては、それほど数は多くない。バギオやダバオは、広東人が比較的多い地域として知られている。

フィリピン諸島での中国系移民の痕跡は、唐代にまで遡ることができる。南レイテ州マアシン（Maasin）で、661年に建てられた鄭國希という中国人の墓碑が見つかっている。

しかし、諸島と閩南の往来が本格化するのは明代後半以降だ。この時期、1509年にポルトガルがマレー半島のマラッカに進出したのに続き、1565年にはスペインがフィリピン諸島に到達した。これに伴い、メキシコ、ヨーロッパ、日本から東南アジアに銀が流入し、マニラは、一躍、閩南商人にとって重要な港の一つとなった。

マニラのスペイン人たちは、閩南人をサンレイ（Sangley）と呼んだ。「サンレイ」の語源については、諸説あるが、閩南語で商業を意味する「生理」から来ているのかもしれない。今日の閩南商人は、自分たちのビジネスのことを「生理」と呼んでいる。

スペイン人たちにとって閩南人たちは、中国大陸との交易や諸島間の物流の担い手として、また教会（台湾のスペイン要塞も）を建築する職人として必要不可欠と考えられていた（De Viana, *Three Centuries of Binondo Architecture 1594-1898*. 2001, pp.90-91.）。同時に、スペイン人を数の上で圧倒する脅威でもあった。マニラ政庁がもっとも恐れたのは、この時期、福建、台湾を結ぶ海域の通商に確固たる勢力を持ち、台湾・安平でオランダを破った鄭成功（母は平戸出身の田川マツ）の諸島進出であった。スペイン統治期、閩南人の増加を恐れたスペイン人による大量虐殺がいく度も起こっている。

フィリピン諸島との交易では、サツマイモ、トウモロコシ、タバコなど、スペイン人がフィリピンに持ち込んだ新大陸の農作物も閩南地域にもたらされた。このうちもっとも重要な作物は、16世紀末に導入されたサツマイモ、フィリピンでのカモテだ。福建沿海は米作に不向きな砂地の土地が多いが、カモテはそうした土地でも育ち、食糧事情を大幅に改善させた。中国というと人口が多いというイメージがあるが、17世紀には、戦乱や感染症で1億人から5000万人まで減少した。それが回復し、大量の海外移民を出すまでに至る遠因には、サツマイモも一役買っているのだ。米とサツマイモでつくった粥は、今日でも東南アジアの移民先や台湾において、望郷の念を喚起する食べ物となっている。サツマイモは、単に移民の生存を支える食糧を越えた存在なのだ。

こうした閩南とフィリピン諸島の双方向的な関係を背景として、19世紀に入ると閩南からの海外移民の数が爆発的に増加する。移住の目的地も、フィリピン諸島以外に海峡植民地を始め多様化し、とりわけアヘン戦争以降は中国大陸の混乱を背景に、労働契約移民（猪仔）の移動が顕著に見られるようになる。1841年から1875年に福建省から出国した移民は52万5300人（年平均約1万5000人）を数える。

こうしたなか、閩南人のフィリピン諸島への移動はいくつかの特徴を持つ。1850年にマニラ政庁が中国系商人の召募に転じたことを受け、中国系商人が大挙し諸島におし寄せた。海峡植民地などとは異なって契約移民は少なく、閩南、とりわけ廈門《あもい》（禾山、鼓浪嶼など）の出身者（男性が中心）がコプラなどの輸出農産物の売買をめぐる商業に従事することが多かった。彼らは19世紀の段階ですでに諸島に居住していたため、「フィリピン国籍」が確立した1902年当初からフィリピン国籍を獲得することもできた。

廈門周辺を出身地とする比較的早い段階の移民は、諸島の全体に居住しているが、現在では少数派にとどまっている。閩南から海外への移民の波は、20世紀に入るとさらに顕著になる。そのピークは、1926年から1930年で、この間、70万人以上（年平均14万人）が海を越えた。フィリピン諸島の場合、その主流は、晋江《しんこう》、石獅、南安を出身地とする閩南人であった。彼らのなかには文字通り裸一貫から財を成す者もいたが、多くは親戚などの商店で働き、やがて独立するパターンをたどった。

閩南出身者の商業には、時代ごとの移り変わりがある。1950年代、60年代まで、米、トウモロコシ、コプラなどの農産品や材木や建材、工具を扱うビジネスが活況を呈した。しかし、50年代はフィリピンの経済ナショナリズムの時代でもあり、「米・トウモロコシ産業国民化法」、「小売業国民化法」、「反ダミー法」などの影響で、中国籍を保持する小規模の商人たちは別の業種への転換を余儀なくされた。そのなかには70年代に入って製造業で成功する人もいた。80年代後半には、ペンショップ、ベンチなどの華僑系ファスト・ファッションのブランドも登場する。

今日、閩南出身者は、ＩＴ関連はもちろん、あらゆる隙間の分野に進出している。とはいえ、あまり進出しない分野もある。例えば金貸や骨董、古着などのビジネスは忌避されがちである。またレストランなどの飲食店は、閩南出身者が経営する店も少なくないが、仏教を信仰する人たちのなかには好ましくないと考えて廃業する人もいる。

廈門出身者と晋江出身者の間には、商売の仕方に違いがあるといわれ、前者が無借金経営を旨とするのに対して、後者はより野心的で企業の買収などにも積極的であると言われる。

彼らの商業は、かなりの大企業でも家族経営の場合があり、事業の規模を家族経営の範囲にとどめるのか、それとも外部から優秀な頭脳を入れて事業を拡大するのか、悩ましい選択を迫られることになる。

家族経営の場合、かつては父親の死去に伴い、子の世代がそれぞれのビジネスを始めるという場合が多かった。この場合、世代が下るにつれて親戚どうし、兄弟どうしの店がライバル関係になることもあった。

福建省から海外に移民した華僑の概況を伝える『福建省志華僑志』によれば、フィリピンからの僑郷《きょうきょう》へは、多額の送金や投資がなされてきた。１８９０年から１９４９年のフィリピンから福建省への投資額は、1985年の人民元換算で3500万元を超えており、海外諸地域からの投資としてはシンガポールやマレーシアをはるかにしのぎ、抜きん出ている。閩南の道路や橋などインフラ整備にも、海外からの送金は不可欠であった。移民にとって僑郷とは、市や県、鎮といった大きな単位ではなく、村レベルの出身地をさす。彼らにとって故郷に錦を飾るということは、出身村に大きな家と祖先を祀る祠堂を建てることであり、出身村の学校や道路の修理に多額の献金をすることである。

近年、マニラのチャイナタウンには「168広場」と書かれたショッピングセンターができた。そこで働く店員さんたちのなかには、閩南の僑郷出身の女性たちが数多くいるという。僑郷に残った人もまたフィリピンをめざす。中国とフィリピンの間には、領土問題などの問題もあるが、それとは全く異なる次元で、閩南からフィリピン諸島への人の移動は、連綿と続いてきたのである。（宮原　曉）

9

山岳の少数民族

★伝統医療と現代医療が交錯する世界★

今日のフィリピンに暮らす人たちはネグリートとマレー系に大別される。ネグリートは、フィリピン諸島における最古の人種と言われ、狩猟・採集・焼畑農耕を主な生業としてきた。他方、マレー系諸族には一般的に海岸部など低地を生活圏にしてきた圧倒的多数派と内陸の僻地で生活してきた少数派がいる。内陸部や山岳地帯に住む少数派のマレー系諸族は、ほとんどスペインによる植民地支配が及ばない地域で、比較的孤立した生活を営んできたため、彼らの社会は「伝統社会」として語られることが多い。

ルソン島北部の山岳地域に居住する「カリンガ族」も、伝統的な暮らしを営む少数民族として認知されている民族集団のひとつである。勇敢な首狩族として知られていたカリンガ族は、小さな集団に分かれて険阻な山岳地域で生活してきた。しかし、彼らが外部者の影響を全く受けなかったというわけではないし、近年ではヒト・モノ・情報などの地球規模での流動化に伴って、彼らの社会でも様々な変容が見出せる。

アメリカ統治期以降、キリスト教や学校教育制度、医療サービスなど新しい外来の制度や概念がカリンガにも本格的に導入された。元来、カリンガの人びとは狩猟・採集や焼畑・水稲耕作によって自給自足の暮らしをしてきたが、近年は教育を受けた若者たちが現金収入を得られる職を求める傾向にある。公務員を目指す人、都市部や海外へ出稼ぎに行く人、鉱山で働く人などさまざまであるが、いずれにしても若者たちの農業離れが進んでいる。

多様化しているのは生業だけではない。例えば、紛争や病気など災厄への対処の仕方にもさまざまな変化が見られる。近代司法の末端を担う「バランガイ裁判所」の設置を決定した大統領令（1978年）によって、カリンガでも紛争解決はバランガイ・キャプテンを中心とする裁判で図られているが、元来、紛争処理をリードしてきた地元の長老たちが裁判に招かれることは珍しいことではなく、新しい司法制度が伝統的なそれと併存している様子が窺えるのである。

医療に関しても、生物医学に基づく現代医療が普及し、病気に関する人びとの言説の中には霊的存在を要因とする従来の病因論に加え、栄養学や公衆衛生のような比較的新しく持ち込まれた知識を基にした病因論が散見されるようになっている。

注目すべきは、新しい制度や要素を受容する人びとが受け身の存在としてではなく、何らかの意味づけをしながら主体的にそれらを取り込んでいるということである。そこで、カリンガ州パシル町での病気の事例をみながら、現代医療が人びとにどのように受容されているのかを探ってみたい。

首都マニラから約200キロ北上すると、急峻な山々が連なるコルディリエラ地域に入る。カリンガ州はこの地域の北部に位置し、州内には州都タブックと7つの町がある。パシルの町に現代医療が導入されたのは1971年のこと。「ヘルス・ステーション」と呼ばれる診療所の設置に伴って、パシル初の現代医療の治療者である看護師が赴任してきた。その後、パシル各地に診療所が増設され、現在のところ町の中央診療所が1カ所と村の診療所が6カ所置かれている。2005年からは医師1名が中央診療所に常駐し、診察・治療を行っている。

村の診療所では医師ではなく、看護師か助産師が病者に対応しなければならない。車での移動が難しいパシルでは、医師が各診療所を頻繁に巡回するのは容易でないからである。中央診療所まで徒歩だと数時間かかるような村に住む人びとは、乗り合いバスで州都の病院へ行くことが多い。診療所の看護師や助産師たちはパシル出身者やパシルへの婚入者なので、病者とはコミュニティの近隣者ということになる。それゆえ、病者は診察後もすぐには帰宅せず、看護師たちと世間話に花を咲かせるのが常である。

現代医療が緩やかに普及している一方で、パシルでは現代医療の治療法では治癒できない病気に罹ったという人に出会うことがある。そうした病気は悪霊や死霊などの霊的存在に起因するもので、それを治すことができるのはパシル語で「マンササプオイ（*mansasap-oy: sap-oy* は「息を吹きかける」の意）」や「マンヂャヂャーワック（*mandadawak: dawak* は「儀礼」の意）」と呼ばれる女性たちである。前者が発疹や発熱、めまいなどの軽度の病気の治療を行うのに対して、後者は比較的重度の病気を扱う。彼女たちの指揮の下、牛や豚などの家畜の供犠を含む大掛かりな儀礼や、箒で患部を叩いたりする、おまじないのような簡易な儀礼を行うことで、病気が治るらしい。

パシルの人びとは現代医療が導入される前から、こうした伝統医療の治療者や治療法に頼ってきた。伝統医療を「迷信の寄せ集め」と考える現代医療関係者やキリスト教指導者たちの批判もあってか、近年、伝統医療は衰退傾向にあるように見える。しかし、それでも完全に消滅してしまったわけではない。興味深いことに、伝統医療と現代医療が併存するパシルでは、以下に紹介する事例のように双方の治療法に頼るケースも見られるのである。

パシルのある女性（40代）の葬儀でのこと。死者の親戚にあたる50代の女性・イルン（仮名）さんも、他の親族や近隣者の女性たちとともに葬儀の準備から片付けまで、裏方の仕事をてきぱきとこなしていた。死者の自宅の庭で行われた葬儀は滞りなく進められていたが、屋内ではちょっとした混乱が生じていた。屋内で立ち働いていたイルンさんが突然、体調を崩して倒れたのである。その際、筆者も傍で様子を見守っていたのだが、目の前の珍妙な光景に言葉を失ってしまった。その場に居合わせた女性たちは「血圧が急に上がったんだわ」と言いながらイルンさんをベッドに寝かせ、上着を脱がせるなどして体を楽にさせるよう気を配った。それと並行して、イルンさんの枕元では、マンササプオイとして知られる老婆がおまじないのような行為を見せていた。老婆はイルンさんの体調不良の原因を彼女に話しかけた死者の霊に求め、彼女の身体の中に入った霊を追い払う儀礼を行ったのである。

この事例においては、親族関係にある病者（イルンさん）と生前の死者との関係性が窺える。両者の関係に基づく「何らかの理由」から、死者の霊が病者に話しかけたのだろう。しかし、病因を血圧の上昇に求めるならば、死者はイルンさんの体調不良とは無関係であり、死者と病者の間にあった「何らかの問題」を蒸し返したり、明るみに出したりすることもない。意図的か否かはここでは問わないが、現代医療の要素に基づいた病因論の展開によって、病者をめぐる社会関係上の問題を曖昧にすることが可能になることもあるようである。

このように、パシルでは一病者の病気を巡って伝統医療と現代医療の双方の要素に基づいた病因論が同時に展開されるケースが生じるようになった。現代医療は人びとによって時に戦略的に内部化され、従来の医療体系と競合したり併存したりしているものと考えられる。ただし、それにどのような意味付けがなされるかは、社会的・文化的コンテクストなどに依存している。パシルのように現代医療が人びとに受容されているように見える社会でも、当該社会の人びとの世界においては、導入者が想定しているものとは全く異なる意味をもっているかもしれない。

（尾上智子）

［参考文献］
尾上智子「フィリピン、カリンガ州における人々の病因論に関する一考察」『グローバル人間学紀要』第1号　43―54頁、大阪大学大学院人間科学研究科グローバル人間学専攻　2009年
合田　濤『首狩りと言霊』弘文堂　1989年
波平恵美子『医療人類学入門』朝日新聞　1994年

10

女性たち

★優しさと逞しさをあわせ持つ★

スイスに本部がある非営利財団「世界経済フォーラム」は、毎年、各国の社会進出における男女格差を示す「ジェンダーギャップ指数」を発表しているが、フィリピンは例年10位以内に入る。アジアの他の国々（60位前後以下、日本は100位前後）に比べて、抜群の高さである。その理由を特定するのは難しいが、東南アジア各地に土着の男女平等主義的価値観といった文化的基盤や、20世紀前半の宗主国アメリカがもたらした民主主義の理念の流布などの歴史的背景、さらには貧富の格差による安価な家事労働者の存在などの社会経済的な要因が大きい、と筆者は考える。近代性を物差しにしてみると、資格や納税で近代国家の仕組に組み込まれている「フォーマル」な領域――政治家、会社役員、医師、看護師、弁護士、教師、エンジニア、公務員など――では男女が同じように活躍しているが、そうでない業界（運転手、メイド、洗濯屋など）では明確な男女分業の習慣がある場合が多い。

産業革命に始まった近代化は、第1段階では「フォード型」の、「男は仕事・女は家庭」を規範とする社会を実現して既婚女性の主婦化をもたらし、第2段階で女性の社会参加の増加、脱主婦化、そして男女の晩婚化、未婚化が起こる。また第1段階は、比較的貧富の格差の小さい社会を実現したが、第2段階では格差が再び拡大する傾向にある。「ジェンダーギャップ指数」は、第1段階が完成した（第2段階に移行しつつある）日本、韓国などを低く評価し、第1段階以前の国（いわゆる発展途上国）と第2段階にある国（北欧など）とを一括りにして高く評価する。第1段階の実現途上にありながら第1段階の兆候も見られるアジアの多くの国が中位をしめることになる。しかし、工業化のおくれたフィリピンは第1段階の実現からほど遠いまま、第2段階への移行が始まっている。

日曜日の公園（マニラ、ケソン市）。すぐ横で市（いち）が立っているせいか、女性が多く見られる。市場での買い物は「女のしごと」という感覚は根強い。（写真提供：ジェイミー・ダリサイ）

　こんな状況の中で、優しさと逞しさを合わせもつマニラの素敵な若い女性を二人紹介したい。

　下町生まれのアビー（28）は、父親に定職がなく、母親はアビーが8歳の時にメイドとして海外に出稼ぎに行った。父は別の女性と同棲していたため、親戚の家を転々としながら公立小学校に通った。中学生になるとアパートで一人暮らしを始めた。母からの毎月の送金は自分で管理し、炊事洗濯をこなし、交通費を節約して毎日30分の道のりを歩いて学校に通った。ひと学年約1000人のマンモス公立高校で一番の成績を維持し、国立フィリピン大学に進学。今は国際機関で働きながら大学院に通う。

アビーが大学生の頃、母は海外就労先の雇用主から乱暴されそうになり逃げ出した。現地のフィリピン大使館にかけ込んだものの収入のない日々が続くだけだったため、アビーが大学を卒業するまでの二年間は、リスクを承知で、現地のフィリピン人の家で不法就労。母からの送金では家賃ぐらいしかまかなえなくなったアビーは、ファストフード店や、韓国人向けの英語家庭教師、そして日本人向けのオンライン英語教師などのアルバイトをしながら大学を卒業した。就職してからは、海外で長年苦労した母親に帰国してもらい、がんを患っていた父をひきとり、親子三人の生活を実現させる。

20代の若さで大黒柱となったアビーは、入退院を繰り返す父の医療費を捻出するため、会社勤めをしながら、夕方から夜中までオンライン英語教師のアルバイトを続けた。連日深夜の帰宅。寝不足がたたったが、空き時間があれば、母に代わって父の看病をした。父はそれから5年間生きることができた。その後、アビーは国際機関に転職。最近は、出稼ぎ労働者の子どもとしての自らの経験を語ったり、書いたりする機会を得るようになり、今後は移住問題にも関わっていきたいと考えている。この間、全盲の叔父を支援し、従姉妹の学費も助けた。

誰もが中学生時代の一人暮らしの話しに驚くが、（友だちとおしゃべりをしながらの登下校は楽しかったという）本人は二つの仕事を掛け持ちしながら父の看病をした5年間のほうが辛かったという。アビーの芯の強さと優しさにあふれた人生は、その周囲の同じく優しくたくましい家族や親戚、友人らに支

第10章
女性たち

三輪バイクタクシー「トライシクル」の運転は「男のしごと」だ

えられてきたことがわかる。また、苦学生が、キャリアウーマンとして活躍するまでのサクセスストーリーは、多くの人びとに夢と希望を与えているに違いない。筆者は長年フィリピン大学に奉職したが、貧富の格差が一向に是正されないといわれているフィリピンで、アビーのように一家の救世主となって貧困からの脱却を成し遂げる人材にしばしば遭遇できたのは大きな喜びである。

NPOで事務職に就くハニ（31）は、スラムに生まれ育った。仕事では「しかってもくじけない」「がんばりがきく」と「一番信頼できるスタッフ」との定評がある。その芯の強さがどこから来るのか。

9人きょうだいの長女として、幼い頃から父とともに近所で薪集めをし、母とともに家事をこなし、妹弟の世話をし、父親役と母親役を担っていた。学校と家の往復ばかりで、外に遊びにいったこともあまりないが、家できょうだいたちと仲良く遊んだのは、子どもの頃の楽しい思い出だ。父親には定職がなく、母も四番目の子の出産を機に仕事を辞めたので生活は厳しかった。母は子どもたちが食べ終えるまで食事をしなかったが、ハニもお弁当もなく夕飯もない日もあった。路上で物売りもした。しかし勉強は常にトップクラス。叔父の支援を得て大学3年まで通うことができたが、叔父に孫ができたことから支援が打ち切られた。大学4年のときは週5日、デパートのレジをし、すすんで残業もしながら全ての費用を自分で捻出して週2日通学した。しかし両立は続かず、ギブアップ。それからは、5カ月ずつレジの仕事を渡り歩いた。

気がつけば、ハニは二十歳にして早くも一家の大黒柱になっていた。いつかまた大学に戻り、卒業できる日を夢見た。もう少しで正社員になれそうなこともあったのだが、結局はそのポストは大卒者に奪われてしまった。大学を卒業できていたらと考えると悔しかった。それでも縁あって今の常勤の仕事につけた。やりがいがある仕事に就けたのはうれしい。２０１３年、大型台風がレイテ島を襲ったときは、いち早く現地に派遣され、救援物資を届けた。だが、仕事で貧困家庭の子どもの奨学金プロジェクトに関わったときには、複雑な思いだった。「本当は私も復学したいのに」。生きがい、仕事の厳しさ、幾ばくかの悔しさ、一家の経済的期待がのしかかってくる貧困……。ふと出稼ぎに行きたいと思うことがあるという。結婚の夢もある。華奢だった少女は、優しさとたくましさをあわせもつ立派な大人の女性になった。

在比邦人の親睦団体「マニラ日本人会」の会報には、日本人のビジネスマンたちによるフィリピン人の女性秘書自慢や、社内や取引先の女性マネージャーの徳をたたえる文章が頻繁に掲載される。とにかく優秀。細かい所に気がまわるうえ、社員たちを引っ張っていく包容力がある。一時代前のウーマンリブ活動家たちは「女性は非論理的、感情的」といったレッテルを払拭するのに大変な思いをしたが、今になってみれば、それは近代社会が作りあげた言説との戦いだったことがわかる。難しい外交交渉でフィリピンの国益を守り抜く立場に徹した外交アドバイザーや、使途不明な公金の支出を拒否したために脅迫と嫌がらせを受けてもひるまなかった地方公務員など、ほかにも頼もしい女性たちはたくさんいる。ここで名前をあげて紹介することができないのは残念だ。

たまたまではあるが、アビーとハニの二人に共通するのは定職のない父親と貧困。優しくたくましいフィリピーナたちは、「男は仕事、女は家庭」を規範とする社会が成立しなかったことの所産といえるかもしれない。

（米野みちよ）

【参考文献】

落合恵美子・赤枝香奈子編『アジア女性と親密性の労働』京都大学学術出版会　２０１２年
落合恵美子編『親密圏と公共圏の再編成——アジア近代からの問い』京都大学学術出版会　２０１３年
田中かず子編『アジアから視るジェンダー』風行社　２００８年
映画（ＤＶＤ）アンソニー・チェン監督『イロイロ　ぬくもりの記憶』（映画制作、２０１３年、日本語ＤＶＤ制作２０１５年、ビクターエンタテインメント発売）

11

若者たち

★不安と希望の狭間で「待つ」こと★

「ケン、仕事は終わったか？　ビーチに新しいバーができたらしいぞ。偵察にいこう」。フィリピン中部・パナイ島の地方都市ロハス。フィールドワークのために通うこの町の夕暮れ。僕が日中のインタビューを終え、データをまとめメールをチェックしていると、いつものように携帯に、パノイから夜のお誘いが届いた。

パノイは僕が寄宿する家の近所に暮らす33歳（2015年当時）の独身男性だ。10年ほど前、ロハスでの長期滞在時に知り合い、それからずっと交友を深めてきた。明るくフレンドリーで、ビールとパーティーを愛し、家族と仲間に囲まれて幸せに暮らす彼には、じつは仕事がない。ここ数年決まった職場で働くことがなく、それでも相変わらず毎晩のようにバイクで町を走りながら、居酒屋やバーをめぐっている。

もしこれが日本なら、と少し心配してしまうようなパノイのライフスタイルは、ロハスではそれほど特別なケースではない。高校や大学を卒業後、定職に就かずに何とか、それもわりと明るく生きている若者たちの姿は、フィリピンの地方都市であればよく見かける。彼・彼女たちは、英語の「スタンドバイ（Stand by)」を起源に持つ西ビサヤ地方の地域言語ヒリガイノンで、「イスタンバイ（*Istambay*）」（フィリピン語ではタンバイ *Tambay* と略されることが多い）と呼ばれている。無職や不安定な雇用の状態にあって、ときに悩みながらも前向きに生きる彼・彼女たちの生活は、どのようにして成り立ち、その暮らしは継続しているのだろうか。

フィリピンも他の新興国と同じく、低賃金や高い失業率という深刻な労働問題を抱えている。なかでもフィリピンに特徴的なのは、教育の成果が労働市場に反映されにくく、低学歴者だけでなく、大学や専門学校を卒業した高学歴者でも失業率が高いことである。そのような労働状況において、若者にとって唯一の希望となるのが出稼ぎである。教育の不足のため就業できない、あるいは高学歴でも見合う職に就くことができない若者たちは、海外や国内での出稼ぎ労働に脱出口を見出す。

出稼ぎのチャンスを待つ「イスタンバイ」という言葉は、20代から30代前半くらいまでの若年層の男女を指すことが多いが、より高齢層にも用いられることもある。また、女性よりも男性に用いられることが多い。もともとは、道端や溜まり場でちょっとした頼まれ仕事を待っている状態を指し、しかし結局は何もすることがなく、ただ時間を潰しているというニュアンスが強かった。それが近年の海外出稼ぎ者の増加とともに、語源通り出稼ぎのチャンスを虎視眈々と「待つ」という意味合いを強めている。

彼・彼女らが文字通り待っているのは、自分の社会的条件や教育、経験に見あったステイタスの賃金労働である。たとえば、低学歴層であれば都会での建築作業や香港・シンガポールでのメイドなど、高学歴層であればマニラやセブのコールセンターのスタッフ、中東や欧米での介護士、看護師といったプロフェッショナルな職種がそれに該当する。

イスタンバイは、もちろん職に就けていなかったり、いつ失業するかわからない状況に不安を感じながら、概して前向きで明るく、それなりに幸せな日々を送っている。例えばイスタンバイは、たとえ無職無給であったとしても、就職先については基本的に高望みをし、妥協はしない。日銭稼ぎや低賃金労働など、選り好みしなければ多分得られるであろう「小さな」仕事は可能な限り避けようとする。もし働くのであれば、自分の学歴やキャリア、能力に見合った職種、できれば望みうるかぎり賃金が高く条件のいい仕事を得たいと考えている。そして、その高望みの「希望」の先にあるのが、海外出稼ぎなのである。

ロハスの街で出会うイスタンバイに、職がないならば、小遣いがないのならば、なぜ身近なファストフードや日雇いの建築現場で働かないのかと尋ねると、彼・彼女らは決まって最後には「海外にさえ出られれば（*Basta makaguwa*）」とつぶやく。待ち続ければ訪れるかもしれない海外就労という希望が、彼らの現状に対する不安と競い合うように共存し、その場その場で不安を打ち消しながら、無職状態でも誇りを持ち続けることを可能にしているのである。

不安と希望の狭間にあって、イスタンバイがそれなりに明るく前向きな日々を過ごす背景には、家族や友人など周囲の人びとと築く「良好な社会関係」も見逃がせない。イスタンバイの日常は、家族や親族と寝食を共にし、家事や家業を手伝い（ときに小遣いをもらい）継続していく。家族に扶養されながら、無職であっても特に非難されることはなく、本人たちも、必要以上に卑屈な態度をとることはない。また一方で、イスタンバイはそうした現状を当然のものとして受け入れているわけでもなく、ことあるごとに家族からの援助が自分にとって「心の負債（*utang na loob*）」であると表現する。そして、その負債は、いつか自分が海外に出稼ぎの職を得た将来に、返済されるべきものであると考えている。

空いた時間は同じくイスタンバイである友人たちと過ごすことも多い。男性ならばバスケットボールに興じてエネルギーを発散し、少しでも懐が温かければ酒を飲んだり、闘鶏などギャンブルをしたりすることもある。女性であれば、友人とおしゃべりをしたりテレビを観たり、小遣いに余裕があるときは街に出てショッピングや食事に時間を費やす。その生活ぶりに、無職であるという陰鬱さよりも「希望」をもち続ける明るさをみることができるのは、イスタンバイが個々人の「不安」の中に閉じ込められてしまうのではなく、家族や友人との関係によってつながり、外部に開かれていることが大きく作用している。

そのように継続していくイスタンバイの日々も、しかし当然ながら終了することがある。幕は引かれる日もくる。そのきっかけの一つは、たとえば待ち続けていた「希望」を手に入れたとき、すなわち自分の能力やキャリアに見合った仕事を手に入れたときである。「出発できる（*makalakat*）」幸運に恵まれたイスタンバイは、それまで継続してきた日常に終わりを告げ、「心の負債」を返済するため異郷へと旅立っていく。

しかし、いうまでもなく、誰にでも幸運が訪れるわけではない。待ち続けるイスタンバイも次第に年齢を重ね、いつか若者ではなくなっていく。どこかで「待つ」段階が過ぎ去り、ただ働かない大人になったとき、自覚的に、あるいは周囲の視線の中で、とにかくどのような仕事であれ、まずは働くことを余儀なくされる。20代をやり過ごし、30代も半ばを超えるころ、多くのイスタンバイが「待つ」ことに自ら終止符を打つ。その際によくみられるのが、恋人との間に子どもができ、家計を支えるためにも働かざるを得なくなるという切羽詰まった状況である。そんなとき、働き始めたイスタンバイは、きまって「ミルク（*gatas*）のためさ」と諦め顔で仕事に向かうのである。

（東　賢太郎）

［参考文献］

東賢太郎「「待ち」と「賭け」の可能性――フィリピン地方都市の無職と出稼ぎ」東賢太郎・市野澤潤平・木村周平・飯田卓編『リスクの人類学――不確実な世界を生きる』２３９―２６１頁　世界思想社　２０１４年

12

性的マイノリティ

★新しいアイデンティティ★

フィリピンの言葉を学んでいると、男性同性愛者が「バクラ」と呼ばれていることを比較的早い段階で知ることになる。職場や学校、街頭で、通常なら女性的とでも形容されるような動作や話し方をし、また女性用に作られた服を着て化粧をしている「男性」を見かけることは、決してめずらしいことではない。フィリピン人の頭の中には、「ララキ（男）」「ババエ（女）」の間にバクラが存在することが常に意識されているといえよう。男の定義はバクラでないこと、つまり、ララキの対義語はババエではなくバクラであるという人さえいる。

バクラという言葉は、もともとは「惑う」「混乱する」という意味らしい。男として生まれたが、性自認が混乱して自分を女性と思うようになる、ということだろうか。しかし、割り当てられた性を乗り越えていく人たちは、バクラだけではない。女性同性愛者は、ティボ、あるいは英語からの転用でトムボーイなどと呼ばれる。近年では、同性愛者に加えて、両性愛者、トランスジェンダーなど、様々な性のあり方が認識され、頭文字を並べたＬＧＢＴなどがセクシュアル・マイノリティを総称する言葉として使われているが、性指向と性のアイデンティティは非常に多様で、しかも常に変化する可能性を秘めている。フィリピノ語で性別に相当するカサリアンの語根は「サリ」で、サリサリストアの「サリ」と同じである。「種類」を意味し、ここからフィリピンにおける性は、二つの性だけに限定されたものではなかったのではないかという説もあるのが興味深い。

ミンダナオ先住民ティルライの研究者シュレーゲルは、ティルライ社会には性自認を変更することのできる文化があったことを示唆している。「男として生まれた女性」「女として生まれた男性」という人びとがおり、社会的には身体性は問題にならず、本人の自認が受け入れられて、女性・男性として扱われることになる。伴侶を選択するときは異性、つまり女性となった人は男性、男性となった人は女性をパートナーとする。この場合は、男女どちらかの性の選択とその二項対立の中での移行であり、それ以外の性指向とアイデンティティが認識されていたわけではない。

ビサヤ地方には、広く「ババイラン」という存在が知られていた。ババイランは霊的な能力を備えていると信じられ、シャーマンおよび民間治療者、あるいは預言者として、スペイン植民地以前のフィリピン社会において指導者的役割を担っていた。その多くは女性だが、女装して女性のように振舞う男性の存在も、16、17世紀の記録に残っている。現在、一般的には、ババイランとなる「男性」は、性自認によって「女性」となった人びとであったと解釈することが多いようであるが、彼らが第三のジェンダーを持つ人びとだったのか、あるいは単に役目を務めるときに女装をした男性のババイランであったのかは明らかではない。どちらもしても、「女装をする」という行為の中に、そのような両義的なあり方を許す公の場であったことは確かである。

しかし、スペインによるフィリピンの植民地化が行われ、カトリック教が導入されると、ババイランの存在は迫害されるようになった。ババイランのベースとなる精霊信仰が邪教とされたばかりではない。カトリック教においては、同性愛は宗教上の罪とされる。重要な秘蹟の一つに結婚があり、ここでは一組の男女が生涯にわたる愛と忠実を誓い、子どもを出産し養育することが、カトリック教徒の義務として位置づけられている。この男女に限定されたジェンダー観において、女装する男性のババイランは、カトリック教会にとって見過ごすことのできないものだったであろう。さらに、スペインはマチスモ、つまり男性性の強調と、非男性的な存在（女性および同性愛者）を劣性とする文化を残した。

フィリピンのイスラーム社会においても、同性愛はやはり宗教上の罪である。しかし、こうした宗教の規制の下においても、男女の二項対立の枠組を越えていく人びとがいることを止められないのを歴史が示している。

1960年代に欧米でゲイ解放運動が盛んになると、フィリピンでも欧米におけるゲイの概念を取り入れ、バクラやティボが個人的な「混乱」や「惑い」ではなく、第三のジェンダーとして社会的存在であるという認識が広まった。ゲイを公認する芸能人も多く出現し、バクラと呼ばれる人びとはコメディアンに準ずる存在として、テレビ番組や映画に欠かせないものとなった。彼等は特殊な言葉遣いで知られ、そのサブカルチャーが反映される文学作品が出版されるようになって、1990年代にはゲイ文学というジャンルが確立されていった。

一方、1992年の国際女性デーに行われたデモに、レズビアンのグループが参加し、これがフィリピン最初のセクシュアル・マイノリティの人権と政治的発言権を求める組織的活動となった。この時期にLGBTのネットワーキングが進み、フィリピン国立大学では、ゲイの学生によるグループ「バパイラン」が組織された。この名称は、植民地化によって消失したフィリピン固有の文化と、自己の性アイデンティティに対する誇りを示すものであった。1994年には、LGBTグループによるパレードが行われ、社会団体としてフィリピン社会における発言権を強めていることを示した。2003年には、LGBTの権利擁護を代弁する政党ラッドラッドが設立され、2010年の総選挙では下院議員選に候補者を立てた。

ホモセクシュアリティの社会的受容についてのある調査によると、フィリピンでは73％が受容を支持している。イギリス76％、アメリカ60％、日本54％に比べても高い支持率である。タイやベトナムと並んで、同性愛者に寛容な社会環境の国としても知られている。首都圏のケソン市は、全国に先駆けて2014年に、LGBTに対する一切の差別を禁止する条例を可決した。全ジェンダー用トイレの設置義務もその一部である。

しかし、実情はもう少し複雑である。国会に提出された性差別を禁止する法案は、カトリック教会の反対に遭って、未だに可決されていない。同性結婚や性転換についても、法的には認められていない。

法の整備がLGBT人権運動の活発さに比して遅れをとっているように見える一方で、バクラやティボに対する社会的蔑視もなくなってはいない。ハラスメントは、日常的な会話のレベルから生活のあらゆる場面に存在しているといって過言ではない。さらに、LGBTの中でも、それぞれの性指向と性自認、さらに社会階層に応じてもグループが分かれており、対立があることも指摘できるだろう。中産階級のゲイは低所得者層のゲイを差別し、レズビアンは、ゲイによるハラスメントの対象になったりもするのである。

さらに、性の流動性は語られていても、ジェンダーと親性の問題は見通しがつかないままである。C氏は結婚して子どもを二人もうけたが、40代になって性指向が変わったことに気づいた。それによって性自認も変化し、結果として妻との結婚生活を維持することができなくなった。しかし、子どもに対する父親としての愛情と責任感は、性自認とは別のことである。彼は、家族から離れて一人で暮らしながら、子どもへの財政的・精神的支援をずっと続けている。性自認は「男」でなくても、父親は父親である。C氏の例は自ずから、父親イコール男性という図式に疑問を投げかけているといえよう。

（永井博子）

人びとはどこから来たのか

コラム1

小川英文

考古学を研究している私は30年ほど前、ミイラづくりの調査でルソン島北部のベンゲット州カバヤンへ行った時、村人に「どこからこの山の中に移り住んで来たのか」と尋ね回ったことがある。無茶な質問だとは分かっていた。しかし、山の人びとの間で自らのルーツがどう言い伝えられてきたのか興味があった。「2番目に来たグループだよ。ほら教科書に書いてあるだろう。ルソン島に着いて、川伝いに山を登って来たんだ」。実に面食らった。答えが、アメリカ人でフィリピン民族学の先駆者だったH・O・ベイヤー（1883～1966）の説そのままで、まさに教科書通りだったからだ。

ベイヤーが依拠した文化伝播論は、今日では分類として意味をなさないが、民族の見た目、つまり皮膚の色や骨格、生業形態、文化要素などによる違いを基に、なぜ異なる民族が「モザイク」状に分布しているのか説明しようと努めた（民族にはモザイクピースのように明確な端っこはないが）。彼らはフィリピン人を、低地から山地に住む集団の分布のあり方、形質的特徴、生業などの「見た目」で、先住民アグタ（「ネグリート」）、古マレー（山地民）、新マレー（低地民）に分類し、その違いの理由をフィリピンに渡って来た時間差で、また文化的「モザイク」状態を集団ごとの「隔離」で説明した。

いまではなんの根拠もないが、この説は現在でも巷間に根強く流通しており、いまさらながら植民地期とは、科学が「人種」を発明し、差別と支配を正当化した時代だと気づかされる。先史時代の民族移動問題は、現在では考古学や形質人類学だけでなく、分子遺伝学を加えた研

人びとはどこから来たのか

究が進んでおり、8万年前に「出アフリカ」を果たした現生人類が、ユーラシアの北と南の2ルートからアジアへ至り、1万年前の農耕の開始とともに東南アジアへ移動を開始し、さらにオセアニアへと至るモンゴロイドの拡散（3300〜1000年前）という壮大なストーリーの中で研究が行われている。

1998年に当時のラモス大統領の肝煎りでフィリピン民族博物館（Museum of the Filipino People）が創設された時、孫が祖父に「フィリピン人はどこから来て、どこへ行くのか」と問う設定のビデオを鑑賞するスペースがあった。祖父は「アグタも含めてフィリピン人はみな海からやって来た。そして稲作を始め、バランガイ（村落）を築き、首長制社会を形成した。そこにマゼランがやって来て、長くスペイン支配を受け、カティプーナンが独立革命を……」と歴史を語る。独立運動以降の歴史中心だったが、フィリピン人のナショナルな情動を揺さぶる仕立てになっていた。それにしてもなぜいつも、一度立ち止まって「わたしたちはどこから来たのか」という問いを発するのだろうか。グローバル化の進展とともに国民国家の枠組みが揺さぶられている時代だからこそ、いっそうこの問いについての想いがつのる。

考古学からフィリピン文化のルーツを探ると、北部のカガヤン州から、数十万年前に遡る旧石器時代のカバルワン礫器文化の遺跡が68カ所発見されている。これらの礫器は更新世中期（80〜10万年前）の標準化石であるステゴドン象の歯や、大型獣の化石骨と共に出土し、マルコス政権期の1970年代から80年代初めにかけて盛んに調査されていた。これがフィリピン諸島で最初の人間の痕跡である。その後はずっとのちの土器の出現や農耕が始まって以降の足跡である。フィリピンでの土器と農耕の出現は、現在から遡って4000年前で、西アジアは1万年前だが、日本の2300年前よりも古い。一般にはは新石器時代と呼ばれているが、フィリピンではその時代の始まりが4000年前と遅く、諸島内での農耕の開始時期も一様ではないので、先金属器時代（4000～2000年前）と命名されている。

農耕社会が成立して人口が増加し、社会が複雑化すると同時に、鉄を中心とした技術革新が進み、2000年前から現在に至る金属器時代が到来する。その後は長距離交易によってもたらされた陶磁器の出土によって特徴づけられる陶磁器時代（9～16世紀）である。国家成立前の首長制にまで社会の統合が進んだフィリピン各地で、海の交易ネットワークを発達させ、エジプト、イランの陶器や中国、カンボジア、ベトナム、タイの陶磁器が輸入された。陶磁器研究は世界中で行われているので、その成果をフィリピン考古学で活用して、遺跡年代の確定に役に立つ。

近年のDNA分析、形質人類学、そして考古学の成果が告げるフィリピン人の来歴は、農耕の開始とともに中国南部、台湾を経て移動して来た人びとがフィリピン諸島全体で生活しているという姿である。ただアグタの人びとだけは、農耕以前にユーラシア南回りで東南アジアに移動してきた集団の一部と考えられている。

フィリピン人とアグタの来歴の構造は、日本人のルーツを探る縄文・弥生二重構造モデルと類似していて興味深い。今後の研究の進展が楽しみである。

コラム2

富裕層の子たちの葛藤

大村雪香

高層ビルが連なるマニラ首都圏マカティ市のビジネスセンター。ビルの周辺には、高い塀に囲まれ、プールや広大な庭を持つ豪邸の立ち並ぶゲーテッド・コミュニティが存在する。ゲートの門扉は銃を持った警備員が24時間体制で管理し、出入りする人や車をいちいちチェックしている。富裕層は、こうした「サブディビジョン」や「ビレッジ」と呼ばれる高級分譲地で暮らす。その中では、多くのメイドや運転手、庭師やプール清掃員を雇い、週末には豪勢なパーティーを開くような生活が営まれている。18歳のデビュー・パーティーは、広大な会場で盛大に祝われ、ポルシェやBMWといった高級車などをプレゼントにもらう。このような富裕層の生活はきわめて閉鎖的で、フィリピンの一般大衆からは見えにくい。

これは、ゲートと塀という物理的な隔離もさながら、富裕層の生活パターンやコミュニティが狭く閉ざされているからだ。富裕層の子どもの多くは、アメリカ国籍を取得するためアメリカで生まれ、フィリピンに戻り子守によって育てられ、運転手付きの自家用車で行動する。彼らが、庶民の足であるMRT（電車）やジープニー、ましてやトライシクルといった公共交通機関を利用することはめったにない。行動範囲もきわめて限られていて、活動のほとんどが自宅周辺のマカティ市やオルティガス、ボニファシオ・グローバル・シティの高級モールやバー、クラブで完結している。それには、フィリピン大衆社会に向けられた危険意識がある。「壁の外は危険」なのだ。

彼らは幼少の時から英語で授業を行う私立学

校に通い、アメリカの大学か国内の一流私立大学に進学する。大学卒業後は家族の事業を継いだり、有名企業に就職したりする。ここに富裕層の子弟に特有の悩みが表れる。「親の事業を継げば、自分の将来の選択肢が限られてしまうように感じる」といった悩みだ。それゆえ、フィリピンに帰らず、北米で事業を起こそうとする者もいる。しかし、それに対して、「ばかばかしい。マニラに戻れば資本も十分にあるし、親や友だちといったコネが使えるのに」といった声もあがる。フィリピンの富裕層社会には、仲間うちの地縁・学縁で培われたネットワークが存在するからだ。とはいえ、そうした富裕層同士の閉鎖的なネットワークは、同時に彼らの人生の選択肢と可能性を限定する悩みでもある。

また、彼らは生まれた時から子守をはじめ、メイドや運転手といった「使用人」に囲まれた生活を送っており、彼らを「使うこと」に抵抗感は少ない。メイドや子守に忘れ物を学校まで届けさせることは頻繁にあり、いたって普通のこと。

極端な例だが、筆者の母校で、ある財閥家の息子が起こした事件があまりに突拍子もない話のため、今でも語り草になっている。その私立高校では毎年、富裕層や外国籍の子弟をフィリピンの一般社会に触れさせ、ストリートチルドレンの支援施設や聾《ろう》学校などで奉仕活動を行わせる宿泊学習がある。そこでルソン島北部の農村にいった彼は宿舎の食事が気に入らなかったため、母親に電話してサンドイッチをヘリコプターで届けさせた。これには、他の富裕層子弟たちも驚愕していた。

この文化的にも大衆からかけ離れた生活は、富裕層自身のフィリピン人意識にも表れている。彼らの中には「自分の家で働く使用人を同じ人間と思ったことがない」と公言する者さえいる。

また彼らは、アメリカのテレビや音楽、映画まで西洋文化にたっぷりひたって育つ。大学を卒業してから仕事上で必要なタガログ語を習得するため語学学校に通い始めるので、それほど流暢にタガログ語を話せない。だから、フィリピン人というアイデンティティを持ちにくいのかもしれない。しかし北米の大学に進み、たとえアメリカのパスポートを持っていても、アメリカ社会では人種やマイノリティという壁に直面する彼らは、フィリピンへの帰属意識を強く主張するようになる。ところが、彼らが生きるそのフィリピン社会とは、大衆社会から切り離された、限定的かつ、高級で安全な「ゲーテッド」な空間でしかないのだ。

イスラーム教徒とキリスト教徒の共存

コラム3 吉澤あすな

ミンダナオ島中北部に位置するイリガン市では、伝統的にイスラームを信仰してきたマラナオ人や、ビサヤ地方から移住してきたキリスト教徒が共に暮らしている。町行く女性に目をやれば、マニラなどでよく見かけるTシャツやショートパンツといった装いだけでなく、頭を覆うカラフルなヒジャーブとジーンズでおしゃれをした少女たちがいる。全身黒色のイスラームの装束を着た人びとも行き交う。立ち並ぶモスクと教会からは、アザーン（礼拝の呼びかけ）や聖歌が交互に流れていた。2013年の初め頃、私がイリガン市で暮らし始めた当初、イスラームとキリスト教の共存を実現したユートピアのように思われた。

沿岸部に発展したイリガン市の人口は約30万人で、住民の多数派はキリスト教徒だ。しかし、たくさんのイスラーム教徒が就学・就労のために滞在している。彼らの多くは隣接するムスリム・ミンダナオ自治地域を故郷とするマラナオ人であり、大学や市場の集まるイリガンにやってくる。イスラームの宗教組織による宣教活動が活発化する中、キリスト教からイスラームへの改宗者も増加している。

イスラームへの改宗者は、自らを「バリック・イスラーム」と呼ぶ。その名称には、「正しい宗教であるイスラームに帰ってきた」という意味が込められている。私はバリック・イスラームの集まる勉強会でマリアムという30代の女性に出会った。彼女は熱心なキリスト教徒であったが、イスラームについて学ぶうちに「これが私の探し求めていた真の宗教だ」と確信し改宗を決めたという。マリアムは家族にも改宗を勧め、母もイスラームに改宗した。

ある日、私はマリアムの母が亡くなったと聞き埋葬式に参列することになった。きょうだいたちがイスラーム式の埋葬を許さなかったために、母はキリスト教の墓地に埋められるらしい。墓地に向かうジープニーの中で、マリアムは「私のきょうだいはちょっと違うから」と呟いた。しばらくして彼女は「痛い」と言いながら、自分の胸の辺りを強く押さえた。墓地に到着後、マリアムの必死の説得によって、バリック・イスラームの代表者が説法をすることが認められた。元牧師の彼は参列者に静かに語りかけた。「宗教間の争いがあるというけれど、イスラーム教徒とキリスト教徒はきょうだいだから共存できる。聖書にもちゃんと書いてある」

たしかに、大きな流れで見ると、南部フィリピンにおける和平は実現されつつある。イリガンでも、2008年ごろからNGOや大学による宗教対話や平和教育の試みが行われるなど、草の根の平和的共存は着実に進んでいる。しかしマリアムの言葉は、なかなか社会の表に出ることのない個人的なレベルで軋轢が生まれていることを物語っていた。

家族の中で信仰が異なるという状況は、イスラーム教徒とキリスト教徒の結婚によっても生じる。家が隣、学校の級友、職場の同僚というように、彼らは日常生活で「普通に」出会い、恋愛し、結婚する。そうした夫婦に話を聞くと、互いの信仰や生活様式を尊重するよう上手く折り合いをつけているケースが多かった。しかし、子どもの信仰や結婚相手については子ども自身が「自由に選択する」というのは難しい。

イスラーム教徒の父とキリスト教徒の母を持つ20代の女性サハラは、家族に起きた揉め事について語ってくれた。サハラの姉は、キリスト教徒の男性と恋に落ち、結婚を約束した。通常、イスラーム教徒の女性がキリスト教徒と結婚するのは、宗教上の制約や慣習的な抵抗が強く困難が大きい。サハラの父も結婚に大反対し、姉は家を出た。2人は今も絶縁状態にあるという。「なんで神様はそんな風に人間をわけたのかな。信仰によって地獄や天国の入口がわかれているわけではないのに。私は、ただ家族と一緒に暮らしたい。本当にそれだけなの」

イリガンという小さな町で、葛藤と痛みを内に抱えたイスラーム教徒とキリスト教徒の共存が日々営まれている。社会の中で交流の場が広がるほど、改宗や結婚のきっかけは増えていく。今まで距離の遠かった相手と親密な関係が結ばれることによって、両者の平和的共存が促されるという良い循環が生まれる。しかしそれと同時に、家族という親密な関係だからこそ起こる軋轢も確実に存在する。

この町におけるイスラーム教徒とキリスト教徒の共存を支えているのは、そうした負の経験を、「共に暮らす力」へと転換する試みなのかもしれない。それを担うのは、マリアムやサハラのように異なる価値観の板挟みを経験した人びとである。バリック・イスラームや異宗教間結婚の子どもたちの中には、平和運動や宗教対話の調整役として活躍するものも多い。双方の宗教的知識や考え方に通じている彼らは、差別される側、不信感を抱いてしまう側、それぞれの立場に寄り添うことができる。

サハラに話を聞いた別の日、彼女の職場を訪ねると、キリスト教徒の同僚と何やら熱心に話し込んでいた。イスラームに対する偏見を取り除くため、生活や価値観の違いについて説明していたのだという。異なる人びとを受け入れ、自分が経験した痛みを他者への共感や寛容さに代えて生きていくこと。それは、私自身にとっても世界にとっても未来を拓く生き方に映った。

II

未来を照らす歴史

マゼランが立てたとされる木製十字架（2015年セブ島、鈴木伸隆）

13

ナショナリズム

★新たな自画像を描く★

国民国家（ネイション・ステート）の形成の仕方とナショナリズムのあり方が、日本とフィリピンとではきわめて対照的だ。明治維新以降、国民国家の建設に成功した日本と、どうもうまくゆかないフィリピン。国民と国家が表裏一体ピッタリと合致している日本に対して、フィリピンは両者のあいだに乖離や亀裂がある。フィリピンは、今も合計特殊出生率が3人余で人口が増え続けている若い国であり（国民の平均年齢は24歳）、未来に向けて新しい自画像を模索している。

日本と違うナショナリズムのあり方は、フィリピンという国の歴史と深く関係している。フィリピンは、スペイン期以前には、古代王国や高文明をもたなかった。フィリピン人であることの自覚は、16世紀後半に始まるスペインの植民地統治と20世紀前半のアメリカによる植民地支配、そしてアジア太平洋戦争時の日本の軍政という三つの外国による支配、そして戦後に独立した後も続くアメリカの強い影響や介入に対する反発や抵抗のなかではぐくまれてきた。手頃なフィリピン史の概説書が『盗まれた楽園』と抵抗の５００年」（鈴木静夫著、１９９７年）という副題を付しているのもうなずける。

フィリピンのナショナリズムの特徴として、スペインがもたらしたキリスト教とアメリカによる英語教育の影響が色濃く見いだせる。たとえばフィリピン人の大多数は英語を話せ、そのことが世界中のどこでも働けるし暮らせるという自信の裏付けとなっている。結果として1億人の総人口の1割ほどが就労や移住で海外で暮らしており、草の根のグローバル化が進行している。フィリピン人としての強い自覚が生まれる契機の一つが、海外での仕事や生活の場で異国・異文化の人たちと接触・交流・摩擦するなかにある。またアジアで唯一、人口の大多数（約90%）がキリスト教徒であるゆえに、フィリピン人の自画像、道徳や行動の根拠にキリスト教の信仰がある。

2016年1月27日。マニラ・ルネタ公園でリサール記念碑への献花に進まれる天皇皇后両陛下（提供：まにら新聞）

スペインがフィリピンを征服し植民地支配を始めた頃、タガログやイロカノ、セブアノなど、言語を異にする200近い民族が住んでいた。各々の言語グループへの帰属意識を超えて、フィリピンという「くに」に属する同じ仲間であるとの自覚はなかった。インドネシアに次いで世界第2位、7000を超える島々からなる島嶼《とうしょ》地域がフィリピンと呼ばれるのは、スペインの遠征隊がスペイン皇子フェリペ（後のフェリペ2世）にちなんで「イスラス・フェリペナス（フェリペの島々）」と呼んだことに由来する。

フィリピン人という名称も、初めは本国（イベリア半島）生まれのスペイン人（ペニンスラール）と区別して、フィリピン諸島生まれのスペイン人を指して用いられた。スペイン人たちは土着の人びとをインディオと呼び、また大半が男性であった中国人移民（およびスペイン人）と現地の女性とのあいだに生まれた混血の子どもたちはメスティーソ（女性はメスティーサ）と称された。インディオやメスティーソを含め、現在のような意味でのフィリピン人というカテゴリーは、19世紀終盤に、スペインの植民地支配に対抗する民族意識の覚醒と自治を求める運動の高揚のなかで生まれた。

そうした運動を代表する一人がホセ・リサールだった。彼は医師であるとともに語学の天才で、『ノリ・メ・タンヘレ』（我に触れるなかれ）と『エル・フィリブステリスモ』（反逆・暴力・革命）という2冊のスペイン語の長編小説をヨーロッパで出版して大きな影響を与えた。改革を求める知識人の運動（プロパガンダ運動）がマニラの革命秘密結社カティプーナンの武装蜂起へと引き継がれていったとき、リサールは首謀者としてスペイン当局に捕らえられ、マニラ湾を臨むバゴン・バヤンの原っぱで処刑されてしまう。１８９６年12月30日のことだった。２年後にその日は、革命政府の大統領となっていたアギナルド将軍によって国民の祭日となり、それはアメリカ植民地政府に引き継がれ、現在まで続いている。処刑場所は公園として整備され、中央にはリサールの立像と記念塔が立ち、外国の要人がフィリピンを訪れた際に表敬の花輪を捧げるのが通例となっている。

いっぽうカティプーナンが、マニラと地方で一般民衆を巻き込みスペインを圧倒する勢いを得て革命をほぼ達成できたのは、人びとがカトリックの教えるイエスの生き方（大義のためには母マリアの懇願を振り切ってエルサレムに上り十字架の死を甘受する）を自らの導きとして武装蜂起に加わったからであった。それはフィリピン人を宗教的・精神的に内面から支配することで植民地統治の安定を図ろうとしたスペインにとっては、歴史学者のレイナルド・イレートが説得的に描き出し、また池端雪浦が指摘したように、「カトリシズムの逆説」と呼ぶべき作用の結果だった。

1896年8月に対スペインの独立戦争として始まったフィリピン革命は、初め優勢に戦いを進め、支配地域をルソン各地に広げていった。しかし1898年の米西戦争に勝利したアメリカがスペインから2000万ドルでフィリピンを譲り受け、翌年2月に革命に介入して比米戦争を仕掛けてきた。1899年に始まったこの戦争は、1901年にアギナルド将軍が捕縛されて革命軍が敗北した後も、散発的なゲリラ戦のかたちで数年続いた。アメリカは、フィリピンを植民地とすることを「恩恵的同化」という建前の理念で正当化した。その見せかけの善意が、アメリカの恩恵のおかげでフィリピン人は英語教育と民主主義を与えられて近代国家を作ることができた、という自画像としてフィリピン人を長く呪縛した。

そして1946年のフィリピン独立に際してアメリカがつけた条件の一つが、当時存在していた計23カ所の米軍基地を99年間にわたって使用できる権利の継続確保だった（マルコス時代の1966年に貸与期間が25年に短縮され、その貸与協定の期限が切れる1991年に基地存続の是非が問われることになる）。それゆえ米軍基地の存在は、独立後もアメリカ植民地支配を引きずる目に見える象徴として、反米であることと不可分に結びついたナショナリズムの焦点であり続けた。

ところが、1991年6月にルソン島西部のピナトゥボ火山が20世紀最大級の爆発を起こし、吹き上がった灰・砂・礫で山の東麓に接するクラーク米空軍基地が壊滅的な打撃を受けた。その前に、ベルリンの壁の崩壊や東西冷戦終結（1989年）など戦後世界の枠組みの大変動があった。結果として米軍基地の重要性は失せ、フィリピン上院が貸与協定の批准を拒否し、翌1992年には米軍基地は全面撤退するに至った。「米軍基地なき新しいフィリピン」の建設が必然の課題となったのである。それまで、左派にとっては反米であれば、すなわち愛国を標榜できた。右派にとっては冷戦下の避けがたい現実の中で、頼りがいある兄貴分としてアメリカの存在はあまりに大きかった。反発し抵抗するにしろ、恭順し受益するにしろ、アメリカを抜きにしては自己の位置づけも正当化も困難であった。

フィリピン・ナショナリズムの水脈の一つには、フィリピン革命を達成した一瞬の輝きと歓喜、しかしそれがアメリカの介入によって頓挫してしまった痛恨を想起し、「未完の革命」を未来に達成しようとする持続する志がある。それを阻んでいる障害はアメリカであり、アメリカの影から脱出して本当の自分を取り戻すこと、望ましい社会を作りなおすことが常に課題としてある。しかし、1986年のピープル・パワー革命による新生フィリピンの誕生と、それに続くピナトゥボ火山の大噴火がもたらしたアメリカ軍基地の全面撤退という新しい状況のなかで、フィリピン人自らの土着性にもとづく新たな国民・国家の自画像を構想することが余儀なくされるにいたった。

近年注目すべきは、マニラの南西に位置するパラワン島沖のスプラトリー（南沙）諸島と西ルソン・サンバレス州沖合のスカボロー礁の領有問題をめぐって、中国に対抗する国家的・国民的ナショナリズムが生まれてきていることである。中国は、米軍基地の全面撤退によって生じた空白を埋めるように1994年以降、暗礁を埋め立て軍事拠点とする工事を進め、実効支配の確立を図ってきた。それに対してフィリピン政府は、当時から問題視し、国際的な注意喚起を要請したが無視されてきた。

ようやく数年前にアメリカがアジア重視と再関与の政策を明確にしたことで、アキノ政権下のフィリピンは「後ろ盾」を得て中国の侵出に強く反発し始めた。南シナ海を独自に「西フィリピン海」と呼称したり、2013年には「国連海洋法条約」にもとづくオランダ・ハーグの仲裁裁判所に提訴したりした。また再びアメリカとの軍事協力関係の強化を図り、米海軍の一時的な訪問・駐留を受け入れる決断をした。これは、中国の軍事的な台頭を牽制したいアメリカの戦略的な利害とフィリピンの国益が重なり合った形で相互に求めた「ウィン・ウィン」のゲームであり、フィリピンの自主自尊にもとづくナショナリズムに支えられている。

しかし、その後に事態はさらに急展開する。2016年7月に仲裁裁判所は、南シナ海で中国が主権を主張する独自の境界線「九段線」には国際法上の根拠がまったくないと認定した。フィリピン側の全面勝利である。が、ちょうど同年6月に就任したドゥテルテ新大統領は、習近平主席との10月北京の会談で南シナ海問題を取り上げず、代わりに大型の経済援助を得た。逆に、麻薬撲滅キャンペーンのための超法規的殺人を人権侵害と批判するアメリカへの反発を強めている。

中国の台頭が、国際関係のゲームにおいてフィリピンに他の選択肢を生み出した。それは選択する主体としてのフィリピンの立場と内実を再定義する必要を迫ることでもある。グローバル化時代の草の根レベルの海外就労の体験とともに、アジアにおけるパワーバランスの変化と揺らぎが、フィリピンに新しいナショナリズムとアイデンティティを生み出す可能性がある。

（清水　展）

14

マレー世界

★ナマコを求めたスペイン★

マゼランが1521年にフィリピン諸島にたどりついたとき、船団のなかに島のことばを解する者がいた。その名は、エンリケ・ド・マラッカ。太平洋横断に先立つ1511年、ポルトガル軍によるマラッカ攻略の戦利品としてマゼランが獲得した「奴隷」である。

エンリケはスマトラ島出身だった。とすると、かれがビサヤ諸島の首長たちと交わした言語はマレー語以外にありえない。そう、フィリピン諸島は「マレー世界」の北東端に位置しているのである。

ここではマレー世界を「マレー語を介した交易でつながっていた地域」と理解しておこう。東南アジア多島海を中核とし、周辺のインド亜大陸東部から東南アジア大陸部にかけての沿岸社会を包摂する海域である。マレー世界の中心ともいえる今日のマレーシアやインドネシア、ブルネイからすれば、イスラームであることがマレー世界の一員たる必要条件に感じられるかもしれない。たしかに、イスラーム化は重要な要素ではある。しかし、それは十分条件ではない。マレー世界のイスラーム化は、歴史の偶発性に由来するからだ。

スペインによるフィリピン諸島の植民化政策においては、南部のイスラーム化したムスリム勢力との抗争が展開された。そのため、キリスト教徒のフィリピン人が「モロ」と一括するイスラーム諸民族に対する不信感には、今日でも根強いものがある。しかし、アメリカ人歴史家のジェームス・ウォレンは、スペインにとって宿敵だったはずのイスラーム化したスールー王国がマレー世界全域にはりめぐらした島嶼間交易ネットワークに、いかにスペインが依存し、その恩恵を受けていたかをあきらかにした［Warren 1981］。

考えてみれば、それは当然でもある。マゼランが命を賭してまで太平洋航路を開拓したのは、キリスト教の布教という宗教的動機だけではなく、ナツメグやクローブなどの香料をはじめとする稀少資源の確保という商業目的が存在したからである。しかし、スペインはフィリピン諸島から香料はおろか、なんらめぼしい稀少資源を見出すことができなかった。そのような環境のなか、周辺海域に産する自然資源が集散していたスールー王国との貿易にスペインが傾倒するのは必然であった。したがって、キリスト教とイスラームとの抗争史ばかりを強調しすぎると、スペインが参入を企てたマレー世界内の交易実態を見落とすことになり、ひいてはフィリピン史像を歪めかねない。

スールー王国とマニラとの交易品は、もちろん、多岐にわたっている。しかし、だいたいにおいてマニラから運び込まれた商品の代表は米であり、スールー王国から輸出されたものの多くはナマコと真珠、蜜蠟であった。ナマコと真珠は、スールー諸島に無数に散在するサンゴ礁に産出する海産物で、対中国貿易の商品であった。他方、蠟燭の原料となる蜜蠟はボルネオ島やミンダナオ島の熱帯雨林に産出する林産物で、おもにヨーロッパ市場にまわされた。

スペインによるアジア貿易は、マニラに集められた中国産の陶器や絹製品をメキシコ経由で本国に持ち帰るガレオン貿易が有名である。その決済は、当時、スペインの植民地であった南米大陸で産出される銀を基本とした。銀による決済を基本としたのは、中国産の茶をもとめたイギリスも同様である。しかし、あまりにも輸入超過となったイギリスが銀に代わってアヘンを中国に売り込んだように、スペインも、中国市場がもとめる商品を物色する必要に迫られた。それが、真珠であり、ナマコであった。しかし、自然の状態で貝が珠を抱く天然真珠はきわめて希である。したがって、白羽の矢はナマコに向けられたのである。

中国で乾燥ナマコの利用が普及したのは、およそ400年前の明清交代期である。日本からも、江戸時代には長崎を通じて中国に乾燥ナマコは輸出されていた。俵物貿易として知られる、徳川幕府による貿易が開始されたのが17世紀末である。まさに中国でナマコ需要が拡大する時期のことである。同時期、現在のフィリピンやインドネシアでも乾燥ナマコの生産がはじまった。事実、スールー王国の勃興は18世紀半ば以降のことであり、その富の源泉はナマコ交易にあった。

ナマコは浅瀬のサンゴ礁を渉猟するだけで、簡単に採取できる。特別の技術は必要としないものの、多くのナマコを獲るには、人海戦術しかない。そのため、東南アジア多島海では労働力を確保するための奴隷狩りが頻発した。小人口世界の東南アジアにあって奴隷は貴重な労働力であるとともに、首長なり貴族なりの権力の象徴でもあった。かれらは、みずからの権力を安定させるため、頻繁に海賊を組織した。そうした海賊行為を有利に導いたのは、ナマコと交換にヨーロッパ商人から入手した銃火器であった。ウォレンは、スールー王国の最盛期にナマコ採取に従事した奴隷人口を2万人と推定している［Warren 1981: 70］。

イギリスがインドやスリランカで茶の栽培に成功するのは、19世紀なかば以降のことである。アヘン戦争（1840〜42年）に勝利したイギリスが、中国国内を探検し、茶のなんたるかを知ったからである。その頃、スペインが独占していたガレオン貿易は終わり、マニラは自由貿易港となった。フィリピン諸島で生産されたタバコや砂糖などが輸出されるようになったからである。西洋諸国による東南アジアの植民地化は、当初、アジアに産する稀少資源の貿易支配にあった。しかし、かれらの関心が、タバコや砂糖などの一次産品の（強制）栽培に移るとともに、スールー王国の域内交易の優位性も失われていった。おりしも、それは蒸気機関による軍艦が東南アジア多島海に進出してくる時期でもあった。

キリスト教徒のフィリピン人の深層心理に深く刻まれているムスリム海賊襲来劇は、そのほとんどが奴隷調達を目的に組織されていた。逆説的にすぎるが、こうした海賊行為は、マニラがガレオン貿易を堅持しようとする以上、不可避であった。フィリピン史をキリスト教とイスラームとの宗教対立として捉えると、こうした一面を見落としてしまう。ウォレンは、そう警告するのである。

（赤嶺　淳）

［参考文献］

Warren, James F. 1981. The Sulu Zone: *The Dynamics of External Trade, Slavery and Ethnicity in the Transformation of a Southeast Asian Maritime State*. Singapore: Singapore University Press. Reprinted by New Day Publishers, Quezon City, 1985.

15

スペイン植民地期

★キリストが生きる精神世界の受容★

スペインのアジア進出の試みは、コロンブスの西方航海による新大陸「発見」と、マゼランの「世界周航」途上での太平洋「発見」を経て具体化した。1494年にスペインとポルトガルが結んだトルデシーリャス条約は、ブラジルを除く新大陸（インディアス）をスペインのものとし、1529年のサラゴサ条約は、ヌエバ・エスパーニャ（メキシコ）からの西回り航路、すなわち太平洋横断によって到達できるフィリピン諸島をスペインの領有とした。

しかし、スペインによる植民地支配は1565年の太平洋横断帰路の「発見」まで持ち越された。同年、後に初代総督に任じられたレガスピが諸島中部セブ島に根拠地を置く一方、アウグスティノ会のウルダネタらがセブよりメキシコに帰着して、初めてフィリピン諸島がメキシコ経由でスペインと結ばれたのである。これが、約250年間にわたってフィリピン諸島とメキシコのアカプルコとを結んで展開されたガレオン貿易の航路となった。その後、レガスピは、地域間交易の中心かつボルネオのスルタンと姻戚関係のある首長の治めるマニラを攻撃して、71年にマニラ市を設置して首府とした。これ以降、マニラ・ガ

世界文化遺産サント・トマス・デ・ビリャヌエバ教会（パナイ島ミアガオ町）

レオン貿易は植民地フィリピンの生命線となった。マニラ・ガレオン貿易は、中国の絹、生糸、陶磁器などのアジア物産をメキシコへ中継輸出する見返りに新大陸の銀を輸入して関税収入をもたらすとともに財政補塡金や官僚・兵員などの輸送、本国の指令の受領にも不可欠であった。世界史的には、銀の世界的流通の結節点として、スペイン領マニラが機能することになったことが特筆される。

　植民地フィリピンの最高権力者は、軍事、行政の二権および司法権（1861年まで）を握った総督だった。しかしながら、スペインの植民地統治の特色は、世俗権力による支配が、教会（カトリシズム）による支配と密接不可分に結びついていたことにあった。16世紀初頭以来、インディアス統治の正統性をめぐる論争がなされた結果、スペイン国王の「新発見の土地」への福音伝道という使命が支配の正統性原理とされ、被征服民のカトリシズム受容は、それらの人びとの意図とは別に、スペイン国王の権威に服することを意味した。そのため、セブに根拠地を置くとレガスピは、直ちに帯同したアウグスティノ会士の手で、現地の首長とその配下に洗礼を施したのである。

しかしながら、当時のフィリピン諸島には、スペイン人の期待に応えるような鉱山、香料資源が存在せず、社会的にもバランガイ（ダトゥと呼ばれる首長に率いられた自立的な集落単位）を越えるような政治的統合は萌芽的な状態にあり、人口も小さかった。さらに、ポルトガルやオランダが周辺海域に出没し、南部のミンダナオやスールーのイスラーム王国の襲撃もあって、その防備に軍事費が嵩んだため、フィリピン諸島放棄も取り沙汰された。しかし、スペインは、結局19世紀に至るまで南部地域や内陸高地部に支配を確立できなかったが、「キリスト教世界の建設」のため、フィリピンを植民地として維持したのである。

フィリピン諸島各地へのカトリシズムの布教は、主に各派修道会が担った。修道会士は、各地において小教区司祭として住民の司牧に当たる一方、スペイン植民地支配を貫徹すべく彼らの日常生活を監督した。そのため、小教区司祭は、住民反乱の際、しばしば攻撃対象となった。カトリック化した諸島住民は、一般にインディオと呼ばれたが、ダトゥやその一族は、町長その他の役職に登用され、植民地権力と住民の間を仲介し、徴税や労役（ポロ）の徴発に責任を負うなどした。プエブロ（町）の中心には、徐々に小教区教会堂、広場、町役場を核としたポブラシオン（カベセーラ）が形成された。

この間、ビサヤ諸島以南へのカトリシズムの浸透はルソン各地に比較して緩慢であった。それに拍車をかけたのが、台湾に拠って清朝に対抗した鄭成功のマニラ侵攻の企図であった。１６６２年

イスラーム勢力への対抗、監視砦（バルアルテ）跡（セブ島東岸南端オスロブ町）

にマンリケ・デ・ララ総督はマニラ防備のため、マルク諸島（テルナテ）やサンボアンガなどの南部の駐屯部隊の引揚げを命じた。この危機は成功の急死で去ったが、ビサヤ以南の布教・司牧活動を停滞させた。一方、ナマコなどの海産物需要を背景とした南シナ海域の交易活動の拡大は、18世紀以降、人的資源を求めるイスラーム勢力の海上活動を先鋭化させた。スペインは、ビサヤ以南の沿岸防備に特に力を入れ、海岸沿いの教会堂敷地に周壁を設け、教会堂を要塞、鐘楼を海上監視塔として機能させた。教会堂は、物理的にも小教区司祭と住民が協同してイスラーム勢力に対抗するカトリック・フィリピン護持の拠点となったのである。

カトリシズムは、植民地化の初期には、住民支配の道具として多大の貢献をした。これに対して、まず在来の宗教的職能者（ババイラン）が反発した。彼らは、人びとが土着の信仰体系に戻るよう促した。しかし、スペインの植民地支配が深まるにつれ、住民の抵抗のあり方も変化した。たとえば、ボホル島のダゴホイは、1744年、兄弟の一人がカトリックによる埋葬を拒否されたため小教区司祭らを殺害した。個人的怨恨に始まった蜂起にスペイン支配に不満をもつ人びとが同調し、最盛期には2万人が山に入って85年間にわたる自治を行い、独自にカトリック信仰を維持した。

18世紀初頭以来、次第に諸島各地の住民に広がったパション（キリストの受難の生涯を描いた長編叙事詩）の詠唱は、彼らがカトリシズムを主体的に受容し、自身で解釈する契機となった。カトリシズムは、結果として、スペインの植民地支配の矛盾を自覚させ、それに抵抗する論理を住民に与えたのである（カトリシズムの逆説的機能）。たとえば、1841年の「アポリナリオ・デ・ラ・クルスの乱」は、アポリナリオ（「エルマノ・プーレ」として支持者に知られた）が、貧しい人びとも祈りに専心することで天国への道をめざせると説いて組織した聖ヨセフ兄弟会と植民地権力との衝突だった。19世紀末葉から20世紀初頭のフィリピン革命運動の中核となった秘密結社「カティプーナン」の思想もパションの論理を基底にしていた。

この間、諸島住民は植民地権力によるさまざまな搾取を経験した。なかでも、故郷を離れてのカビテ船廠などでの40日間にわたるポロは怨嗟《えんさ》の的だった。たとえば、1649年のポロの徴発に反発してサマル島のスムロイを指導者に小教区司祭の殺害に始まった反乱は、ビコール地方、セブ、ミンダナオ島北部に拡がった。マニラ周辺のタガログ地方では、所領地（アシエンダ）の不断の拡大に努める修道会に対し、農民が立ち上がった（1745～46年）。七年戦争に連動したイギリスのマニラ占領中

（1762〜64年）には、イロコス州ビガンを中心にスペイン支配体制の変革を求め、イギリスとの連携をめざしたディエゴ・シランが蜂起した。

一方、1767年以降、スペインは、ブルボン改革の中央集権化の一環として小教区司祭職にインディオ（スペイン系・中国系メスティーソを含む）の在俗（修道会に属さない）司祭を任用するようになった。しかし、インディアス各地の独立や本国の政治的混乱を背景に、19世紀中葉にスペイン人修道士が教区司祭に復帰して在俗司祭を排除したため、民族の平等を訴える在俗司祭の権利擁護運動が起こった。その後、1872年のカビテ兵器廠の労働者蜂起に際して、その黒幕として、権利擁護運動の先頭にいたブルゴス、ゴメス、サモラの三司祭が、その地位を剝奪され処刑されたことは、カトリック化した諸島住民に衝撃を与え、民族共同意識の形成を促進させる契機となり、フィリピン革命への底流となった。しかし、カトリシズムを基底に据えた「民族共同意識」は、南部イスラーム地域など、スペイン・カトリック世界に組み込まれなかった人びとを包摂するものではなかった。これらの人びとの「フィリピン諸島」および独立すべき「フィリピン」に対する認識のずれは、アメリカ植民地統治で強化され、今日の国民統合の問題にも繫がっている。

（菅谷成子）

【参考文献】

池端雪浦「フィリピンにおける植民地支配とカトリシズム」石井米雄編『東南アジアの歴史』弘文堂　1991年

16

フィリピン革命

★国民国家の創出と挫折★

フィリピンの現在の「独立記念日」は6月12日である。これは、「フィリピン革命」と呼ばれる独立闘争の過程で、１８９８年6月12日に革命勢力が独立を宣言したことに由来する。16世紀に始まったスペインによる植民地支配、20世紀前半のアメリカによる植民地支配の後にフィリピンが最終的に独立したのは１９４６年7月4日のことである。以来、7月4日を独立記念日と定めたが、64年、当時のマカパガル政権は「歴史に光を当てる」として改めて6月12日を独立の日とした。フィリピン民族史においては、共和国の原点はフィリピン革命にこそあると考えられているのである。では、フィリピン革命とはどのような出来事だったのだろうか。

フィリピン革命とは、１８９６年から20世紀初頭にかけて展開された一連の独立闘争である。この革命は、大きく二つの闘争に分かれる。すなわちスペインによる植民地支配の打倒を目指した闘争と、これに介入したアメリカによる再植民地化に抵抗する闘争で、後者はフィリピン・アメリカ戦争として別個の闘争としてもとらえられる。

19世紀後半のフィリピンでは、スペインの植民地支配に対するさまざまな抵抗運動、とりわけカトリック教会と修道会による人種差別、搾取、思想・言論の抑圧を批判し、改革を求める運動が起きていた。自由主義的な改革を求める運動は、教会の位階制度における人種差別に抗議した原住民在俗司祭（修道会に属さない司祭）の運動に始まり、やがてホセ・リサールら知識層による植民地改革運動（プロパガンダ運動）へと発展していった。他方、困窮を極める民衆の不満は、フィリピン土着の文化に根付いた民衆カトリシズムに基づく運動の形をとって表出していった。

こうした中、1896年8月30日、秘密結社カティプーナン（「人民の子らのもっとも気高くもっとも尊敬されたる結社」の意）の蜂起によって、武力による独立闘争が開始された。カティプーナンは92年7月にマニラの下町トンドで結成され、労働者層を中心とする都市の急進主義者を主要なメンバーとし、マニラ周辺のタガログ諸州では町役人や地主など有力者（プリンシパリーア）の協力を得て組織を拡大した。革命の開始時、カティプーナンの勢力はタガログ諸州を中心に約3万を数えた。これらの州ではカティプーナンの地方組織が中心になって義勇軍を組織し、各地の指導者に率いられた民衆がゲリラ戦を展開して植民地軍と対峙した。地方の義勇軍が優勢に戦いを進める中で、マニラの都市急進主義者を率いるカティプーナン総裁アンドレス・ボニファシオと、カビテ州のプリンシパリーアを率いるエミリオ・アギナルドとの間に革命の指導権をめぐる争いが生じ、97年5月にボニファシオはアギナルドらが組織する革命政府によって処刑された。この間、スペイン本国から増援部隊が到着すると戦局は革命勢力に不利に傾き、アギナルドらは本拠をマニラ北方近郊のブラカン州ビアックナバトーに移したが闘争を統一的に指揮できず、97年12月に植民地政府と和約を結んで香港へ亡命した。しかし、アギナルドの統率に完全には服さなかった各地の義勇軍は闘争を継続した。

翌98年4月、アメリカがスペインに宣戦を布告し、フィリピン革命にも介入したことで、革命は新たな局面を迎える。米海軍の軍艦で帰国したアギナルドらは、6月にフィリピン独立を宣言し、ブラカン州マロロスに革命政府を樹立した。革命政府は革命軍の再編など闘争の組織化を進め、また革命議会を設置して憲法（マロロス憲法）を起草した。革命政府や議会には、それまで革命に傍観者的態度をとってきたフィリピン各地出身の有産知識層が大勢参加し、米軍の攻勢でスペインの軍事力が弱まったことなどと相まって、以後、革命はルソン島全域からビサヤ諸島にも本格的に広がった。そして99年1月、ついにフィリピン共和国（マロロス共和国）が樹立された。この時までに、スペインの支配下におかれていた地域はほぼ革命勢力によって解放されていた。

ところが、98年12月にスペインと講和を結んでフィリピンの領有権を獲得したアメリカは、フィリピンを再び植民地化しようとしたため、新生共和国とアメリカとの対決は避けられず、99年2月にフィリピン・アメリカ戦争が開始された。米軍の圧倒的な軍事力に対して、共和国軍は戦線を維持することができず、まもなく革命初期同様のゲリラ戦へと転じた。アギナルドは1901年3月に降伏するが、各地の指導者に率いられた民衆の頑強な抵抗は、その後も1年以上にわたって続いた。

戦いの末に生み出された共和国は短命に終わった。しかし、革命闘争を通じて「祖国フィリピン」と「フィリピン人」という意識が住民の間に次第に浸透し、さらに革命政府と議会による国家構築の作業を通して、フィリピン共和国という国民国家が姿を現した。フィリピン革命が現共和国の原点とされるのはこのためである。

しかしながら、北部のルソン島を本拠とするマロロス政府の優越に抗して、中部のビサヤ諸島の革命政府が地方統治の独立性を求めて連邦制国家を目指したように、樹立されるべき国民国家の「かたち」をめぐっては、革命期には複数の主張が対立していた。さらに、革命政府の指導者たちは南部のイスラーム地域をも包摂するフィリピン国家を構想したが、スペイン時代はイスラーム地域には実質的な植民地支配は及んでおらず、したがって革命運動も波及しなかった。ムスリム住民がカトリック化した住民と同一の統治体制の下におかれるのは、アメリカの植民地支配を介してのこととなる。再植民地化の結果、共和国が国家建設にあたって直面するはずだったこれらの問題を残したまま、アメリカの植民地支配下で、イスラーム地域を含む単一国家の構築が進められていくのである。

フィリピン革命は、スペイン統治下で住民を苦しめた人種差別、精神的抑圧、経済的困窮などからの解放を求める社会革命でもあった。植民地社会において最初に人種差別に抗議した原住民在俗司祭らは、革命の中でもその実現を追求し、教会の民族化を目指したアグリパイら一部の司祭はフィリピン独立教会を設立するに至った。また、在俗司祭が革命に協力したことは、民衆を闘争に動員し、戦いの中で彼らを鼓舞する精神的な力となった。

他方、カティプーナンは、祖国を愛するとは共に生きる同胞が互いを愛することであると、カトリシズムの説く人間愛から説明した。そして、フィリピン・カトリック世界に広く普及したキリスト受難詩「パション」の言葉と論理を用いて、独立すなわちカラヤアンとは、かつてフィリピンにあった至福の世を回復することであると説き、その実現のための受難の戦いに立ち向かうことを民衆に呼びかけた。「あらゆる苦しみから解放された状態」を意味するカラヤアンと「独立」の意味が、民衆カトリシズムの世界観を介して重なった。苦難に喘ぐ民衆は、カティプーナンの言葉に、苦しみをもたらす現状が覆された世界の到来を期待し、アギナルドらの革命運動が衰退してもなお、信仰の精神的絆を支えとして戦い続けたのである。再植民地化によって民衆が求めた社会革命は妨げられたが、カティプーナンの思想と民衆の戦いは、この後に続く時代においても、植民地支配や富裕層による特権支配と抑圧に立ち向かう抵抗運動に力を与えることになった。

（内山史子）

［参考文献］……………………………………………………………………

池端雪浦『フィリピン革命とカトリシズム』勁草書房　１９８７年
イレート、レイナルド・C著、清水展・永野善子監修、川田牧人・宮脇聡史・高野邦夫訳『キリスト受難詩と革命――１８４０―１９１０年のフィリピン民衆運動』法政大学出版局　２００５年（原著　Reynaldo C. Ileto, *Pasyon and Revolution: Popular Movements in the Philippines, 1840-1910, Quezon City:* Ateneo de Manila University Press, 1979.）

17

アメリカ植民地期

★作られた「恩恵」の物語★

アメリカ植民地期はおよそ二つの潮流の結節点だった。第一には、北米大陸の東部から西への膨張である。アメリカ人はインディアンを殺戮し、土地を奪い、移住を繰り返すことにより西海岸まで領土を拡げていく。19世紀末には、ハワイ、グアム、北マリアナ諸島、さらにはサモアの一部を領有し、環太平洋帝国になっていく。その延長として、フィリピンを植民地化した。第二には、旧帝国スペインから新興帝国アメリカへの覇権の移行である。フィリピンでは1886年8月にそれまでの植民地支配者スペインに対する独立革命が勃発し、その後は革命運動が優位に進行していた。しかし世界史の皮肉とも言えようが、革命運動が独立を勝ち取る前に、フィリピンはもう一つの帝国アメリカによって再植民地化されるのである。

フィリピン革命は、フィリピン諸地域の統合も統一国家の樹立もできなかったものの、その過程においては近代的な共和制を柱とする憲法が制定され、一部では行政改革も行われた。東・東南アジアでは先駆的に近代国家の建設が着手されていた。アメリカ軍は圧倒的な武力により革命軍を破り、数万、数十万とも言われるフィリピン人を殺し、革命を挫折させた。歴史において「もし」は答えようがないので、アメリカが介入しなければ、この革命運動がどのような国家を作りだしたのかは分からない。ところがアメリカ植民地主義は、自らの正当性を打ち立てるために、この革命運動の近代的意義を否定する。

アメリカは、革命運動をルソン島タガログ地方の反乱と決めつけた。そしてフィリピン人だけでは民主的な近代国家を確立できないという前提の下で、アメリカによるフィリピン植民地化は近代をもたらす「恩恵」であるという物語を作りだそうとした。この物語は、アメリカ人統治者のフィリピン社会観に合致するものだった。彼らは、フィリピン社会とは農村に根ざした小規模のボスと徹底的に搾取された小作人から構成されると理解した。そして、そのような小作人に教育を与えれば、彼らを農村のボス支配から解放でき、民主的かつ近代的な社会を構築できると考えていた。

植民地の状況は、「恩恵」の物語にとって好都合な側面もあった。たとえば、植民地においてはアメリカ人による人種差別は厳然と存在したが、初期を除けば、アメリカ人の総数は極めて少なく、ほぼアメリカ人不在の植民地が成立する。マニラのような都市の外では、フィリピン人が出会うアメリカ人といえば、学校の先生くらいだった。そのため人びとを人種別に区分し、有色人種を差別するカラーラインはアメリカ本土では明確に引かれる一方、フィリピンにおいては曖昧だった。それでいて都市にあってはアメリカ化が進んだ。アイスクリーム・パーラーができ、ジャズが流行し、映画館ではアメリカ映画が上映された。一部にはアメリカの中産階級を真似た消費生活が誕生した。

さらにアメリカの植民地政策は、表面上はこの物語に当てはまるものだった。アメリカ植民地主義はフィリピン人に自治を行わせる政治体制を確立していった。１９０７年には植民地議会を設置し、アメリカ人が否決する権限を有したものの、一応はフィリピン人による立法を行わせた。1916年には「安定した統治が確立され次第」独立を与えるとした「ジョーンズ法」が可決される。この法に基づき、アメリカ人優位の立法・行政機関「フィリピン委員会」はフィリピン議会上院に改変され、同じ時期に植民地行政の管理職レベルにおいてもフィリピン人に権限を委譲していった。加えて、それまで軍事政府の統治下にあった少数民族が住むルソン島の山岳部やイスラーム教徒がいるミンダナオ島が、植民地政府の管轄地域に編入された。植民地フィリピンはアメリカ人の下で、国家の統一がなされ、フィリピン人が近代国家の運営を学ぶ、壮大な社会実験の場となったのである。ただし1920年代になると、実力をつけたフィリピン人政治エリートが、アメリカ人植民地総督との衝突を繰り返すようになる。

このような植民地フィリピン社会のアメリカ化をさらに推し進めたのは、各地に設けられた学校だった。英語での教育が行われ、アメリカを舞台にした説話が教えられた。歴史教育ではフィリピン革命の意義はあえて看過され、アメリカはフィリピンに近代的な組織と社会の発展をもたらした勢力として描かれた。さらには、1904年に始まった官費渡米留学生制度は、有能なフィリピン人の若者をアメリカの大学に送り込んだ。留学から戻ってくると、彼らは教育官僚をはじめ、植民地官僚制度の中核を担うようになっていった。

しかし、この「恩恵」の物語が意図するように、アメリカ植民地主義はフィリピン社会を変えていったかというと、そのようなことはなかった。アメリカ植民地政府によってトップダウンで作られた植民地教育制度の下で、教育を受ける機会を生かすことができた人びとは英語を話す中間層を形成していく。その半面、そうした教育を受けられない人びとにとっては、新たな言語を使えないことが社会上昇の障害になった。学校を介し英語を習得できた中間層と十分な教育を受けられず英語習得ができなかった大衆の間には、深い溝が作りだされた。

つまり、アメリカ植民地主義の「恩恵」は多くの大衆には十分に浸透せず、フィリピン社会の深部にまで到達することもなかった。不満は社会の通奏低音となり、革命を望む意識はくすぶり続け、それは不穏な噂や千年王国的な反乱という形で間歇的に噴出した。アメリカの価値観を広める学校も農村部には十分になく、学校があったとしても多くのフィリピン人には3年ほどの初等教育を与えるに留まった。植民地教育は、農村での人びとの意識や生活、権力関係を大きく変えるものではなかったのである。

それにもかかわらず、フィリピンの政治的独立はアメリカ植民地主義の「恩恵」の物語を改めて強調することになった。1930年代前半にはフィリピン人政治エリートはワシントンDCに交渉団を送り、フィリピン独立を求めた。アメリカ連邦議会議員や高級官僚との交渉で、双方が納得できる独立の条件を調整していった。その結果、1934年5月に「独立法」がフィリピン議会で承認され発効し、1935年11月には独立準備政府「コモンウェルス」が発足する。外交・軍事関係はアメリカが引き続き権限を持つものの、内政においてはフィリピン人が統治する政体が出来上がる。そして「独立法」に従い、コモンウェルス成立から約10年、日本のフィリピン侵略を経た後の1946年7月にフィリピンは共和国として独立する。つまり、合意と調整の上でなされた独立は、フィリピン人の成長とそれを可能にしたアメリカ植民地主義の「恩恵」という物語に回収されていくのである。

20世紀史の中でのフィリピンの経験は、植民地の「近代」が侵略者の苛烈な暴力と共に生じ、一度もたらされてしまった近代に抗うことがいかに困難であるかを示している。また東・東南アジア史においては、19世紀末から20世紀初頭のフィリピンの経験は先駆的なものだった。対スペイン独立運動は、アジアでもっとも早く革命運動にまで発展した脱植民地化ナショナリズムだったし、中国の辛亥革命（1911年）より前に共和主義を標榜していた。さらにフィリピン植民地化は、軍事介入と「民主化」という、21世紀に至るアメリカの世界戦略の源流に位置している。フィリピンは沖縄・日本・韓国に先んじてアメリカに占拠され、アメリカの軍事基地が築かれた社会でもある。その意味において、アメリカ植民地期のフィリピンは、近隣アジア諸社会を尻目に半歩先を行く歴史の先導者だったのである。

（岡田泰平）

【参考文献】……………………………………

岡田泰平『「恩恵の論理」と植民地――アメリカ植民地期フィリピンの教育とその遺制』法政大学出版局　2014年
中野　聡『歴史経験としてのアメリカ帝国――米比関係史の群像』岩波書店　2007年
永野善子『フィリピン銀行史研究――植民地体制と金融』御茶の水書房　2003年

18

日本占領期

★今も残る深い爪痕★

フィリピン語の「ハポン」という言葉は「ジャパン」のスペイン語読みで、「マカハポン」は「親日派フィリピン人」という意味だが、大抵の場合、日本占領期に日本軍に協力したフィリピン人を指し、「裏切り者」とか「反逆者」というニュアンスが込められている。戦後40年も経った1980年代の後半まで主に反政府／反マルコス運動家の間では、「ハポン」は警察や権力側のスパイを指す隠語として使われていた。日本占領の過酷な経験に根ざした言葉だった。

1942年1月、日本軍はフィリピンを占領すると、「フィリピン人のためのフィリピン」という独立をほのめかした大義名分をかかげた。だが、宗主国だったアメリカからすでに1946年の独立を約束されていたフィリピン人にとって、そう魅力のあるものではなかった。しかし、日本軍に対応しなければならなかった政府要人はたとえそれが中身のない「独立」であっても、それを盾に国民を守ることができるとして日本軍に「協力」した。その代表的政治家は占領下の共和国を率いたホセ・ラウレル大統領だった。実際、彼はぎりぎりのところで日本軍と妥協し、フィリピン国民に不利なことは断固として拒

第18章
日本占領期

否したのだが、政治の舞台裏が見えない一般のフィリピン人にはそのことがわからなかった。特に抗日ゲリラは彼を「マカハポン」とみなし、暗殺しようとしたが、ラウレルはかろうじて一命をとりとめた。

ラウレルは終戦直後、反逆者として投獄され、日本軍協力者を裁く特別国民裁判にかけられた。しかし、その裁判で繰り広げられた滔々《とうとう》とした自己弁論は占領の苦難を経験した多くの国民の共鳴を得た。やがて、特赦を与えられ、1951年の上院選挙ではトップで当選を果たした。こうして戦後間もなく、ラウレルをはじめ多くの政治的エリートは「協力者」の汚名をそそぐことができた。

しかし、ここにもう一つのフィリピン人「マカハポン」の一団があった。日本軍による占領直後、中部から南部ルソン島の各地で対日協力を表明する団体が組織された。彼らは戦前から即時独立達成を願い、アメリカ統治に反対してきた反米民族主義者で、日本軍によって真の独立が得られると信じた。だが、中には破竹の勢いでアメリカ軍を敗退させた日本軍に驚嘆し、「勝ち馬につく方が有利」という日和見主義者もいた。

その中で一番人数が多く、まとまった一団がガナップ党（「完全」または「絶対」という意味）／マカピリと呼ばれるグループだった。その前身は1930年代に組織されたサクダル党（「告訴」または「完全」という意味）という政治組織に遡る。同党はアメリカからの「即時完全独立」をかかげ、農民や都市労働者の生活向上、伝統に根ざしたフィリピン文化の確立を通して国民の一致団結を目指していた。党が結成された直後の1934年の総選挙では、マニラ近郊の州、特にラグナ、カビテ、ブラカンの各州では圧倒的な人気を呼び、町レベルで多くの党員が選出され、州レベルでは知事に1人、国レベルでは国会議員に3人が選出され、当時の新聞は「史上初の民衆を代表する党」とサクダル党の進出を歓迎した。その人気は党のスローガンや綱領による側面もあるが、彼らが19世紀末から20世紀初頭にかけて展開されたカティプーナンによる未完のフィリピン独立革命の新しい担い手であることを前面に打ち出したからだった。

1935年、フィリピンの独立はアメリカとフィリピン側の交渉の結果、10年間の独立準備期間を経て与えられることになった。しかし、サクダル党員は20世紀転換期に革命を裏切ったアメリカに対する強い不信を抱いており、「即時完全独立」でないコモンウェルス（独立準備）政府の樹立はずるずるとアメリカへの永久的従属につながると信じた。やがて準備期間受諾の是非を問う国民投票が行われることになったが、サクダル党員はその実施を武力で阻止しようと、投票日間近の1935年5月2日に一斉蜂起を企てた。党員約6万8000人のうち、おもにラグナ、カビテ、ブラカン州の町で計2200余人による蜂起があった。その中には現場に馳せ参じると日本から送られた武器が与えられるという噂を信じ、武器を持たずに参加した者もいたが、官憲に簡単に鎮圧され、60人に近い死者を出した。それはアメリカ植民期最大の、そして最後の蜂起となったが、サクダル党員はそれを「革命」と呼んでいる。

「武器が日本から送られてくる」というのはまんざら噂だけではなかった。実際、当時の党首ベニグノ・ラモスは来るべき蜂起に向けて武器の買い付けに日本に赴いていたからだ。日本に武器を求めるのもカティプーナンの伝統に沿った行動と言えるだろう。

蜂起が惨憺たる結果に終わったのをみたラモスは、帰国せず日本に亡命し再蜂起を企て、しばらく

第18章
日本占領期

武器購入に奔走する。しかし、武器購入が実現しそうな当てもなく、一方のフィリピンでは着々と独立に向かって様々な改革がなされているのを知ったラモスは、大統領ケソンと和解し、体制内で完全独立を達成するべく、1938年に帰国。その際、党名をサクダル党からガナップ党へと改名し、ケソン支持を表明した。ところが、ラモスを政敵とみなすケソンは彼を投獄。ラモスは失意のうちに悶々とした日々を獄中で送っていたのだが、その時、日本軍がフィリピンに侵攻し、占領したのだった。

日本占領の3カ月後、ラモスは数人の同志と共に日本軍によって釈放された。アメリカ軍を降参させた日本軍の力を目の当たりにしたラモスや党員は、今こそ日本の援助で完全独立が達成できると信じ、日本軍に協力を申し出た。当時ヨーロッパの支配下にあった東南アジアの地域でも同じ考えを持った人びと、ビルマのアウンサン、インドネシアのスカルノ、シンガポールで結成された自由インドのチャンドラボーズがいた。実際、フィリピンは名目だけとはいえ、日本軍政下の1943年10月独立が与えられた。

一方、日本軍に用いられたガナップ党員の中には日本軍の威をかりて、戦前受けた弾圧や屈辱に対する報復に出たり、私利私欲に走ったりする者もいた。特に占領末期には、戦況の悪化と経済的破綻で人心が離れ、アメリカ軍の再上陸を目前にした日本軍にはフィリピン防衛を共に闘ってくれるのはガナップ党を中心とした「マカハポン」以外になく、彼らを組織して「マカピリ」という義勇軍を結成した。1944年12月のことだ。マカピリはラモスが実質の長になり、日本の与えた独立を固守するため、侵攻してきたアメリカ軍と闘う姿勢を示した。その頃になると、マカピリの中には食糧難から一袋の米を手に入れるために、罪のない人まで抗日ゲリラだと偽証する者もあり、無実の人びとが拷問を受けたり処刑されたりした。彼らの多くは日和見的な動機からガナップ党／マカピリに参加した者で、戦前からの党員と一線を引くべきであるが、一般のフィリピン人には区別がつかなかった。

圧倒的有利なアメリカ軍を前に敗戦を覚悟した日本軍は、ラウレルをはじめとする数人の政府要人らやラモスを引き連れ、バギオに撤退した。ラモスはバギオ近郊で不審な死を遂げるが、マニラやその周辺に残ったマカピリは抗日ゲリラや一般の住民によるリンチに遭うなどして、悲惨な死をとげた者もいた。一般のフィリピン人は日本軍から受けた虐待の報復として軍に協力したマカピリにその怒りを爆発させたのである。山中に逃げ込んだマカピリやその家族の中には餓死した者も少なくなかった。

一命を取り留めたガナップ／マカピリなどの対日協力者はラウレルらのように特別国民裁判にかけられ、軍事的協力者として重刑を受けた者が多かった。独立後の1948年1月に対日協力者は特赦が与えられたが、当初は政治的、経済的協力に限られ、軍事的協力とみなされたマカピリらは特赦対象から除外された。

やがて、彼らも出獄を許されるが、その後、町や村にもどっても彼らには「反逆者」としてのレッテルが長い間ついてまわった。

一方、リンチや村八分を受けたマカピリ側の一般フィリピン人に対する不信も根深い。日本軍に積極的には協力しなかったガナップ党員らも、党員だったというだけで報復されるケースもあったが、その怨みは今日でも消えていない。

日本軍による占領下、フィリピン人同士が「親日」と「抗日」に分かれて闘ったのだが、終戦から

60年後の2005年、元マカピリと元ユサフェ（米比軍）兵士の間で和解を目指す対話がマニラで試みられた。一同に会した参加者は約20人。2グループに分かれ、一方には「元ユサフェ兵士」、他方には「元マカピリ兵士」ではなく「反逆者」を臭わせる「プロジャパニーズ」（マカハポン）と書かれた札が机の上に置かれた。戦後半世紀以上を経ても、組織者を含めた一般フィリピン人の無理解や偏見の根深さがあからさまに表れていた。

和解への道はいまだに遠い。近年、日比両国の交流は国家レベルでも民間レベルでもますます太くなり、深まっている。しかしながら、両国間の真の和解と交流は、日本占領期のフィリピンで「マカハポン」とレッテルを張られた人びとと一般のフィリピン人との間に刻み込まれた傷がいやされて初めて成り立つのではないだろうか。

（寺見元恵）

【参考文献】
池端雪浦編『日本占領下のフィリピン』岩波書店　1996年
中野　聡『東南アジア占領と日本人――帝国・日本の解体』岩波書店　2012年

19

戦争の記憶と忘却

★「過去」を共有し「質の高い和解」を★

フィリピンでは、先の戦争において、フィリピン人、アメリカ人、日本人の多くの命が失われました。中でもマニラの市街戦においては、膨大な数に及ぶ無辜《むこ》のフィリピン市民が犠牲になりました。私どもはこのことを常に心に置き、この度の訪問を果たしていきたいと思っています。

右は2016年1月26日、天皇がフィリピン親善訪問出発にあたって述べた「おことば」である。マニラ市街戦では、1945年2月、米軍がマニラを日本軍から奪回する際、戦闘の巻き添え、日本軍による虐殺、米軍の無差別砲撃などにより市民10万人が犠牲になったとされる。このように天皇が訪問先の戦禍について特定の事件に言及するのは、きわめて異例のことだった。

第二次世界大戦を通じて日本はフィリピンに甚大な戦争被害(戦後フィリピン政府の推計では111万人に及ぶ死者と1950年時の価格で約60億ドルにのぼる物的損害)を与えた。その一方、フィリピンは第二次世界大戦における日本人海外戦没者約240万人のうち51万8000人を占める海外最大の戦没地でもある。しかし今日、必ずしも若い世代に限らず、フィリピンが莫大な犠牲を両国民に強いた激戦地であった過去を知らない日本人が多数を占める。戦後70年余、フィリピンと日本のあいだで戦争はどのように記憶され、あるいは忘却されてきたのだろうか。

フィリピンでの日本人戦没者は、海没者（約7万8000人）を除くと、その大半が戦闘によってではなく戦争末期のレイテ戦・ルソン戦などで山中に敗走するなかで病餓死した。生還者の記憶も、今日出海『山中放浪』（1949年）や大岡昇平『野火』（1951年）などに描かれた生き地獄の世界に焦点があたる。一方、フィリピン側では、「バタアン死の行進」に代表される日本軍による捕虜虐待、憲兵隊などによる抗日運動の弾圧、マニラ市街戦をはじめ各地で頻発した非戦闘員の虐殺や強姦など日本軍の蛮行が戦争被害の記憶の中核をなす。残虐で野蛮な戦争加害者という日本軍・日本人のイメージが人びとの目に焼きつく国として、フィリピンは、少なくとも1950年代を通じて「対日感情」がもっとも悪い国に数えられることになった。またこれら日本軍の戦争犯罪は、戦後の東京裁判やBC級戦犯裁判で厳しく追及されたので、フィリピン側の被害感情や日本の加害国としての立場は、戦争を知る世代の日本人のあいだでは広く共有されていたと言えるだろう。

最悪の戦争被害国であると同時に、フィリピンは、米軍とともに日本軍の圧制から自らを解放した戦勝国としての側面をもつ。戦後・独立後フィリピンにとって欠かすことのできない国民的物語となったその経験は、独立後も続く米比「特殊関係」の歴史的基礎ともなり、また政府にとっては外交上の武器のひとつでもあって、戦後しばらくのあいだフィリピンは日本を断罪しその国際社会への復帰を批判する急先鋒としての役割を担った。一連のBC級戦犯裁判や東京裁判でフィリピンは戦勝国として日本人戦犯を厳しく告発・処罰した。1951年、サンフランシスコ平和条約では、フィリピン政府の強い要求により賠償条項が盛り込まれた。

1953年、自らもマニラ市街戦で妻子4人を亡くしたキリノ大統領が死刑囚を含む日本人戦犯全員を恩赦したことは、ひとつの転機として知られる。このあと1956年には困難な交渉の末に賠償交渉が妥結し、フィリピンは総額8億ドル（賠償5億5000万ドル、経済開発借款2億5000万ドル）の賠償を受諾して国交を再開した。1958年にはガルシア大統領が訪日、1962年には皇太子・皇太子妃夫妻が訪比して歓迎を受けたが、1960年に署名された日比友好通商航海条約の批准が1974年（戒厳令下、マルコス大統領権限による批准）にまで持ち越され、他の東南アジア諸国と比較して対日経済関係の拡大が遅延したことは、日比関係における戦争の傷の深さを示した。しかし、同条約批准の遅延も含めて、フィリピン側が戦勝国として日本を罰し、赦し、償いを受け、経済関係の拡大に踏み切るまでの関係改善のプロセスやタイミングをある程度主導できたことは、長い目で見ると関係の改善にプラスに働いたと見ることができる。日本人の目に映るフィリピンは、対日悪感情の国から、次第に、恩讐を超えて日本を赦す寛容の国へと変貌していった。

1960年代後半に入ると、海外最大の日本人戦没地であるフィリピンは、日本人遺族などによる慰霊巡拝や日本政府が組織する遺骨収集がもっとも盛んに行われる地となった。一方で遺骨売買・盗骨などの問題が生じたことは見逃すべきではないが、先述したように戦争を知る世代として加害国の自覚をもち、「お詫び」の気持ちをもって戦没者慰霊に訪れる日本人遺族や旧軍人は、彼らを迎え入れるフィリピン社会の寛容と厚意に感謝し、そこから始まった草の根レベルでの交流は日比の和解を促進した。1973年には日本政府が相手国政府の協力を得て建てる海外では初めての日本人戦没者慰霊碑がフィリピンに建立された。1974年、ルバング島で「救出」された小野田寛郎（陸軍少尉）がマルコス大統領によって英雄として迎えられ、戦後長年にわたるルバング島における住民被害の責任を問われることもなく帰国を許されたことも、フィリピンの寛容をあらためて印象づけた。

1970年代以降、ODA・貿易・投資・人の移動などを通じて日比関係が急速に拡大するなかで、戦争の過去が両国間で懸案や争点として浮上することはほとんどなくなった。1980年代後半、中国・韓国と日本の間で歴史認識が次第に国際関係を揺るがす争点として浮上し始めると、過去を争点化しないことが両国政府間のコンセンサスとして定着した日比関係との差が徐々に目立つようになった。かつて日本批判の急先鋒であったフィリピンは今や「政府レベルでは歴史認識が問題になったことはない」（ドミンゴ・シアゾン駐日大使『朝日新聞』2001年9月6日）ことを対日関係の外交カードとするまでになった。

以上のプロセスを通じて、加害国の自覚をもつ戦争世代の日本人・日本政府はフィリピン側が示した寛容と厚意に対して草の根の国際交流やODAを通じて謝意を表し、何が戦争であったかを知る戦争世代の間では比日の和解が前進してきたと評価できる。その一方、歴史認識が争点化することで過去が喚起され続けてきた中韓・日本の関係とは対照的に、世代間で戦争の記憶を継承する仕組みがないために日本側ではフィリピン戦の記憶がほとんど失われてしまった。同じように戦争の記憶の風化が進んでいるとはいえ、被害国であるフィリピンでは事情が異なる。1990年代半ば以降、日中韓の歴史問題にも刺激されつつ、マニラ市街戦や「慰安婦」問題をめぐって市民レベルで忘却に抗議し記憶の回復と承認を求める営みが展開してきた。

過去を共有しない和解には危うさが伴う。とりわけ戦争の記憶は、状況の変化によってすぐに甦り、あるいは暴走しがちだ。天皇の「おことば」により初めてフィリピンが激戦地であったことやマニラ市街戦について知った日本人も多かったと思われる。求められているのは過去の記憶を共有した上での和解、すなわち「質の高い和解」なのである。

（中野　聡）

［参考文献］

永井　均『フィリピンBC級戦犯裁判』講談社選書メチエ　２０１３年
中野　聡「追悼の政治――戦没者慰霊問題をめぐる日本・フィリピン関係」池端雪浦、リディア・N・ユー・ホセ編『近現代日本・フィリピン関係史』岩波書店　２００４年
中野　聡『東南アジア占領と日本人――帝国・日本の解体』岩波書店　２０１２年

20

独立後の歩み

★「自立」への模索が続く★

1946年7月4日、フィリピンはアメリカから独立した。しかし、独立の日がアメリカの独立記念日であることに象徴されるように、フィリピンの独立は必ずしも脱植民地化とは結びつかなかった。独立は法律上の問題だが、脱植民地化は政治・経済・社会といったあらゆる分野での構造改革である。具体的には、植民地統治のために作られた政治制度改革や、一次産品輸出に偏った経済構造改革、国民全体の利益のための社会政策の実施など、さまざまな課題が山積していた。

初代大統領マニュエル・ロハスは、一見すると脱植民地化に逆行するような決定を続けた。安全保障面では、アメリカとの防衛協定に続き基地協定を締結し、アジア最大の米軍基地の存続を許容した。経済面では、アメリカ産品に対する一方的な無関税措置やアメリカ企業によるフィリピン資源の利用を認める「比米通商法（ベル通商法）」を甘受した。特に、後者は経済活動におけるフィリピン人優先を規定していた憲法の規定に抵触するため、通商法成立のために憲法修正が必要となった。さらに議会では、日本占領時代に抗日ゲリラ運動に関わった農民などを中心に結成された左派政党「民主同盟」の議席を強硬にはく奪した。その背景には、民主同盟が憲法修正に反対していたことなどがある。戦後歴史学の泰斗レナト・コンスタンティーノは、このような政府の対応を批判しつつ、戦後フィリピンの歩みを「引き続く過去」と表現し、独立してなお植民地主義的状況が続く新植民地主義的傾向を批判した。

しかし、独立直後のフィリピン政治を新植民地主義的な視座から批判するだけでは、当時のフィリピン政府が置かれていた状況を見誤る。安全保障と経済面でアメリカとの結びつきを強めたのは、明らかに日本軍による侵略が影響していた。独立直前の日本軍による国土蹂躙の記憶は生々しく、多くの人びとの間にはアメリカの保護が不可欠との思いが広がっていた。他方で、アメリカ議会は、比米通商法の成立を対フィリピン復興支援の条件としていた。比米通商法受け入れは、戦後復興という当時最大の政策課題の存在を無視しては理解できない。

ロハスの後を継いだエルピディオ・キリノ大統領もまた脱植民地化を目指した。こうしたキリノ政権の意思が明確に読み取れるのが、１９４９年の中央銀行の設立、同行による輸入管理や為替管理を政策手段とする輸入代替工業化政策の実施である。そもそもアメリカ政府側は、フィリピンが中央銀行を設立することに反対していた。また、「比米通商法」はフィリピン政府による輸入管理や為替管理を原則として禁止していた。そうした状況下での50年代の輸入代替工業化政策は、自立に向けたフィリピン政府側の意思表明だったとみるべきだろう。

このような対米自立志向があまり論じられてこなかったのは、第三代大統領ラモン・マグサイサイがアメリカ中央情報局（ＣＩＡ）の支援を受けていたことなどが背景にある。しかし、同政権は米軍基地の存続期間短縮などをめぐる問題で態度を硬化し、基地交渉が中断するなど、アメリカ政府の意向に反するような意思決定を行うこともあった。「比米通商法」が改定されフィリピン側の自由度を高める「ラウレル・ラングレー協定」が結ばれたのも同政権下であった。続くカルロス・ガルシア政権は「フィリピン第一主義」を掲げ、フィリピン商業会議所を中心に経済的な対米依存からの脱却を目指した。独立後の歴代政権は、新植民地主義的な貿易協定を表面上は受け止めつつも換骨奪胎し、脱植民地化に取り組んでいたといえる。

しかしながら、60年代に入ると、それまでの政権運営の負の遺産が噴き出すようになった。特に、輸入代替工業化を志向しながらも結果的には産業の高コスト体質を生み出す一因になった高い設定の為替レート（61年まで1米ドル＝2ペソ）や為替管理政策、それらの政策が誘発する密輸や外貨許可証をめぐる汚職などに対する不満が高まっていった。

このような不満を背景に「新時代」を強調したディオスダード・マカパガル政権が発足した。マカパガル政権は、為替管理を批判し続けてきた経済学者シクスト・ロハスを経済担当大統領補佐官に起用。ロハスは、その後も計画実施庁の初代長官、土地庁（71年に農地改革省に改組）初代長官、国家経済審議会（72年、国家経済開発庁に改組）議長を歴任したことから、フィリピン最初のテクノクラートと呼ばれるようになる。テクノクラートとは、高度な専門知識や技能と優れた政策能力を持つことで抜擢された高級官僚で、アメリカ留学などで培った国際的な人脈も評価される。ただ、ロハスの場合、その計画重視や国内資本重視の政策姿勢は、外資の積極的誘致を容認するマカパガル大統領とは足並みがそろわず、政権の任期途中で辞任した。

1965年選挙で独立後6代目の大統領に選出されたのがフェルディナンド・マルコスであった。

マルコスはテクノクラートを重用した。その代表的存在だったのがラファエル・サラスだ。初期のマルコス政権は彼を中心に、道路拡充などのインフラ整備とコメ増産計画を進めた。マクロ経済政策運営では、計画実施庁を大統領経済スタッフとして再編、また新たに投資庁を設けて外国投資の積極的な誘致を目指した。外国投資法の作成を主導し、初代の投資庁長官に登用されたのがセサール・ビラタだった。

ビラタは、第二期マルコス政権で財務長官に任命され、86年2月の政権崩壊まで同職にあった。ビラタが重用されたのは、彼の専門知識に加え、アメリカのペンシルベニア大学ウォートン校留学時代から培った国際的人脈がある。マルコス政権は強権政治を正当化するためにも、世界銀行などからの融資で経済成長を演出する必要があったが、その融資獲得交渉や累積する対外債務管理に際して、ビラタの手腕と人脈は魅力的だった。

しかし、テクノクラートはマルコス政権を支えた三本の柱の一つにすぎなかった。

マルコスら独立第二世代の政治指導者は、取り組むべき政治課題として、脱植民地化より冷戦対応を重視した。1960年代には、都市化の進行や人口増加に経済成長が追いつかないこともあり、若年層を中心に失業問題が社会問題化していた。68年には、毛沢東主義に強い影響を受けた元フィリピン大学の教員ホセ・マリア・シソンが共産党（CPP）を創設、その武装部門「新人民軍（NPA）」を組織化した。マルコス大統領は、治安状況の悪化に便乗するように、国家警察軍（PC）を中核にした国軍を増強していき、郷里ルソン島北部のイロコス出身人脈など個人的に信用する軍人たちを重用、軍内部にマルコスに忠誠を誓う派閥を形成し、自らの政権を支える第二の柱とした。72年以降、全土に戒厳令体制を敷くと、治安維持装置としての国軍の役割は強化され、その半面で軍は弾圧・人権侵害を繰り返すことになった。

近隣アジアが舞台の冷戦は、米軍が基地を置くフィリピンに安定した反共政権の継続を許容する状況を生み出したが、長期政権はマルコス大統領とその側近による国家資源の私物化につながった。こうした国家の私物化の産物が取り巻き（クローニー）の跋扈《ばっこ》であった。クローニーとは、自らの企業家精神よりも、政治家との関係によって経済的権益を拡大する政商である。クローニーこそが、マルコス政権を支えた三本目の柱だった。

代表的な政商として、ダンディン・コファンコがあげられる。コファンコは、特にフィリピンの主要農産品のココナッツ産業を搾取対象とした。同じように、ロベルト・ベネディクトは砂糖産業を食い物にした。タバコフィルター製造の独占で財を成したエルミニオ・ディシニは、マニラ北西・バターン半島の原子力発電所建設（ほぼ完成したが使われず、放置されている）で多額のリベートを受け取っていたとされる。公共事業などで私腹を肥やしたクローニーもいたし、マルコス大統領自身やイメルダ・マルコス夫人にも「不正蓄財」を重ねた嫌疑がかけられた。

独立から20年後に登場したマルコス政権は、それから20年に及ぶ施政でなお国益を顧みず、権力者の私益に奉仕する家産国家を作り出したのだった。

（高木佑輔）

［参考文献］
ウォルデン・ベリョ著、鶴見宗之介訳『フィリピンの挫折——世銀・ＩＭＦの開発政策とマルコス体制』三一書房

１９８５年

レナト・コンスタンティーノ、レティシア・コンスタンティーノ著、鶴見良行 他訳『フィリピン民衆の歴史Ⅳ 第２巻 ひきつづく過去２』井村文化事業社 １９８０年

Takagi, Yusuke. *Central Banking as State Building: Policymakers and their nationalism in the Philippines, 1933-1964*. (Singapore: NUS Press, Kyoto: Kyoto UP, 2016)

21

「英雄」たち

★ラプラプ・リサール・ボニファシオ・アキノ★

フィリピンの歴史は、古代文明や王朝といった輝かしい過去と無縁である。たとえば近隣の国々をみると、タイにはアユタヤ朝、ミャンマーにはパガン朝、ベトナムには李・陳朝、インドネシアにはマジャパヒト朝など隆盛を極めた王朝の歴史がある。西洋の侵略以前に存在した華やかな王朝史は、各国民史の土台となっている。

では、強力な王朝史を持たないフィリピン人は、どのように、自らの歴史をつくり、語ってきたのだろうか。歴史を叙述するためにもっとも重要な要素になってきたのは、偉業を成し遂げた人物、すなわち英雄である。この章ではフィリピン史をつくり語るうえで、欠かすことのできない4人の英雄を紹介する。ラプラプ、ホセ・リサール、アンドレス・ボニファシオ、ベニグノ・アキノ・ジュニア（愛称ニノイ）だ。ちなみにニノイとリサールが「殉国」した8月21日と12月30日、およびボニファシオが生誕した11月30日は、フィリピンのカレンダーで公休日となっている。

それぞれの英雄が活躍した時代は異なるが、彼らには共通点がある。英雄たちは、世界史の大きな転換点——端的に言え

ホセ・リサール像（リサール公園、マニラ市）

ラプラプ像（マクタン聖堂、ラプラプ市）

ば、さまざまなタイプの西洋化という波が押し寄せた際――に現れた。ラプラプは、大航海時代全盛期の16世紀に、ホセ・リサールとアンドレス・ボニファシオは帝国主義全盛期の19世紀後半に活躍。ニノイ・アキノは、開発独裁が崩壊し、民主化とグローバル経済が進行した20世紀後半に活躍した。

では、4人の英雄たちの偉業がフィリピン史のなかでどのように作られ、語られているのか、それぞれの英雄が直面した世界史の転換点に注意を払いつつ、年代順に紹介しよう。

フィリピン中部のセブ島に隣接する小島マクタン島には、20メートルのラプラプ銅像がある。同島の首長だったラプラプは1521年、世界周航途上のフェルディナンド・マゼランを迎え撃ち殺害した。銅像の傍にある碑には、「ヨーロッパの攻撃を追い払った最初のフィリピン人」と刻まれている。碑は1951年フィリピン歴史委員会が建立したものだ。フィリピンは「マゼランによって発見された諸島」として世界史に登場する。しか

ベニグノ・アキノJr.像（マカティ市）

アンドレス・ボニファシオ像（モニュメント、カロオカン市）

し、1946年の独立後、民族主義に根ざした歴史の見直しのなかで、西洋人の攻撃を迎え撃った勇敢な首長としてラプラプが脚光を浴びた。ラプラプの肖像は「防御」の象徴として、警察や消防隊員の紋章に印されている。

300年を超えて続いたスペイン植民地支配が大きく揺らぎ始めたのは19世紀、市民革命と産業革命を経て大帝国となったイギリスとフランスが資源獲得のためにアジアに侵出してからである。資本主義と啓蒙主義を推進する新しい帝国の台頭によって、時代の波に乗り遅れたスペイン帝国は危機的な状況に陥った。すでに当時、ラテン・アメリカの旧植民地諸国は市民革命によってスペインからの独立を果たしていた。これに加え、スペイン本土はナポレオン戦争後、王政派と革新派（自由主義）の内戦状態が続いていた。

フィリピン史においてもっとも偉大な英雄と位置づけられているホセ・リサールは、この王政派と革新派の対立が高まっていた19世紀後半のスペインに留学、マドリッド国立大学で哲学と医学を学んだ。リサールは、当時のスペインで席巻していた自由や平等といった新しい概念を敏感に嗅ぎとりながら、『ノリ・メ・タンヘレ』（我に触れるなかれ）と『エル・フィリブステリスモ』（反逆・暴力・革命）という二冊の小説をスペイン語で執筆し、腐敗した教会や宗主国の圧制を糾弾した。この小説出版によって、フィリピン帰国後リサールはスペイン当局から「社会秩序を乱す危険人物」とみなされ、流刑や投獄を繰り返された。１８９６年８月、革命結社「カティプーナン」が本格的な武装蜂起を開始すると、スペイン当局は抵抗勢力を煽動した罪でリサールを処刑することを決定した。同年12月30日、彼を慕う多くのフィリピン人たちに見守られながら、銃殺刑で35年の短い生涯を閉じた。

リサールは独立を目にすることができなかった。しかし彼の「不在」は、州、村々、学校、通りの名前、１ペソ・コインの肖像、また市町の中心や学校に立つ銅像など無数のリサールとなって、フィリピン人の日常生活のなかに常に立ち現れている。まるで、リサールは現在のフィリピンをどう見ているのか、彼の描いた希望や未来に叶っているのかどうか、フィリピン人が内省するための鏡になっているかのようだ。またリサールが立ち寄った国々（日本では日比谷公園）やフィリピン系移民が多いハワイやカリフォルニアにもリサール像が建立されている。まさに国内だけでなく世界に誇るフィリピン人の英雄として確固たる地位を築いている。

リサールと並び称されているのが、アンドレス・ボニファシオである。マニラの貧困層に出自を持つボニファシオは、リサールの著作から大きな触発を受けながらも、革命ではなく改革（スペイン本国への同化）を求める富裕層の穏健路線に限界を覚えていた。そしてフィリピン社会の平等や自立を実現するために革命結社カティプーナンを組織し、スペイン植民地支配に対する武装蜂起に乗り出した。ボニファシオによって先導された革命は、たちまちのうちに貧困層や農民たちから多くの支持を集めることができ、彼は英雄として崇められた。

とはいえボニファシオの功績は、スペインに代わって進出したアメリカ植民地主義が作り出した「新しい」歴史によって、長らく過小評価されてきた。1899年フィリピンに上陸したアメリカ軍が直面したのは、カティプーナンの激しい抵抗であった。アメリカ植民地時代の歴史教科書には、フィリピン人が見習うべき人物は、武闘派のボニファシオではなく、暴力を用いなかった知識人のリサールであり、フィリピン人の自立のためには、アメリカによって近代化や民主主義がもたらされる必要があったと書かれている。民族主義歴史家テオドロ・アゴンシリョは、世界史を広く見た場合、武器を持って民族自決のために闘った人物が英雄でないのはフィリピン史だけであると指摘している。

最後に紹介するベニグノ・アキノJr.（通称ニノイ）は、マルコス独裁政権を打倒した民主化の象徴として語られている。上院議長だったマルコスが自由党から国民党に鞍替えして1965年選挙で大統領に就任すると、自由党幹事長を務めていたアキノは、マルコス政権に対して舌鋒鋭い批判を浴びせる野党政治家として人気を集めた。1972年、マルコスが戒厳令を発した後も、アキノは反マルコスの姿勢を崩さなかった。

このアキノ対マルコスという国内政治の対立は、当時の国際政治と密接に結びついていた。冷戦期の東南アジア諸国で反共産主義の独裁政権が長らく君臨できたのは、西側陣営を率いたアメリカの後ろ盾があったからである。しかし、停滞する経済、汚職の蔓延、学生運動や少数民族の反乱への弾圧を繰り返すマルコス政権に対し、国民の不満は徐々に高まっていった。また1980年代に入ると、共産主義陣営の脅威が明らかに弱まった結果、アメリカにとって「赤化」に対する防壁としてのマルコス政権の価値も低下していった。83年8月21日、亡命先アメリカから帰国したアキノはマニラ国際空港に到着直後、射殺された。この事件を引き金に、国内では反マルコス運動が高まっていく。そして86年2月、100万人を超す民衆がマニラの大通りエドサに集まり、デモを展開。無血革命によってマルコス独裁政権は終焉し、アキノの妻コラソン・アキノが大統領の座に着いた。

87年に新たにつくられた当時の最高額紙幣500ペソ札にはニノイの肖像が印刷され、「このフィリピン人は、私たちの国民と神への信仰のために死んだ」との一文が付けられた。同年、ニノイが暗殺されたマニラ国際空港は、ニノイ・アキノ国際空港と改名され、フィリピンと世界を結びつける玄関口として現在に至る。

（芹澤隆道）

戦争をめぐる「裁き」と「赦し」

永井　均

コラム4

「国の為に戦って、その負けた戦争の責任を、自分の祖国から背負わされて、しかも死刑囚にまで……」。戦犯死刑囚としてマニラ近郊モンテンルパの獄窓で呻吟する息子の身を案じる老医師、風間祐三は、ある雨の降る日、妻の千代にこう嘆いた。1952年10月に東京・明治座で上演された、池波正太郎の戯曲「檻の中」の一場面だ（『完本池波正太郎大成』第30巻、講談社、2000年）。若き日のこの池波作品が注目を集め、映画界でもモンテンルパにまつわる作品が相次いで制作されるなど（『毎日新聞』1952年10月11日付夕刊）、日本では主権回復後も異境にあるBC級戦犯への同情が日ごとに高まっていた。

だが、こうした感情は当時のフィリピン国民の間では少数派だった。日本兵による公衆の面前でのビンタや暴行、戦争末期に多発した集団虐殺など、日本軍の過酷な占領支配を経験した人びとにとって、戦争の記憶はなお生々しく、対日感情が厳しかったからだ。それゆえ、1953年7月、まだ日比間の国交のない中で当時のエルピディオ・キリノ大統領が突如、100人余りの日本人戦犯全員に恩赦を与え、帰国を許したことは、日本国民に驚きと感動をもたらした。

第二次世界大戦中にフィリピンで起きた日本軍の戦争犯罪（残虐事件）は4つの軍事法廷で裁かれた。東京裁判と米軍のマニラ裁判および横浜裁判、そしてフィリピン軍のマニラ裁判だ。ここでは、フィリピンが手がけた戦犯裁判を紹介したい。

フィリピンは1946年7月の独立後、在比米軍から日本人戦犯の裁判権と376人の容疑者の身柄を移管され、独自の裁判計画に着手した。1947年7月末、マニュエル・ロハス大統領は戦犯裁判を所管する国立戦争犯罪局を設置し、8月から裁判が開始された。米軍から移管された容疑者の約60％は不起訴処分、つまり事実上「無実」として日本に送還された。

フィリピン当局は新生国家の威信をかけ、報復や復讐ではなく、国際法の原則と法の適正手続きに基づいて正義を追求した。フィリピン主催の戦犯裁判は1949年12月までの2年半続けられ、151人が起訴された。集団殺害や虐待、性暴力など、主としてフィリピン人の非戦闘員に対する犯罪の責任が問われた。結果は被告の約90％に有罪が宣告され、その半数を超す79人に死刑が言い渡された。米英など他の連合国諸国の対日戦犯裁判の死刑宣告率が約20％だったのに対し、峻厳さが際立っていた。

他方で、フィリピンは戦犯受刑者を寛大に処遇した。大統領自ら刑務当局に対して戦犯の扱いに慎重を期すよう命じ、死刑執行には大統領の承認を条件とするなど、フィリピン政府は日本人戦犯問題を重視した。実際、死刑囚79人のうち刑を執行されたのは17人（約20％）にとどまり、他国の裁判の執行率（約80％）と著しい対照をみせた。フィリピンの日本人戦犯は、最終的にキリノ大統領が1953年7月と12月に発した恩赦令によって減刑・釈放される。冷戦下の国際環境や日本による戦争賠償問題、大統領選などいくつかの要素が複雑に絡み合う中、キリノ大統領は1945年2月のマニラ戦で妻子を日本軍に殺されたにもかかわらず、比日友好の促進のために憎悪の念を次世代に引き継がせまいと恩赦を決断したのだった。

対日戦犯裁判は、フィリピン国民の間で日本軍に対する正義と厳罰を求める声が広がっていた中で実施された。厳しい判決が相次ぐ一方、フィリピン当局は国家の威信と将来の対日関係に配慮して日本人戦犯を慎重に扱い、最後には集団的恩赦に踏み切った。「裁き」と「赦し」、それはフィリピンが日本に投げかけた関係再建上の警鐘であり、将来の友好を見すえた苦渋の譲歩でもあったのである。

キリノ大統領の恩赦によって帰国した元戦犯の人びとは、その後、社会復帰し、「問天会《もんてんかい》」と呼ぶ親睦会をつくって交わりの時を持った。彼らが服役したモンテンルパのニュービリビッド刑務所の一角には、日本人墓地や平和祈念塔などが設けられており、今も日本からの観光客たちが訪れている。他方、２０１６年６月には、戦犯恩赦がその後の日比友好の礎を築いたとして、キリノ元大統領の顕彰碑が東京の日比谷公園内に建立された。

III

変容する社会と文化

フィリピン人の生活を支える乗合バス・ジプニー（2012 年マニラ、西尾善太）

22

料　理

★味の秘密を探る★

「食」についても数々のエッセイを書き残しているフィリピン文化研究者ドリーン・フェルナンデスは、「フィリピーノ・フードとは何か」ではなく、「どのようにしてフィリピーノ・フードになるか」を探求した。米、野菜、魚、肉——同じ食材を使っても、特定の調味料や調理法、意味づけのプロセスを経ることで、独特の文化アイデンティティを持つ食べ物となる。

フィリピン食文化の背景には、多数の言語民族集団や地方それぞれの文化がある。ルソン島北部のイロコス地方はピナクベットをはじめ野菜料理が特徴的とされるし、同島南東部のビコール地方はココナツミルクを使った料理が有名で、ビコールエクスプレスという地名を冠した料理もある。歴史的に、中国からはパンシットなど麺類やルンピア（春巻き）、大豆製品、スペインや南アメリカからはシチュー料理やパエリャ、加えてフライドチキン、ハンバーガー、それにピザに代表されるアメリカ食文化などの影響を受けてきた。こうした様々な要素を取り込むと同時に、地域ごと、家庭ごとの多様性を包容しつつ、自分たちの食文化であるというアイデンティティの下に形成されてきたものが、フィリピーノ・フードなのである。

第22章
料　理

フィリピン食文化の基盤となっているのは、なんといっても米である。二期作ができる米作りに適した気候であり、1960年には国際稲研究所も設立され、フィリピンは稲作技術改革の実験室でもあった。一般に食されているのは、粘り気の少ない細長い形をしたインディカ種系の改良品種だが、近年では健康志向を反映して、在来種の黒米や赤米も市場に出ている。

フィリピンの食事も、基本的にご飯（カニン）とおかず（ウラム）の組合せである。肉や魚、野菜を煮て醗酵調味料を加えた汁物のおかずに、ティノラやシニガンがある。ティノラ・マノックは、鶏肉に青いパパイヤ、またはハヤトウリを合わせて茹でた料理で、臭い消しにショウガ、味付けにパティス（魚醤）を入れる。未熟なパパイヤは、火を通すと清涼な香りを放つ。仕上げに唐辛子の葉をパラリと入れると、パパイヤの淡い翡翠色と葉の濃い緑の対比が美しい。

シニガンは、フィリピン料理を代表するものとして名をあげられることが多い料理だ。空芯菜、大根、タロイモ、オクラ、トマト、玉ねぎなどの野菜と、豚肉、エビ、魚などを茹で、パティスで味を付ける。特徴的なのは、タマリンドやビリンビ、グアバなどで酸味をつけることである。ご飯にシニガンの汁をかけて食べていると、味は違うのに、ご飯と味噌汁の組み合わせの気分になってくるのが不思議である。

ココナツミルクがベースとなる料理も多い。カボチャとエビのココナツミルク煮は、食材から出る甘みが渾然一体の一品だ。汁気たっぷりのモンゴ豆（ムング豆）の煮物に、ココナツミルクを入れるとコクが出る。サクサクとした食感が楽しい未熟なジャックフルーツのガタアン・ランカ、ピリッと刺激があるタロイモの茎のライン、インゲンをたっぷり使ったギシンギシンなど、ココナツミルク煮は家庭や食堂の人気メニューである。

フィリピン料理を語るには、アドボを忘れることはできない。アドボは豚肉や鶏肉の酢醤油煮であるが、玉ねぎやココナツミルクを入れたり、肉を二度炒め揚げしたり、はたまた醤油を使わないものもあり、様々なバリエーションがある。冷蔵庫のない時代に、酢の使用や表面を覆う脂が保存に役立ったといわれている。アドボという名称は、「マリネする」「漬ける」という意味のスペイン語のアドバルから来たというのが定説だ。スペイン植民地であったペルーにもアドボと呼ばれる料理があるが、ジャガイモやトマトを使った豚肉のシチューで、フィリピンのアドボとの共通点は酢を入れるところだけである。フィリピンでは醤油を使うのが一般的であることから、スペインよりも中国の影響が指摘されることもある。

酢を使った料理は、アドボ以外にもたくさんある。魚のパクシウは、魚とニガウリ、ナスなどの野菜を酢で茹でる料理である。レチョン（豚の丸焼き）の食べ残しに、酢を入れて料理し直したものもパクシウである。生魚にタマネギやトマトを加えて酢で締めたキニラウは、東南アジアではフィリピン特有のものといわれている。キニラウによく似たペルー料理のセビチェは、フィリピンから伝えられたという説もある。

酢はヤシやサトウキビから作られる。酢に唐辛子（ラブヨ）、ニンニクやショウガなどを加えたシナマクは、辛味が好きな人には欠かせない調味料だ。焼き魚や肉、甘いソーセージのロンガニサなど、どんな料理にも合うサウサワン（付け汁）となる。イロコス地方や西ビサヤ地方では、何をどのぐらいの割合で酢に混ぜるか、家族ごとに伝来の調合があって、手作りシナマクの風味の良さを競う。

第22章
料　理

　フィリピン料理は、ルソン島南部のビコール地方などごく一部を除けば、一般的に辛くない。植民地時代にもスペイン人が求めていた香辛料はフィリピンにはまったく存在していなかったといわれ、今日でも料理に使うスパイスやハーブは多くない。日常的に使うのはニンニク、胡椒、ショウガ、ベイリーフ、他にはパンダンやレモングラス、香菜ぐらいだろう。大きい青唐辛子（シリ）も煮物にはよく使われるが、辛味ではなく魚や肉の臭みを除くために入れる。香りや刺激よりも、食材から出る自然な旨みを味の中心とするのが本来の姿なのかもしれない。

　ポチェロ、メヌードなど、肉とジャガイモなどの野菜をトマトソースで煮たシチューはスペイン起源といわれ、南アメリカの旧植民地にも似た料理が存在する。もともとトマトとジャガイモはアンデス原産で、16世紀にヨーロッパに渡り、植民支配とともにフィリピンまでやってきた。しかし、フィリピンの料理本は、起源は起源として、これらがフィリピン料理であることを誇らかに謳っている。豚肉、ジャガイモ、玉ねぎ、人参を細かく切ってトマトソースでまとめたメヌードは、家庭料理の雄である。ポチェロは、肉、トマト、ジャガイモ、キャベツ、玉ねぎ、人参、チョリソに、サバ（調理用バナナ）や青梗菜《チンゲンサイ》、ひよこ豆も加わるという手間のかかる料理で、家族や親戚が集まったときに食べるごちそうだ。

　牛の赤身肉やハチノス、テイルを、バナナの蕾や野菜と一緒にピーナツソースで煮込むカレカレ、焼きナスと青いマンゴー、トマト、タマネギと塩漬けのアヒルの卵を混ぜて食べるサラダなど、フィリピーノ・フードを語るのに欠かせない料理はまだまだある。

　フィリピンの食事は、大皿に食物をどっさり盛って、各人が食べる分だけ取り分ける。マナーの要諦は、分け合うことである。客がいれば、一番先に食物に手をつけてもらうし、食事している最中に知り合いが通りかかれば、ご飯と干し魚しかない食卓でも、挨拶代わりに「一緒に食べましょう」と誘いかけるのが礼儀である。1日3度の食事に2回のミリエンダ（間食）は、家族や友人とテーブルを囲み、分かち合い、語り合う時間でもある。

（永井博子）

[参考文献]

石毛直道『世界の食べ物——食の文化地理』講談社　2013年
鶴見良行・宮内泰介『ヤシの実のアジア学』コモンズ　1996年

23

映　画

★インディーズの黄金時代へ★

マニラは毎年8月の10日間、「映画が王様の国」になる。フィリピン・インディペンデント映画祭「シネマラヤ」が開催されるのだ。「シネマ（映画）」とフィリピン語で「自由」を意味する「マラヤ」を掛け合わせた造語で、映画を通して自由な芸術表現の可能性を探るという希望が込められている。映画関係者やアート業界人、映画製作を夢見る学生などを中心に、２０１４年には延べ10万人が会場となったフィリピン文化センター（ＣＣＰ、一部マカティ市の映画館でも上映）を訪れ、ＣＣＰは映画を観て、映画を熱く語る人びとの聖域となった。２０１５年で第11回を迎えた国内最大の映画祭がたどってきた10年は、そのままフィリピン映画史の10年であり、これからの10年もおそらくこのシネマラヤを中心に展開されていくだろう。

シネマラヤは２００５年に国内初の大規模デジタル映画祭として産声を上げた。準備開始はその1年前。当時フィリピンの映画産業は瀕死の状態だった。フィリピン映画アカデミーによれば、２００４年に製作された35ミリ映画は54本。１９９６年から99年の年間平均が１６４本、２０００年から03年の平均が82本だから、急激な落ち込みは明らかである。もともとアメリカ植民地時代からハリウッド流のスタジオ・システムを導入して、1960年代から70年代にかけて長編劇場用映画だけで年間200本を超え、〝黄金時代〟を築いたほどの映画王国だった。フィリピン映画の凋落傾向は製作本数のみならず、作品の質にも表れていた。大手製作会社が生み出す作品は、スター芸能人の人気に頼ったラブ・ロマンスやアクション、コメディーが主流で、大衆の趣向に迎合するものがほとんどであり、そのため映画を愛する人びとの間に、映画の持つ芸術性に対する渇望感が蔓延していたといえる。そうした状況から、シネマラヤは独立系（インディペンデント）映画の祭典ではあるが、本来であれば反対勢力であるはずの大手製作会社もこの新しい動きを全面的に支援した。生か死かの危機感に覆われ、凋落傾向にあったフィリピン映画界の期待を一身に集めて鳴り物入りで創設されたのだ。

設立の立役者は当時のCCP館長ネストール・ハルディン、フィリピン映画振興評議会議長で映画監督のローリス・ギリエン、そしてドリーム・サテライト・テレビなどを所有していた大手財閥のアントニオ・コファンコの3人。コファンコが1100万ペソを寄付し、合計2500万ペソ（当時のレートで約6000万円）の予算で創設。長編と短編の2部門のコンペティションが目玉の映画祭で、長編1作あたり50万ペソが製作費として支援される。

シネマラヤで上映される作品の最大の特徴は、物語＝ストーリーテリングの豊富さにある。20代から30代の新人監督の物語を追えば、フィリピン社会への眼差しが俯瞰できる。そこに描かれている世界は、ゲイやレスビアン、少数民族への差別、貧困問題、さらには売春、犯罪、暴力など、社会問題のショーケースともいえる。物語が豊かに富んでいるのは、コンペの独特な選考過程にある。ここ数

シネマラヤ・メイン会場のCCP

年は第1次募集で１５０～２００作品の応募がある。選考委員はまずあらすじを審査するが、重要なのは物語の持つ社会性。フィリピンでは１９８６年のマルコス強権体制の崩壊による民主化以降、表現の自由を求める動きが高まり、その運動の中でアートの持つ社会的役割が重視され、その結果、社会的メッセージを明確に打ち出すアートが主流派の一画を担うようになった。シネマラヤもその流れを受け継ぎ、政府系の映画検閲機関による検閲が行われないという特殊な環境にも恵まれ、インディペンデントだけに許された表現の自由を最大限に生かした社会的批評性に優れた作品を多く生み出してきた。

シネマラヤのスタートにとって幸運だったのは、第1回コンペ参加の中から国際的に高い評価を受けた作品が登場したことだ。『マキシモは花ざかり』（アウレウス・ソリト監督）はスラムで暮らすゲイ少年の淡くほろ苦い初恋の話だが、多くの国際映画祭で入賞した。アドルフォ・アリックス・ジュニア、ペペ・ジョグノ、ローレンス・ファハルドなど、その後このシネマラヤ出身で国際的に認知された監督も多い。またシネマラヤと歩みを合わせるようにデジタル映画の製作を開始し、国際的に評価を高めた監督にラブ・ディアスやブリランテ・メンドーサがいる。

特にカンヌ国際映画祭で監督賞（２００９年）まで獲得したメ

ンドーサが歩んだ道のりは、フィリピンのインディペンデント映画の興隆と重なる。彼が撮影を始めた２００５年はシネマラヤが産声を上げた年。初めての作品は『マニラ・デイドリーム』というゲイ専門のマッサージパーラーを舞台にした作品で製作費は円換算でわずか２００万円。この作品が高い評価を受けたことで、広告業界で地歩を築いていた彼の人生は大きく変わった。長編3作目でマニラのスラムを活写した『フォスター・チャイルド』（２００７年）は数々の国際映画祭で受賞し、地方の場末にある成人映画館の日常をリアルに描いた『サービス』は２００８年カンヌ監督週間で上映された。監督賞の対象となった『キナタイ（とさつ）』は嘱託殺人をテーマに娼婦による遺体切断といった猟奇的シーンが中心のサイコスリラー風の作品で、未だにフィリピン国内では商業上映が不可能だ。２０１５年カンヌ映画祭の「ある視点」部門で特別賛辞を受けた「罠〜被災地に生きる」は、レイテ島を舞台とした台風被害の甚大さを訴えたドキュメンタリー風の作品。そして同年の東京国際映画祭では「クロスカットアジア」で特集上映が行われ、多くの日本の観客を魅了した。

フィリピン映画の時代区分には諸説あるが、昨今、シネマラヤの10年は「戦後第3期の黄金時代」とよくいわれる。第1期が１９５０年代から60年代で、代表格のマヌエル・コンデ監督の『ジンギス・カーン』がベネチア映画祭で上映されたのが１９５１年。この時代はアクションやメロドラマが主流の商業映画が盛んであった。そして社会派監督として知られたリノ・ブロッカらが活躍した70年代から80年代前半が第2期。戒厳令下の厳しい社会状況にもかかわらず、多くの社会派秀作映画が生まれた。しかし、80年代中盤以降は商業主義に堕して衰退の一途をたどったのは前述の通りである。そして20年が経過して第3期が到来したが、このシネマラヤが注目を集めた時代は、フィリピンでは

第23章
映　画

時あたかもインディペンデント系の文化芸術運動の興隆期と重なった。映画に先行して、美術、演劇やコンテンポラリーダンス、音楽におけるバンドブームなど、映画の周辺は新たな地殻変動の真っただ中で、デザイナー、作家、アーティスト、ミュージシャンなど多くの優れた才能がこのデジタル映画の世界に参入した。それはクリエイティブ産業を根底から刷新する文化運動であったともいえる。

シネマラヤは、既に次の10年に向けて新たに二つの試みを始めている。アジア映画への注力と教育プログラムの充実である。特に教育面では「シネマラヤ・インスティテュート」を創設し、若手の人材育成を開始した。第11回の会場では「シネマラヤ大学」と題したセミナーが開催されたが、そこに参加していた大学生（18歳、マスコミュニケーション専攻）にその魅力を聞いた。「16歳でシネマラヤに出会った。主流派の映画ではありえない〝ルール不在〟なところが好き。どんなテーマでも描くことができる。今は私自身の学生生活をテーマにアイフォンで撮影中」。そう楽しそうに話してくれたのが印象的だった。

シネマラヤのこれからの10年に関してローリス・ギリエンは語る。「私たちはアジアで最高の映画（ベスト・フィルム）を創りたいのではない。アジアでもっとも自由な創造環境（クリエイティブ・フリーダム）を創りたいのだ」。その眼差しの奥に、かつてこの国が１９６０年代に民主主義の未来を担う東南アジアのリーダーとして熱意と誇りに満ち溢れていた時代から、半世紀を経て、ようやく取戻しつつある自信を感じ取ることができた。

（鈴木　勉）

24

美術

★植民地文化を超えて★

マニラの中心に位置するリサール公園の端にフィリピン国立博物館の美術館（National Art Gallery）がある。訪れた人は、入ってすぐのホールに展示されている巨大な油彩画に圧倒されるだろう。これは、19世紀フィリピン美術の巨匠ファン・ルナ（1857～99年）が描いた《スポリアリウム》（*Spoliarium*）と題された作品である。

縦4・25×横7・75メートルもの大画面に描かれているのは、古代ローマの闘技場で戦って死んでいった剣闘士が、闘技場地下の死体置き場（スポリアリウム）へと引きずられていく場面である。荒々しいまでの劇的な明暗に彩られた画面から浮かびあがってくるのは、中央を引きずられていく血だらけの剣闘士たち、左奥に集まっている群衆、右奥には死んだ剣闘士の家族の者だろうか、暗がりに火をかざす老人と、すすり泣くようにうずくまる若い女性の姿が見える。鎧兜の触れあう音や群衆のざわめきが聞こえてきそうな臨場感である。

この作品は、1884年に、マドリッドの全国美術展覧会という当時のスペインでもっとも権威ある美術展で金メダルを受賞した。これは、植民地出身の画家が宗主国の画壇で認められたという意味で意義深いものであり、当時スペインで植民地フィリピンの状況改革を訴えスペインとの対等な権利を求める運動をしていたフィリピン人エリートの知識人たちは、この作品の受賞を熱狂的に受け止めた。受賞を祝う宴で、ホセ・リサールはルナを讃えて「天才には国がない」と演説した。同時に彼ら知識人たちは、剣闘士たち、つまり古代ローマ帝国で見世物として戦わされ死んでいった征服地の奴隷や捕虜の姿に、スペインに抑圧されるフィリピンの姿を重ね合わせ読み取ったという。

西洋の画壇の伝統では、画題（ジャンル）のヒエラルキーというものがあり、歴史や神話から題材を取った大画面の歴史画がもっとも高尚とされていた。それは、群像表現など人体の描写の解剖学的な正確さから遠近法や構図の構成力まで、画家の技術と才能がもっとも試されるものであった。ルナは、はじめマニラの美術学校で、次にマドリッドの王立サン・フェルナンド美術アカデミーで学び、その後は師についてローマで画業を発展させた。《スポリアリウム》は彼がローマで制作し

絵筆とパレットを持ったフアン・ルナの銅像。マニラのイントラムロス入口付近に立つ

た作品である。彼の作品にはこのように、彼が学んだ古典主義的でロマン主義的なアカデミズム絵画の技量がいかんなく発揮されている。

折しも1884年は、日本から黒田清輝がフランスに渡った年である。当時の日本では、後に日本近代洋画の父といわれる黒田をはじめ、西洋に留学し画家を志す者が油絵を学び西洋美術の技法の習得に励みはじめた時代である。同時に彼らはいかに日本人独自の油絵を確立するかを模索していくこととなる。それと比べてファン・ルナら同時代のフィリピンの画家たちの描いた作品を見ると、技法も様式も西洋美術を実によく身につけており、西洋人画家が描いたものと変わりがなく見える。しかし、西洋式の美術の技術と造形語法を身につけた植民地知識人としての画家ルナが、西洋美術の伝統にのっとり油彩画で古代ローマを題材にした歴史画として描き、スペインのサロン展でトップに輝いたこの作品は、植民地フィリピンの苦難という自分たちの物語、いわば自己像の投影を可能とするものでもあったのである。アジアの美術の近代化とは西欧化にほかならなかったという、近代アジアの美術家たちが直面した問題がここに見て取れる。

それから50年余り後、ひとりのフィリピン人画家が聖母子をフィリピン人の姿で描いた。ガロ・B・オカンポ（1913~85年）が1938年に描いた《褐色の聖母》(Brown Madonna) である。明るい色彩が印象的なこの絵では、フィリピンの民族衣装をまとい褐色の肌をした聖母マリアが、同じく褐色の肌の幼子イエスを抱いて、フィリピンの農村の風景の中に立っている。フィリピンのある美術史家は、これを「宗教美術の脱植民地化の試み」と評している。

スペインによる植民地時代にキリスト教化が進んだフィリピンでは、聖母子像は非常にポピュラーな主題である。各地の主要な教会には由緒ある聖母子像が安置され、今日でも教会や博物館・美術館で、精緻で絢爛豪華なものから素朴なものまで様々な像を見ることができる。しかし、それらのほとんどは、西洋人の姿をし、スペイン・バロック様式など西洋の様式で作られている。

《褐色の聖母》は発表当時、聖母子をフィリピン人として描くことは「冒瀆的」であるとして宗教界と美術界の双方で物議をかもしたが、ベルギーの淳心会から来比していたある宣教師が擁護し称賛したことで作品の評価は好転した。《褐色の聖母》が美術界で注目され、以降の美術の流れに影響を与えるようになるのを支えた主張はこうである。聖母子像の古典的規範であるラファエロもイタリア・ルネッサンスの文化背景の中でイタリアの娘をモデルに聖母を描き、フランスの近代美術のポール・ゴーギャンもタヒチで現地の聖母子《イア・オラナ・マリア》（1891年）を描いた、ならばフィリピンの聖母子もあってよいではないか。事実、この時期のオカンポの作風には、色遣いや筆致などにゴーギャンの影響が色濃く見え、《褐色の聖母》は《イア・オラナ・マリア》へのオマージュとなっている。

この作品が描かれた1938年は、アメリカによる支配の下で、独立準備のためのコモンウェルス政府が発足し、独立に向けてナショナリズムの機運が強まっていた時期である。美術界では、オカンポも属するモダニズム運動が盛り上がりをみせていた。時代を反映するかのように、オカンポの作品には、ルナが描いたのとはまた異なる自己像の投影が見て取れる。西洋美術の歴史の中で数多く描かれ愛されてきた主題である聖母子像を、換骨奪胎してフィリピンの農村の母子の姿で表現したのである。しかし、聖母子像のフィリピン化が、現地の美術界や国際的な展覧の場で認められるためには、ゴーギャンとの関連付けのように、西洋の美術の動向との結びつきが必要であった。そこには、依然として支配的な西洋の優位性が見えると同時に、それを逆手にとって自らの表現を認めさせていこうとする作者の戦術も見て取れるのではないだろうか。

西洋から取り入れた美術を用いて自文化のアイデンティティをどう創出するかということは、フィリピンだけでなく日本をはじめ近代アジアの芸術家たちの多くが取り組んだ課題であった。だが、日本と異なりフィリピンでは、西洋文化の受容は植民地という状況下でいやおうなく行われたものであり、一方で日本における「日本画」のような伝統美術がジャンルとして形成されなかった点が、伝統やアイデンティティ表象に対する意識をより複雑にしている。しかし、フィリピン美術に触れた現代の日本の画家や美術関係者たちが、「油絵など西洋の技法・様式を学びその中でいかに自らの文化的独自性を出すかという葛藤には非常に共感できるものがある」と感想をもらすように、共通する点もあるのである。

現在、フィリピンの美術は表現内容も手法も多様化し、植民地主義の超克や自己像の探求だけでは語れない。しかし、現代の美術においても、スペイン起源の宗教図像や民衆カトリシズムに由来するモティーフや、現在に至るまで引き続くコロニアル・メンタリティーへの風刺などが作品の中に登場することがあり、「植民地文化」という歴史の理解なしにフィリピン美術を読み解くことは難しい。一方で、現代の都市の生活や風景を若々しい感性で切り取った、今の時代を象徴するような作品も特徴的である。日本で開かれるアジア現代美術の展覧会やビエンナーレ、トリエンナーレなどの国際展でもフィリピン出身の美術家の作品がしばしば展示されるようになり、日本で目にする機会も増えている。

（古沢ゆりあ）

【参考文献】

『BT／美術手帖』編集部編・後小路雅弘［ほか］執筆『アジアの美術　福岡アジア美術館のコレクションとその活動』［改訂増補版］美術出版社　2002年
フィリピン・アート・ガイドブック・プロジェクト編『フィリピンアートみちくさ案内　マニラ編』フィリピン・アート・ガイドブック・プロジェクト　2013年
福岡市美術館編『東南アジア——近代美術の誕生』福岡市美術館　1997年

25

スポーツ

★ボクシングが切り拓く社会象徴的時空★

フィリピンで人気のあるスポーツはボクシングとバスケットボールだ。バスケットボールはＰＢＡというプロリーグがあり、各地で開催されるシーズンマッチはたいへんな盛況ぶりだ。多くのＰＢＡ選手はアテネオやラサールなど名門校の出身で、比較的豊かな層がプレーヤーの中核を占めている。

ボクシングはこれとは対照的で、貧困層出身の人びとによって担われている。世界6階級制覇のスーパースター、マニー・パッキャオもそうであるように、ビサヤ諸島やミンダナオ島など地方出身の若者が10代でマニラに出てきて、ジムに住み込みながらトレーニングを積んでプロボクサーへの道を歩む。ここでは、なぜフィリピンでボクシングが盛んなのかを考えてみよう。

フィリピンのボクシングは19世紀終わりにアメリカ軍人を通じて伝えられた。元々、イギリスで発祥した近代スポーツが世界各国に普及していくのは19世紀後半以降であるが、フィリピンにおいてもまた、この時期にボクシングが輸入されることになった。そこで中心的存在だったのは、アフリカ系アメリカ人の軍人たちだった。１９０９年にはアメリカの退役軍人たちによって「トロゾ・ボクシングクラブ」が当時のマニラ中心街のひとつだったトンド地区に創設され、ボクシングの試合が定期的に開催されるようになった。

しかしながら、ボクシングは順調に広まり続けたわけではない。ボクシングは賭けの対象でもあったため、頻繁に警察の取り締まりの対象となってきたからである。１９２０年には「ボクシング禁止法」が制定された。ボクシングというスポーツが植民地化の産物であり、フィリピンのナショナリズムの勃興のためには廃絶されるべき対象とされたからだ。だが、すでにボクシングは広くマニラの人びとに受け入れられていた。禁止には様々な反発が起こり、翌21年には早くも再び合法化された。こうして草の根レベルで拡大していったボクシングは、その後１９６０年代になるとアジア随一のプロ

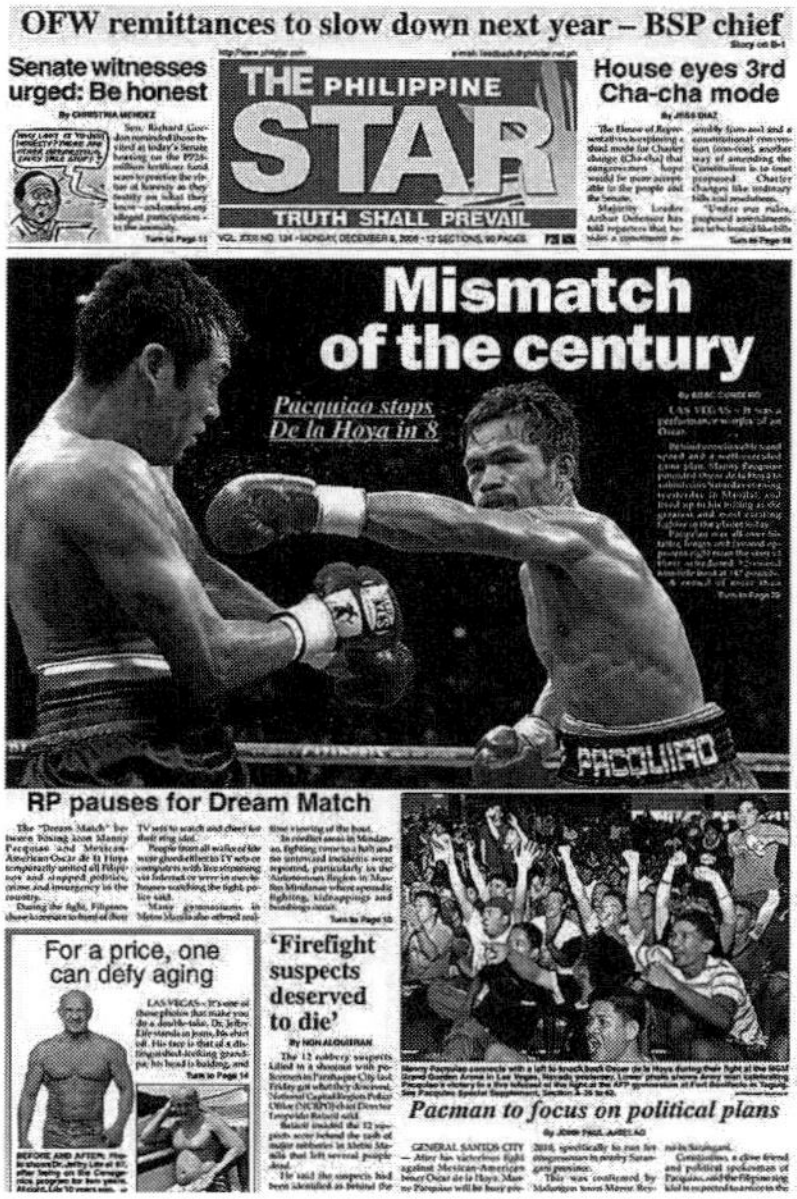

OFW remittances to slow down next year – BSP chief

Senate witnesses urged: Be honest

THE PHILIPPINE STAR
TRUTH SHALL PREVAIL

House eyes 3rd Cha-cha mode

Mismatch of the century

Pacquiao stops De la Hoya in 8

RP pauses for Dream Match

For a price, one can defy aging

'Firefight suspects deserved to die'

Pacman to focus on political plans

フィリピンの英雄、マニー・パッキャオの勝利を報道する新聞（The Philippine Star 紙：2008 年 12 月 8 日）。

パッキャオは1978年12月17日生まれ、ミンダナオ島ブキドノン州出身。世界タイトル6階級制覇のスーパーヒーロー。世界中で「パウンド・フォー・パウンド」（全階級でもっとも優れたチャンピオン）の呼び声が高い。アメリカの経済誌『フォーブス』の2015年版のスポーツ選手長者番付では、世界第2位の年収1億6000万ドルを稼いでいる（1位は同じくボクシングのフロイド・メイウェザーJr.）。この年収は、サッカーのリオネル・メッシ（アルゼンチン、番付4位の7380万ドル）の2倍以上に該当する。2016年1月時点でのプロボクサーとしての戦績は65戦57勝6敗2分。2010年から国会の下院議員を務め、16年に上院議員になった。

ボクサーと絶賛されたフラッシュ・エロルデが活躍し、2000年代に入ってからはパッキャオの登場でボクシング人気が確固たるものとなった。

フィリピンにおけるボクシング人気の背景には、こうした歴史的過程が関係している。ボクシングは植民地統治下で「外から」植えつけられたものだったが、その手段を通じてかつての支配側であるアメリカや日本の選手を打ち負かせば、フィリピン人としてのプライドを一挙に高めることができる。それは戦争とは位相を異にした象徴的な戦いなのだ。たしかにスポーツの多くはイギリスやアメリカにルーツがあるが、その世界共通のルールをいったん受容すれば、プレーの場では対等な関係が成立する。旧宗主国を相手に勝利を収めれば、対外的にも、また国内統合の面においても、非常に大きなインパクトを持つ。伝統的な身体文化――たとえばフィリピンには「アルニス」という伝統武術がある――を保護する手法とは異なり、世界共通のルールに則るからこそ可能になるナショナリズムの勃興のツールとしてスポーツは存在する。

マニー・パッキャオの快進撃もこうした過程が深く関係している。ラスベガスの興行のメインイベントにフィリピンのボクサーが登場するというのは、観戦するフィリピン人にとって圧倒的な経験となる。世界最高峰にして、しかもフィリピンにボクシングを植えつけたアメリカのリングで、今日ではパッキャオがメインイベンターを務めている。その大舞台で、パッキャオはことごとくアメリカやイギリス、メキシコのトップボクサーたちを倒してきた。ボクシングという世界共通の言語でもって、フィリピンを代表し、その存在を訴えるパッキャオは、フィリピン国内の人たちだけでなく、世界各地に離散したフィリピン系の人びとを「フィリピン人」という意識感覚でつなぐことを可能にする。ボクシングを通して、このような「想像の共同体」が立ち上がっているのである。

パッキャオの活躍はボクシングの草の根レベルの変容ももたらした。２０００年以降、マニラのボクシングジムに入門する若者の数が増加した。パッキャオに憧れ、第二のパッキャオを夢見る若者が、ボクサーを目指すようになった。その多くが初等もしくは中等教育を途中で断念した若者たちで、自らの拳で社会的にのし上がることを夢見ていた。

ボクシングはグローブ以外特別な道具を必要とせず、身体ひとつで参入可能な競技である。加えて、フィリピンのボクシングジムでは住み込み生活が慣例となっていることも重要である（住み込み式のジムは、日本やアメリカでは今日ほとんど存在しない）。ボクサーを志して練習に励む限り、食事と寝床は提供される。また「ボクサー」という社会的に承認された身分を手にすることもできる。食や住といった生活の基礎に加えて、職業意識という存在の基礎を手にすることができるのは、貧困層の若者がこの競技に参入する動機となっている。ジムは、トレーニングの場であると同時に生きるための場でもあるのだ。

もちろん、多くのボクサーはパッキャオのようなスターダムを登ることはなく、平凡なキャリアのまま引退していく。引退後はボクサー仲間の伝手を辿りながら、マニラで都市雑業に就くケースがほとんどだ。だが、そうしてボクシング界から退いた彼らの多くは、ボクサーとして過ごした時間を肯定的に振り返る。身体ひとつで前途を切り拓こうとした営為自体は、たとえ平凡なキャリアのまま幕を終えたとしても、貧困と隣り合わせで生きてきた彼らにとって肯定されうるものだからだ。

ボクサーとして生きることは「名前を手にする」ことでもある。たとえローカル試合の前座であっても、リングに上がれば観客に自分の名前がアナウンスされ、試合中には名前で歓声が飛ぶ。貧困世界で砂粒のように匿名空間を漂う若者が、ボクサーとして生きる時空では、固有の自己を手にする。それは、ロールモデルとしてのパッキャオの姿へと想像的に重ねられていく。ボクシングは若者の夢の世界と、それとは対照的な現実世界——貧困に規定された生活史的背景——を伝えてくれる。

ボクシングはハングリー・アートといわれる。胃袋が満たされていてはボクサーにはなれないというわけだ。だとすれば、良いボクサーは貧困追放のできていない社会から生み出されることになる。パッキャオほか、フィリピン勢の活躍をみると、たしかにそうかもしれない。ラスベガスで脚光を浴びるパッキャオはフィリピン人のプライドを生み出すと同時に、自国の貧困問題を開示する存在でもある。この二重性こそがボクシングによって表されるのである。

（石岡丈昇）

【参考文献】
石岡丈昇『ローカルボクサーと貧困世界——マニラのボクシングジムにみる身体文化』世界思想社　２０１２年
平井肇編『スポーツで読むアジア』世界思想社　２０００年

26

家　　族

★グローバルに広がるネットワーク★

フィリピンの人と話していると、「ファミリー（家族）が一番大事」という言葉をよく耳にする。実際、フィリピン人の生活に接してみると、冠婚葬祭をはじめとして、折に触れ家族や親戚たちが頻繁に集まり、顔と顔を合わせる直接的な触れ合いの場を繰り返しもっていることがわかる。そうした集まりで実に楽しそうにしている彼らの姿を見ると、フィリピン人の家族・親族のつながりの強さを実感する。ここでは、フィリピンの人びとにとって特別な価値をもっているようにみえる家族に注目しながら、フィリピンからの国境を越えた移住現象を読み解いてみたい。

まずは低地キリスト教徒の庶民層を念頭に、フィリピーノ・ファミリーの特徴を大まかに描き出してみよう。フィリピンの農村などでは、夫婦は結婚後、なるべく独立した世帯を構えたほうがよいとされる。実際には、どちらか一方の親と同居して新婚生活をスタートさせた後、数年間の同居期間を経て、自分たちの世帯を構えるのが一般的である。しかし、こうして夫婦が新たに構えた世帯の実際の生活は、日本で核家族世帯の生活としてイメージされるものとはかなり異なる。

拡大家族が集まって年越しの食事を共に食べる

夫婦が新たに世帯を構える場合、たいていは親の敷地内や兄弟姉妹の家の近くに建てる。これら近隣に住む世帯の間では、農業や漁業など家業での助け合いはもとより、育児、高齢者のケア、冠婚葬祭から、家族の病気や災害などの緊急時に至るまで、さまざまな場面で頻繁に相互扶助がおこなわれる。また、細々とした日用品の貸し借りや、おかずのおすそ分けも盛んであるし、経済的に余裕があれば、誕生日や卒業などのお祝いの集いが近隣、あるいはもっと広い範囲の人びとを招いて催される。日常の濃密な触れ合いの中でイトコ同士は兄弟のように育ち、それら子どもたちと近隣に住むおじやおばとの親密な関係も培われる。このようにフィリピン人の家族生活は、近隣に住む近い親戚との緊密なネットワークに深く埋め込まれたような形で展開するのである。

世帯構成自体にもかなりの多様性、柔軟性が見られる。世帯員に、様々な事情で、夫婦いずれかの親、未婚の兄弟姉妹やおじ、おば、おい、めい、孫などが含まれることは多い。実親が経済的に困窮しているとか、育てる側に子どもがいないなどの理由で、祖父母やおじ、おばが、実親に代わって子どもを育てることも少なくない。また、世帯住人の入れ替わりも珍しくなく、たとえば筆者がよく訪れる高齢夫婦が住む世帯では、複数の孫、ひ孫などが、近隣の家から入れ替わり立ち替わりで移り住み、老夫婦の生活を助けていた。これらの家族生活のいくつかの描写からは、一組の夫婦が独立して世帯を構えるという理想が共有されつつも、核家族を超えた広い範囲の家族的なつながりの中で、「可能な側から必要な側へ」とさまざまな支援が厚くなされていくという、フィリピン人の家族生活の特徴を読み取ることができる。こうした家族間の相互扶助は、公的な社会保障制度が充実していないフィリピンでは、インフォーマルな社会保障システムとして機能している。

このような特徴を持つフィリピン人の家族は、そのメンバーや関係者が生活の向上を目指して国外に働きに出ていくとき、あるいは海外に留まって暮らしていくときに大いに力を発揮する。まず、人びとが国外に移住する際、国外にいる、あるいはかつて国外にいた家族や親戚から金銭その他の面で支援を受けることは珍しくない。私の知り合いの女性は、近所に住む米カリフォルニア帰りのおじの援助を受けてイタリアに移住した。１９８０年代のことだ。その後、「イタリアでは（親族やキョウダイがいなくて）寂しかった」「親族の生活もよくさせてあげたい」という理由から、兄や弟、妹とその配偶者たち7人のイタリア行きを支援したのだった。

移住してからも、彼らは故郷や移住先の近親者と頻繁に集まりを重ねるなどして、緊密な関係を保ち続けることが一般的だ。移住先であっても、多くの親戚や家族が近くにいれば、休日はもとより、誕生日や子どもの卒業式、洗礼式、さらにはクリスマス、娘の18歳のお披露目（デビュー）といった折に顔を合わせ、食事を共にし、歌や踊りなどを楽しんで過ごす。異郷における故郷の家族生活の再現は、そこでの生活や仕事のための情報交換の場となるだけでなく、日々の困難を、たとえ一時であっても忘れさせる場にもなるのである。

また、故郷の近親者との緊密なつながりは、毎月の、あるいは不定期になされる送金、モノの交換、手紙や電話、インターネットでのコミュニケーションを通して維持されていく。フィリピンに子どもを残して国外で就労する場合は、故郷に住む近親者に養育を依頼するケースが多い。そうした近親者たちの生活も移住者からの送金で支えられているから、持ちつ持たれつの関係にある。携帯電話やインターネットの普及で、スカイプなどでのテレビ電話が手軽になった。フェイスブックのポストやコメント欄には、世界各地に散らばった親戚同士のやりとりがあふれている。

送金や贈物は、子どもをフィリピンに残していればその子への送金や贈物が中心となる。しかし、核家族を超えて拡大するつながりの中での「可能な者から必要な者へ」の支援が期待されているフィリピンの家族では、日本の感覚からすればかなり広い範囲の家族・親族への送金や贈物が継続的になされることが少なくない。また、経済的には支援を受ける側である国内に残る人びとは、休暇で帰国した親戚などに頼んで、自分の家族や親戚に支援のお礼として地元の食べ物などを届けてもらったりする。それは、異国暮らしの身にとって故郷の家族や親戚とのつながりを再認識させるありがたい品であり、同時に異郷での生活空間をより慣れ親しんだ空間へと転換するためのアイテムともなる。

しかしながら、こうした濃密な親族関係のあり方が、時にフィリピン人移住者たちにとって重荷と感じられたり、苦悩の源泉となったりすることもある。とりわけ、親戚との関係維持や家族へのケアを中心的に担うことが期待される女性の国外移住者の中には、フィリピンに残してきた家族に対して直接的なケアが十分にできないことや、親戚らの支援への期待に応えられないことに恥ずかしさや罪悪感を覚える人が少なくないことが、これまでのフィリピン人移住者の研究でしばしば指摘されてきた。

つまり「ファミリー」はフィリピンの人びとにとって特別な価値を持つがゆえに、時に、異郷で暮らす人びとに情緒面でのさまざまな困難をもたらしうる存在でもあるのだ。フィリピン人の緊密な家族のつながりは、こうした側面を抱えながらも、インフォーマルな社会保障の装置となることで、あるいは生活上の困難を緩和する癒しと楽しみの場を提供することで、グローバル化した時代を生き抜く上で欠くことのできない貴重な社会的資源となっているのである。

（長坂　格）

［参考文献］

小ヶ谷千穂『移動を生きる――フィリピン移住女性と複数のモビリティ』有信堂高文社　２０１６年
長坂　格『国境を越えるフィリピン村人の民族誌――トランスナショナリズムの人類学』明石書店　２００９年

27

言語と教育

★国民統合と自己実現の手段★

教育と言語は、国家にとって多様な国民を統合していく重要な手段だ。同時に、人びとにとって、豊かな生を追い求めるうえでも大きな意味を持つ。

フィリピンには、主要言語で10ほど、少数言語も含めれば100以上といわれる多様な土着語がある。20世紀初頭、そこにアメリカは英語教育を持ち込んだ。全国に小学校を建設し、大量の教師と教材をアメリカから送り込み、フィリピン人を「無知から救い出し、文明化」させようとしたのだ。たしかに、貧しい出自でも英語を習得することで教師、事務員、公務員といった仕事に就き、一定の社会上昇を果たす人もいた。しかし、富裕層の子ほど大学進学や留学によって高度の英語力を習得して要職に就く一方、勉強に時間をさけない貧困層の子ほど成功するのは難しかった。就学率と識字率はある程度向上したが、英語で意志疎通できる者は少数に留まった。英語教育は国民統合を促進するどころか、エリートと大衆の言語を分断し、貧困層の社会上昇を妨げた。

1930年代になると独立に向けてナショナリズムが高まり、タガログ語（マニラとその周辺地域の言語）を基礎に多様な土着語を融合して「国語」をつくることが憲法制定議会で決められる。この国語は後に「ピリピノ(*Pilipino*)」と名付けられた。だが、非タガログ地域出身のエリートが、この国語案に反対するなど紆余曲折が続く。1972年、当時のマルコス大統領は国語名を「フィリピノ(*Filipino*)」に変え、英語と共に公用語とした。またマルコスは、理系科目を英語で、文系科目をフィリピノで教えるバイリンガル教育を導入した。英語は経済的機会にアクセスする言語であり、フィリピノは国民統合の言語だというのである。このバイリンガル教育は、現在まで引き継がれている。

では今日、バイリンガル教育は、国民統合の要請と、豊かさを求める人びとの希望に応えられているのだろうか。まず、国語(フィリピノ)は、融合語として発展することなく、実質的にタガログ語とほぼ同じままだったため、地方の反発もあって1980年代まではなかなか広がらなかった。しかし1990年代以降、大手テレビ局の製作するタガログ語番組が全国で人気を博すようになり、マニラ首都圏とその近郊への人口移動も増加した。その結果、タガログ語はリンガ・フランカ(共通語)として全国的に浸透し、国民統合を促進している。

他方、貧富の差に由来する英語能力の格差は顕著だ。小学校3年生から英語で理数系の科目を学ぶが、貧しい生徒の中には英語の授業や教科書を理解するのが困難な者も少なくない。たしかに小学校1、2年生には、各地域の土着語で授業が行われているが、国語(フィリピノ)以外の土着語の教科書は作られていない。しかも英語能力の格差は、不平等を再生産している。大学ではほぼ全ての科目が英語で行われており、高度な知的活動は大きく英語に依存している。ビジネス文書、様々な国家試験、法律なども英語であるため、英語ができなければ社会上昇のチャンスもつかめない。さらにフィリピンでは、英語能力を知性と同等視する風潮もあり、英語を流暢に話せないと社会的に負の烙印を押されてしまう。

もっとも、英語教育には、グローバルに活躍する人材を育むという肯定的な面もある。2014年TOEFL得点数の国際比較によると、アジア36カ国の中でフィリピンはシンガポール、インド、ネパール、パキスタンに次いでマレーシアと共に第5位である。2000年の第3位から落ちたため、フィリピン人の国際的な競争力を高めるべく英語教育の強化を求める声も強い。なお日本は最下位グループの常連だ。興味深いことに、英語を流暢に話さない貧困層も積極的に海外に出て様々な職場で活躍している。彼らも普段からメディアを通じて英語の情報に慣れ親しんでおり、基礎的な英語力はある。ただ国内では下手な英語を話して恥をかき尊厳を傷つけられるのを避けようとする心理が働き、英語を口にすることについ臆病になる。しかし海外ではそうした不安から解放され、より自由に英語を話せるようになるようだ。

フィリピン人の基礎学力は、ASEAN諸国の中でも決して低くない。統計データをみると、2014年の識字率は97%、中等教育（高校）進学率は65%、高等教育への進学率は職業訓練専門学校を入れて34%だ。これらの数値は、ミャンマー、ラオス、カンボジアの上、インドネシア、ベトナムと同程度、マレーシア、タイ、シンガポールの下くらいである。

教育制度の改革も進められている。これまで基礎教育の期間は小学校6年と高校4年の計10年間で、国際基準より2年間短く、アジアで一国取り残されていた。その弊害として、理数系科目を中心とする教育レベルの低さや、国外での就職や留学に不利なことを指摘された。そのため、アキノ政権は2

０１３年に「基礎教育強化法」を成立させ、「Ｋ―12」と呼ばれる新しい教育制度を導入した。Ｋはキンダーガーテン（幼稚園）１年間の義務化を、12は２年間の上級高校を設置して基礎教育を12年間（６―４―２制）にすることを意味する。実際に上級高校が設置されたのは２０１６年６月からで、１９９９年生まれの世代が新制度の第一期生として教育を受けている。

基礎教育の問題は、私立学校と公立学校で教育の質に大きな格差があることだ。私立学校では学費が高い分だけ教育レベルも高く、富裕・中間層の子弟が学ぶ。私立学校の数は、初等教育で全体の１割以下、中等教育で２割以下である。公立学校は無償だが、教師、教室、教科書の数が、生徒数の増加に追いつかず慢性的な不足に陥っている。生徒数の多い都市部では、やむをえず午前と午後の二交代制をとっている学校もある。教師と教室の不足数は10万以上にものぼるという。教育省には毎年、最大の予算が割り当てられ、その額も２０１０年の１６１４億ペソから２０１６年の４３６５億ペソへと増加している。しかし、教育への支出はユネスコ（国連教育科学文化機関）の勧告するＧＤＰの６％に届かず、２０１６年度でも２・７％に留まった。

高い中退率も問題だ。全生徒のうち基礎教育を修了できたのは、２０１３年で50％、２０１５年でも60％ほどである。中退の理由として、勉強に対する関心の欠落と貧困が指摘される。公立学校は無償だが、制服や文房具代、交通費、バオンと呼ばれる昼食代も、親にとって負担だ。ただし、女子の中退率の方が男子よりも10％ほど低い。大学生の55％が女子生徒であるように、大学進学率も女子の方が高い。その理由のひとつには、女子の教育を軽視する文化がないことがあろう。貧しい世帯では、すべての子どもを大学に進学させる余裕がないため、もっとも成績の良い子どもに集中して教育費を投資せざるを得ない。友だち付き合いの誘引が強い男子よりも、女子の方が真面目に勉強して成績の良いことが多いようだ。また看護師や介護士、初等・中等学校の教員など、女性の方が定職を得やすい労働市場の事情もあろう。

高等教育に着目すると、経済成長の中で大衆化が進んでいる。高等教育への進学率は1990年の25%から、2014年の34%へと増加した。高等教育機関の数も、2005年には国公立と私立を合わせて1600校ほどだったが、2015年には2300校にも増えた。そのうち7割以上が私立だ。なかにはスペイン植民地期の17世紀にカトリックの修道会が創立した名門大学もあるが、質の低い私立の高等教育機関も少なくない。人気のコースは、就職に直結しているとされる経営、教育、IT、海運、医療、工学だ。ただし、大卒者が増えたこともあり、大学を卒業しただけでは良い仕事にありつけないことも多い。そのため、各種の国家試験を受けて資格を得ることも重要だ。

フィリピンは若い国で、人口の4割以上が5歳から24歳の就学年齢にある。教育の改革が、人びとのより善き生と新たなフィリピンを導くことが期待される。

（日下　渉）

28

メディア

★参加型のラジオ・SNSが花盛り★

フィリピンの活字および映像メディアはそれぞれ、多様な言語集団や階級的な社会状況を反映して英語とフィリピン語、そして各地方語のおおきく三つの言語媒体のカテゴリーで分けられる。その中でも高等教育を受けた知識層の間では英語媒体によるメディアが有力である一方、庶民の間ではフィリピン語や各地方語（セブアノやイロカノなど）によるメディアが一般的に受け入れられており、二層化したメディア環境が存在するのが特徴だ。しかも新聞やテレビ、ラジオなどのまとまった資本が必要な既成メディアは国営機関のものを除けば、ほとんどが有力ファミリーによって運営されている。彼ら有力ファミリーは、政財界はもとより、教育機関や宗教界にまで影響を持つことが多く、世論の形成をも左右してきた。

たとえば、フィリピン統計庁の2013年統計年鑑によると、全国版英字紙はマニラ・ブレティン（発行部数約35万～42万部）やフィリピン・デイリー・インクワイアラー（同27万～29万部）、フィリピン・スター（26万～28万部）など10紙あり、フィリピン語や英語、地方語で書かれたタブロイド紙はブルガー（同60万部）やピリピノ・スター・ガヨン（50万部）、アバンテ（47万部）

など24紙にのぼる。かなりの新聞が毎日出ているが、英字紙は政治や経済、国際関係のニュースが充実しており知識層向けなのに対し、タブロイド紙は事件や政界スキャンダル、芸能ニュースに力を入れており庶民向けとなっている。

しかし、最近の情報通信技術の進展によるインターネットを通じたツイッターやブログ、フェイスブックなどのソーシャル・ネットワーク・サービス（ＳＮＳ）や携帯電話の登場により、いわゆる参加型メディアが着実にフィリピン人の行動様式に強い影響を与えるようになってきた。新聞やテレビのような資本集中型のメディアと、インターネットや携帯電話などを通じた参加型メディアが今、市民たちの意思表明や政策決定を巡ってある時はせめぎ合い、またある時は補完し合うという様相が出てきたといえる。

ところで、フィリピンにおける参加型メディアのはしりはラジオだといえるだろう。ラジオ放送は日本と同時期の１９２４年に始まり、40～50年代に全盛期を迎えるが、その後、テレビの普及に従いメディアの王座から退いてゆく。しかし、その後もラジオ人気は根強く、現在も、地方では地方語による放送に人気があり、マニラ首都圏などの都市部ではタクシー運転手や商店主、警備員や主婦など閉じられた職場や生活空間で仕事や家事などを行う人がフィリピン語や地方語によるラジオ番組に聞き入る傾向が強い。

マニラのラジオ番組で特に人気があるのは、市民が警察や役人などから受けた被害や生活上の苦情をラジオ局に電話で訴え、司会者が名指しされた警官や役人本人に直接電話して苦情をぶっつけ、その反応や対策、陳謝を引き出すという番組だ。ＡＭラジオ局ＤＷＩＺ（８８２kHz）で１９９１年から始まった「*Isumbong mo kay Tulfo*（苦情はトゥルフォに訴えろ）」がその代表例だ。人気司会者のラモン・トゥルフォ・ジュニア（Ramon Tulfo, Jr.）が「交通警官に暴力を振るわれた」とか、「近所の道路工事がいつになっても終わらない」などといった市民からの苦情を電話で受け、警官や担当役人に直接電話をかけて問い詰めるのだが、その相手への厳しい突っ込みと威勢の良さに視聴者は拍手喝采を送るのである。番組はその後、テレビ版としても放映され、トゥルフォ氏の3人の兄弟（ベン、ラフィー、アーウィン）たちも同様な番組に司会者として登場、「トゥルフォ4兄弟」として名声を確立した。この番組が根強い人気を保っているのは、日頃から警察や役所、裁判所などが弱い立場の庶民になかなか門戸を開かないという社会にあって、庶民の声を拾い上げるというまさに「目安箱」のようなラジオ番組が必要だったからだ。「物言う市民」が参加するこの番組は、フィリピンの階級的社会が変化しない限り支持を集め続けるだろう。

ラジオ局のもう一つ参加型たるゆえんは、多数のボランティア記者を抱えていることだ。首都圏のラジオ局でもボランティア記者たちが、早朝から深夜まで渋滞情報や交通事故、火事や殺人事件などあらゆるニュースを無線でラジオ局に知らせ、番組で自らニュースを読み上げる。このボランティア記者が活躍している背景には、ラジオ局に予算がないこともあるが、ボランティアたちも現場で取材し、自分の考えを主張する機会を得られることで有形無形の特典があるからだ。このようなボランティア記者や市民の苦情を吸い上げるラジオの役割は参加型メディアとして貴重な働きを担っているが、一部の政治家や役人などからは目の敵のように見られており、記者や関係者が政治的殺人の標的にされやすいという現実もある。たとえば、ジャーナリストの国際組織「国境なき記者団」（本部パリ）

の2015年度報道自由度ランキングによると、フィリピンは180カ国中141位と低迷している。フィリピンでは言論の自由が認められているようにみえるが、実際には政治的殺人などジャーナリストに対する暴力が一向に減らないという現状があることをこのランキングは示している。

最近、フィリピンでは、一般の市民が携帯電話やスマホ、インターネットのSNSでまず事件や社会問題を指摘し、呼応した市民らが情報を拡散し、大々的に抗議の声を上げ、それを既成の大手メディアが後追い取材するというケースが顕著に増えている。この社会現象が注目されはじめたのは当時のエストラーダ大統領が汚職問題で失脚した政変「エドサ革命2」が最初だったといわれる。2001年1月、同大統領の汚職疑惑に対する弾劾裁判の一環で、大統領が偽名で所有していたとされる銀行口座の情報を公開するか否かを決める投票が上院議会で行われ、与党議員による反対決議が承認された。その様子をテレビ中継などで見た市民たちが抗議の声を上げ、携帯文字メールで一斉に仲間に呼びかけるなどして首都圏パシッグ市にあるエドサ聖堂前に市民が集まり、大規模な抗議集会に発展したことが政変につながった。この政変は、1986年2月にマルコス独裁政権の追放につながったエドサ革命（2月政変）で、当時のシン枢機卿がカトリック教会のラジオ局「ベリタス」を通じ、国軍本部に立てこもったラモス氏らが率いるクーデター部隊を人間の盾で守るよう国民に呼びかけ、無血革命を成し遂げた出来事と比べると、情報通信技術の転換点が読み取れる。

その後、アキノ政権（2010～16年）になってからは、SNSが積極的に世論を喚起した。たとえば2013年に発覚したNGOと一部上院議員らによる優先開発補助金（ポークバレル）を巡る大規模な公金流用事件について、在米フィリピン人のフェイスブックを通じた呼びかけに比市民が応え、

「百万人抗議集会」がマニラ市で開催された出来事や、主要な通勤手段である首都圏鉄道（ＭＲＴ）３号線の運行状況の悪化に対して乗客たちがＳＮＳを通じて自発的に抗議運動を立ち上げたこと、さらに、２０１５年末にはマニラ国際空港の荷物検査場で起きた連続銃弾恐喝事件で被害者であるアメリカ人によるＳＮＳを通じた問題提起がネットで拡散し、その後のメディアによる一大報道へと発展したことなども記憶に新しい。このような、既成の左翼運動や市民組織にも属さない一個人によるネットメディアを通じた告発や苦情申し立てに対し、多くの市民がその情報を瞬時に共有し、一斉に声を上げるという流れは、新しい情報通信技術の進展に伴う社会の動きとして注目に値するだろう。

（澤田公伸）

29

ショービジネス

★フィリピン社会を映す縮図★

フィリピン人は芸能界が大好きだ。テレビニュース番組や全国紙で毎日、芸能界を取り上げる特別コーナーがあるほどだ。平日の夜8時から10時ぐらいまでのゴールデンタイムには各テレビ局が「テレセーリェ」と呼ばれる1時間ものテレビドラマシリーズを2～3本毎日放映し、老いも若きも楽しんでいる。人気が高いテレビドラマに出演した若手女優と男優のペアは「ラブ・チーム」と呼ばれ、その後も数々の番組や映画でペアとして起用され、ドラマの舞台となった場所に観光客が押し寄せるという現象も起きている。

また、芸能人の中には政治の世界に転向し成功する者も多い。70～80年代にアクションスターとして活躍したジョセフ・エストラーダは市長、上院議員を経て、大統領にまで上りつめた。6年に一度行われる大統領選の候補者による演説集会でも芸能人が必ずショーを行い、国政選挙の立候補者たちは集票マシーンとして著名芸能人を取り込むことに腐心する。

ところで、著名な芸能人の出自を見ると、親や祖父の代から芸能人という世襲が根強いことが分かる。同時に、外国人やその血を引く者、スポーツ選手や性的少数者など様々な背景を持

第29章
ショービジネス

つ者が一躍人気者になるなど、開放的な側面も見受けられる。この閉鎖性と開放性という両義性を読み説くカギはフィリピン芸能界の歴史に見出せる。

20世紀初頭にフィリピンを植民地にしたアメリカが持ち込んだ娯楽の一つが映画だった。初期に上映されたのは英雄ホセ・リサールやフィリピン革命に関するものなど歴史映画が多かった。この歴史や社会の実相を映し出そうとするリアリズムは、巨匠リノ・ブロッカなど社会派映画監督を輩出してフィリピン映画の黄金期と言われた１９８０年代に花開く。

しかし、庶民が好んだ映画はむしろ恋愛映画や勧善懲悪物のアクション映画だった。特に70〜80年代のアクション映画で名を馳せたフェルナンド・ポー・ジュニアは国民的俳優となった。スペイン人の血を引く俳優として戦前に活躍したフェルナンド・ポー・シニアの息子として生まれ、父親の後を追って芸能界に進出。ハリウッドの西部劇ばりの拳銃さばきやアクションに加え、地域を牛耳る支配者や悪党を一人で追いつめる姿、そして女性に敬意を示すという独特のヒーロー像を確立、「フィリピン映画の王様」と呼ばれた。普段から汚職や犯罪に直面する庶民にとって、悪役を一掃してくれるスーパーヒーローは過酷な現実を一時的に忘れさせてくれる。アクションスターたちは、喧嘩に強いジプニー運転手や射撃に優れた警官や元警官、ゲリラと戦う国軍兵士、政治家とその家族を守るボディガードなどの役割で何度も銀幕を駆け巡り、観客から絶大な支持を得てきた。

一方、映画とともにアメリカが持ち込んだのが「ボードビル」（歌と踊り、寸劇などを組み合わせた娯楽演芸）だった。この娯楽演芸は、フィリピンの主要な芸能伝統を形成するようになり、各時代を彩る著名なコメディアンを輩出している。昨今の昼のバラエティー番組や週末のスター共演の歌番組の隆盛ぶりを見ると、ボードビルの影響がみてとれる。30年以上続く昼の長寿バラエティー番組「Eat Bulaga」（民間TV局GMA7が放送）は毎回、大勢の観客をテレビスタジオに招き、大金が当たるクイズや地域の若者たちのダンス発表会、コメディアンによる即興劇など様々なコーナーを打ち出し、国民的な人気を博している。司会者のビック・ソットはコメディー界の重鎮だが、この番組を通じて新人俳優やLGBT（性的少数者）の歌手、子どもを含むコメディアンなど多種多様な芸能人を輩出し続けている。最近、インドネシアでもフィリピンの制作会社が関与した同名の番組が制作されており、このバラエティーの番組作りが他のアジアの国でも評価され始めている。

ところで、芸能界を見渡すと世襲という現実に行き当たる。特に俳優のルーツをみると、著名な芸能一族であることが多い。ポー、パディリア、グチェレスなどの姓を持つ俳優一族が存在するが、彼らのルーツは独立前にまでたどることができる。パディリア一族の中ではアクションスターのロビン・パディリアが有名だ。映画監督から国会議員になった父親と、女優だった母親という芸能一家に生まれ、80～90年代にアクション映画に出演してブレークした。「バッド・ボーイ」という愛称が示す通り素行があまりよくなく、拳銃の違法所持などで数度にわたり逮捕、収監されてきた。しかし、20年ほど前にマニラ近郊のニュービリビッド刑務所に収監中にイスラーム教徒に改宗して以降は、出所後に俳優業の傍ら国内のイスラーム教徒の地位向上のために様々な支援を行っている。最近ではコメディー作品での活躍も目立ち、映画監督やプロデューサー業にも挑戦している。

芸能界はフィリピン社会の縮図を示しているようでもある。俳優一族による世襲も政界におけるそれと共通するし、テレビ局や映画制作会社との専属契約が芸能人を縛っており、他のテレビ局や制作会社に出演することが出来ないなど、資本を持つ組織が俳優らの動向を牛耳っている点も、経済界における財閥による支配構造と共通しているように思われる。しかし、同時に、世襲と関係なく歌唱力や演技力でのし上がったタレント、外国人の血を引いている者やＬＧＢＴなどに対する差別があまりなく、そのような背景を持つ芸能人も多い。外国人やＬＧＢＴらに対するフィリピン人の開かれた国民性が背景にあると思われる。このような様々な背景を持つ人気歌手や俳優らを何人か紹介してみよう。

●サラ・ヘロニモ――テレビのスター誕生番組で優勝してデビューした若手女性歌手。持前の歌唱力や美貌に加えスタイルも良く、演技力もあることから、テレビや映画、広告などでも活躍中だ。「アジアの歌姫」と呼ばれる歌唱力を誇ったレジーン・ベラスケスもやはり人気歌手のオジー・アルカシッドと結婚したが、二人とも演技力があり俳優としても活躍している。

●デレック・ラムジー――英国人の血を引き、精悍な顔つきと肉体美を誇るモデルで人気男優。フィリピンでは外国人の血を引くモデルや俳優が多く、モデル＆女優ではオーストラリア人の父親を持つアン・カーティスが有名だ。

●バイス・ガンダ――ＬＧＢＴの芸能人の中でも露出度が高い人気者。話術やダンスに優れ、コンサートは若者の間で人気がある。他にも女性シンガーソングライターとして一世を風靡したものの、レズビアンであることをカミングアウトしてさらに人気を高めた歌手のアイサ・セゲラ、またゲイであることを公表しながら頭脳明晰で芸能界や社会問題に鋭く切り込むＴＶ評論家として人気のボーイ・アブンダもいる。

フィリピンの芸能界は世襲という閉鎖性と様々な背景を持つ芸能人を受け入れるという開放性を併せ持つ。閉鎖性については、映画やボードビルという異文化を受容する際に、外国の芸能に触れそれを体現することが出来る一族や関係者たちに芸能継承が独占されてきたという歴史に依拠するのだろう。しかし、フィリピン社会や文化の開放性も芸能界に投射され、新しい芸風や血筋、容貌を持つ者も受け入れるという柔軟性も発揮した。庶民は自分たちには手が届かない閉鎖的な芸能一族に畏敬の念を持つと同時に、多様な背景を持つ芸能人をまるで自分たちの家族や友人のごとく迎え入れ愛情を注ぐことで、より深く芸能界に没入するのではないだろうか。

（澤田公伸）

30

消費生活

★ショッピングモールの楽しみ方★

多くのフィリピン人にとって「見てくれ」は大切だ。美しく見せること、目立つこと、大きく見せること、それはフィリピン人の人生であり、フィリピン人そのものであるかのようだ。

一年中暑い国だからといって、小きたないかっこうはしない。いつもできるだけ清潔にして、Tシャツでさえアイロンがけをして着こなす。大事な行事ともなれば、ふだんは田畑を耕しているひとたちも一張羅で決めてくる。庶民の家では海外に働きに出た家族が持ち帰った大きなぬいぐるみが、ビニールのカバーをかぶせられて居間に鎮座している。外国ブランドの洋酒の空き瓶は大事に置かれた棚から、来客たちを睥睨《へいげい》する。学校の卒業証書は額に入れられ壁に飾られる。その脇には成績優秀な子どもしかもらえないメダルもさりげなくぶら下げられている。

庶民の足、乗り合いのジープニーや三輪のトライシクルには派手なデザインが施され、きらびやかに飾りつけられている。それによって利用客が格段に増えるわけではない。街にあふれる映画の宣伝や商品広告も異様なほどのジャンボサイズだ。大きなビルの側面をすっかり覆ってしまうものさえある。どれもこれも他者へのアピールである。大事なのは、いかにきれいに見せるか、人目を惹きつけられるかだ。フィリピン人が見てくれだけの軽い人たちというわけでは当然ない。家族は強い愛情で結ばれ、他人にもオープンでフレンドリーなことは自他ともに認める美徳である。時間に少々ルーズなところはあっても、怠惰ではない。報酬と見合えば熱心に働くし、時には報酬を度外視して人のために一生懸命に尽くす。海外で働くフィリピン人はたいていどこでも評判がいいし、国内で献身的な社会活動が多く見られたりNGO活動が盛んなことも、彼らの誠実な国民性と関連している。

その上で「見てくれ重視」「魅せること」は、社会で共有された価値なのである。豊かな自然の中で育まれた開放性と大らかさを土台に、300年余にわたるスペイン植民支配の歴史によってきらびやかなラテン気質が植え付けられたのかもしれない。

魅せるためにはお金も使う。つまりは旺盛な消費活動につながる。数字で見てみよう。アジア開発銀行の2014年の報告によると、国内総生産（GDP）に占めるフィリピンの「家計消費」の割合は72・4％で、東南アジアの中ではカンボジアに次いで高い。経済水準の近いインドネシアは57・2％、タイは52・3％だ。商業流通業を含むサービス部門のGDPに対する比率は57％で、東南アジアでは都市国家シンガポールに次ぐ高さである。また、フィリピンの小売業の売り上げがGDPに占める割合は2014年時点で13％だったが、フィリピン小売業協会（PRA）は10年後には20％にまで伸びると予測している。増えた収入のどれくらいを消費に費やすかを示す「限界消費性向」という指標（数値が0・00なら増収分は全て貯蓄に回すことを意味し、逆に1・00は全額消費に充てることを意味する）をみると、タイが0・50、インドネシアが0・55であるのに対して、フィリピンは0・92と非常に高い。つまり、フィリピンの場合は増収分のほとんどを消費に回していることを示している。

この旺盛な消費志向のもうひとつの要因として指摘されるのが、海外就労者からの仕送りである。フィリピンは全人口のざっと10人に1人が海外で働くか、海外で暮らす「出稼ぎ大国」である。フィリピン政府の２０１４年統計によると、彼らからの仕送りは中央銀行を通じた公式額だけでも一人当たり年平均で６・５万ペソ（男性８・１万ペソ、女性４・９万ペソ）だった。日本円換算だと17万円前後に相当し、年間総額は国民総所得（ＧＮＩ）の17・５％をも占める。

アヤラモール（セブ）

仕送りは留守家族の日常生活費に費やされる一方で、必需分野以外の消費にも回される。よくあるケースは出稼ぎで貯めた資金で家を改築・改修したり、オートバイなどを購入したりするパターンだ。となると、貯蓄や投資に回すお金はほとんど残らない。海外の就労先は多くが先進国だが、そこでの消費行動やブランド志向など異文化価値観を持ち込むことを意味する「社会的な仕送り」という現象もみられる。フィリピンの消費市場が活況を呈している背景の一つといえる。豊かな生活を目指して海外出稼ぎにゆき、そこで蓄えた資金を家族や親戚縁者のために散財してしまう。お金が尽きればまた次の出稼ぎ機会をうかがう。こうして海外就労は構造化する。

見かけをつくろう行為は特段フィリピンに限ったことではない。どんな民族も自らを強く見せ、美しくつくろい、威厳を保つために無駄とも思われる綺羅衣装を考案し、機能性とは無関係な豪奢な建物を建ててきた。「顕示的消費」である。フィリピン人の場合その志向が比較的強いのだ。見かけを競う消費行動がひとたび社会に共有されれば、限られた資金を投入してでもそれに追随しないわけにはいかない。一見すると不思議なのだが、スラムに暮らす人たちでも空腹を満たす前に顕示的消費にお金を費やすことがしばしばある。

消費は単なる「顕示」を超えて社会関係維持にも大きな役割を果たす。余裕のない者でも出費をして他者をもてなし、折に触れて贈り物をする。出稼ぎから帰郷した人が周囲の人や親戚縁者にお土産や現金を渡すのは珍しくない。それは出稼ぎ成果の誇示であるとともに留守中の不義理を埋め合わせる行為でもあるのだ。大都市の「ショッピングモール」は、そうしたフィリピン人たちの消費行動を象徴する存在である。広大な敷地に多様な商業施設をあつめたモールが全国にいくつもある。なかでも、

SMメガモール（マニラ）

第30章
消費生活

マニラのSMシティ・ノースEDSAはフロア面積約50万平方メートル、店舗1000以上を擁する巨大施設で、東南アジア第1位、世界でも第4位の規模を誇る。華人のヘンリー・シーが1950年代に創業した靴屋シュー・マート（SM）が母体で、現在は全国にこうした大型ショッピングモール50店舗以上を展開する巨大企業となった。フィリピン人の旺盛な消費欲がショッピングモール群を支え、そのショッピングモールが人びとの消費欲を掻き立てるのだ。

人で溢れかえるショッピングモールは、単に買い物をするだけの場ではない。お手ごろ価格の日用品店やスーパーだけでなく、ファッション、電化製品の専門店もずらりと並ぶ。屋台を集めたようなフードコートがあり、別の一角にはおしゃれなレストランやカフェが並ぶ。映画好きのフィリピン人には欠かせない冷房の効いた劇場も併設されている。ゲームセンターもあれば、時にはロビーで有名歌手のコンサートが開かれることもある。アイス・スケートリンクを設置したモールさえある。銀行の支店やATMも入っているので、お金の引き出しには困らない。海外出稼ぎ帰りが多いから、世界中の通貨が現地通貨のペソに換えられる両替所が必ず設けられている。

つまりモールは買い物だけの場ではなく、飲み食いし、遊び、暑い国ではありがたい冷房にひたることができる総合娯楽消費の場であり、日常から抜け出す「晴れの空間」なのである。経済格差が大きい社会でも、巨大ショッピングモールは誰もが格差を超えた雰囲気を味わうことができるワンダーランドなのだ。

（太田和宏）

31

アウトローの世界

★曖昧な法の境界に生きる★

東京で2015年秋、あるラジオ番組にゲスト出演した時、私は次のような発言をした。

「フィリピンの入国管理局収容施設では、国際逃亡犯などの収容者が携帯電話を持っていて、常に私と連絡を取り合っていました」

生放送にもかかわらずつい口が滑ってしまったのだが、それを聞いた司会者が一瞬、こわばったような表情になり、身を乗り出してきた。

「え！　犯罪者が収容施設で携帯電話を持っているのですか？」

そして司会者は私の発言に食いつくように質問を浴びせてきた。日本でたとえるなら、刑務所や拘置施設に収監されている犯罪者が携帯電話で外部の人間と接触していることになるから、司会者の反応は当然と言えば当然かもしれない。当時の私は、日刊まにら新聞の記者として入管収容施設に通い、日本人の国際逃亡犯たちとの面会を繰り返していた。容疑は脱税、車両窃盗、銃刀法違反、覚せい剤所持、詐欺、収入印紙偽造などだ。その時のエピソードを語ったのだが、やはり想定外のことだったようだ。

収容者たちは病院、あるいは所用で裁判所などに行く際、許可を取れば複数の入管職員による護衛付きで外出可能だ。

面会を通じてすでに見知っていた日本人男性収容者が外出した時のことである。私がマニラの繁華街をぶらついていると、外出中のその収容者と偶然にも出くわした。昼食の時間帯だったので、意気投合して近くの韓国料理店に入ることになり、入管職員に囲まれながら私と収容者の2人はビールを飲んだ。真っ昼間から赤ら顔になった収容者はその後、何事もなかったかのように職員に連れられ、収容施設へと専用車で戻っていった。昼食代は私と収容者で折半したが、入管職員たちはただ飯を食べられるということで、この状況を大目に見てくれたのである。

ところがフィリピンの刑務所をのぞいてみると、事態はさらに過激化する。

国内最大のモンテンルパ刑務所には収監者が約2万人いる。中に一歩足を踏み入れると、オレンジ色のTシャツを着た受刑者（大半はフィリピン人）たちがぞろぞろ歩き、カフェ、青果店、日用雑貨店、テニスコートや教会まであり、一つの村社会が形成されているのが特徴だ。一度訪れたら誰もが「ここは本当に刑務所なのか？」と疑ってしまうような光景が広がっている。

日刊まにら新聞の記事によると、捜査当局が2014年末から、収監者に対する抜き打ち検査を実施したところ、部屋から次のようなものが出てきた。ウイスキーのボトル、銃器、携帯電話、パソコン、カラオケ機器、液晶テレビ……。押収物の中に刑務所内で手に入るものは何一つない。経済的に余裕のある一部の収監者たちが外部から持ち込んだのだ。この状況を目の当たりにした当時のデリマ司法長官ですらその時、こう仰天した。

「一部収監者が、テレビ、エアコン付きのぜいたくな生活を送っているという情報を確認できた。驚かされただけでなく、強い嫌悪感を覚えた」

2015年1月には刑務所内で手投げ弾が爆発し、収監者の男性1人が死亡、19人が負傷する事件も起きた。日本の刑務所で爆破事件が起きたら間違いなくトップ級のニュースになるはずだ。

「法治国家」を自認するこの国で、一体何が起こっているのか。

結論めいたことを先に言うならば、法律執行機関である捜査当局と取り締まられる側、つまり容疑者や収監者とがなれ合いの関係にあり、それが良くも悪くも「共存共栄」という形に発展しているのである。この場合具体的には、受刑者が面会に訪れた親族や友人たちから生活費や援助を受け取り、その一部が「賄賂」として刑務官に流れた結果がテレビやウイスキーなのだ。

日本の常識に照らし合わせれば首を傾げたくなるような現実かもしれないが、貧困層が多くを占めるフィリピンにおいて、この状況を一刀両断することはできない。

たとえば売春。首都圏マニラ市やパサイ市などには売春婦が出入りする「援交カフェ」やゴーゴーバーが林立する。いずれも人身売買取締法に違反しているが、管轄する警察署が取り締まっている形跡は見当たらない。当事者たちは認めないかもしれないが、店側が警察にみかじめ料を支払い、「営業許可」という便宜を図ってもらっている可能性が推測される。フィリピン在住の日本人たちが、

「この国の警察は日本の暴力団のような側面がある」

と口を揃えるのはこのためである。日本の風俗業者と暴力団の関係に近いかもしれない。

第31章
アウトローの世界

補足説明をすると、フィリピンの国家警察を含めた治安当局がこのような状況に陥ってしまうのは、従来から政治的、文化的にこびりついている汚職体質に加え、捜査員たちの待遇の低さにも起因する。新人警官に該当する初級巡査の給与は1万数千ペソ程度で、最低賃金とほとんど変わらない。キャリア組でなければ、昇進を続けたとしても2～3万ペソ程度が上限だろう。おまけに事件現場までのガソリン代などを自ら負担しなければならず、捜査費用が十分に支給されないという予算上の問題も大きく影響している。私は複数の警官の家を訪れたことがあるが、富裕層とはほど遠いごく普通の暮らしを送っていた。安定が保証された日本の公務員とは異なり、やはり途上国の現実がそこには透けて見えていた。

「スクウォッター」と呼ばれる違法占拠地区に暮らす住民たちも同様に、行政当局に金銭を支払い、居住の権利を認めてもらっている。そこでは覚醒剤の密売も行われている。首都圏マニラ市レクト通りでは、免許証や卒業証書などの偽造ＩＤ（身分証明書）が低価格で販売されており、同市のキアポ教会近くには、海賊版ＤＶＤが大量に出回る闇市場がある。中国産を中心とした農産物の密輸入は横行し続け、被災地へ届くはずの支援物資はいつの間にか横流しされる……。数え上げればこのような違法行為は枚挙にいとまがない。こんな書き方をしてしまうと、フィリピンという国は「無法地帯」のように思われるかも知れないが、捜査当局による取り締まりが徹底されない状況下、違法と合法の境界線が曖昧なグレーゾーンがあまりにも多いのである。

しかしこの非日常的空間は、勧善懲悪説で割り切れるほど単純な問題ではない。なぜなら、法や規律で正しく取り締まろうとする日本社会を振り返ってみると、それが人間の幸福につながっているとは必ずしも言えないからだ。私の取材対象は在留邦人であることが多いため、彼らに移住の理由を聞くと、おおよそこんな答えが返ってくる。

「日本は法律でがんじがらめにされ、窮屈で生きづらい社会。でもフィリピンはいい加減なところが心地よい」

ひとたび足を踏み入れると、外国人たちはこの国の「いい加減さ」を思い知る。そして母国と比較して、南国の方に居心地を感じる。もちろん、どちらも一長一短だ。

ところがそんなフィリピンに今、変化が起きている。

今年6月末に発足したドゥテルテ政権は、公約通りに麻薬撲滅戦争を断行し、捜査当局に抵抗する密売人を射殺して取り締まりを強化している。歴代政権が野放しにしてきた腐敗体質にメスを入れているのだ。これまで「非合法」が許されていた社会から、正常に機能する社会へと移行しつつある。そんなドゥテルテ大統領の強硬姿勢には国際社会から非難が相次いでいるが、国民の支持率は8～9割と圧倒的な高さを維持している。全国的に禁煙を強化する動きも見られる。

経済成長は6～7%台を維持し、ここ近年は目覚ましい発展を遂げた。グローバルシティーの高層ビル群はその象徴と言ってもいい。このままドゥテルテ政権の施策が進められれば、やがては日本と同じくぎすぎすした社会になってしまうのだろうか。だとすれば家族を大切にするフィリピンで人間関係が希薄化し、引きこもりやうつ病患者、自殺者が続出してしまうのだろうか。

キリスト教的に言えば、その答えは「神のみぞ知る」のかもしれない。

（水谷竹秀）

コラム5

日常の暮らしに溶け込むギャンブル

加藤昌平

フィリピンの街を歩くと、路上に純白の棺が置かれ、周りを囲んでたくさんの人が酒盛りしている光景をよく見掛ける。この国の典型的な葬式風景だ。葬儀では「サクラ」と呼ばれる賭場が開かれ、大きな卓を囲んで出席者がカードゲームやルーレットなどに興じる。サクラは、まさにフィリピンのギャンブル事情を象徴している。

葬儀での賭博は庶民の間で一般的に行われ、そこで得られた収益は葬儀費用に充てられる。貧しい人たちが葬儀代を捻出するための手段で、中にはより多くの金を稼ぐために遺体の埋葬予定をわざと引き延ばす遺族もいるという。

日本でいう香典のような感覚だから、出席者もどんどんお金を賭ける。選挙期間中などは、立候補者が葬儀の現場を目ざとく見つけ、人気取りのために大金を賭けていったりもする。

サクラには子どもも参加する。小遣いを持ち寄って勝負に加わる様子を見ると一瞬どきっとしてしまうが、日本と違ってフィリピン人には賭け事への抵抗感が少ない。周りのフィリピン人に聞いても「賭け事に悪いイメージはない」と答える人が多い。この国では、ギャンブルは生活に深く根を張っており、文化として成立している。

路上で遊ぶ子どもたちは、1ペソやセンタボのコインを使って丁半博打のような「カラクルズ」「ピラチャパ」という賭けゲームをする。夜の路上では、大人や子どもが集まって手作りのビリヤードで遊ぶが、これもやはりお金を賭けている。

フィリピンの法律では、政府公認の賭博施設以外でのギャンブルは禁止されている。それでも政府は、日常に溶けこむ賭博文化を管理することができていない。田舎では、数字を二つ選んで当選番号を予想する違法宝くじ「フエテン」がはやっている。政府はこれを抑えようと必死だが、地方に行けば必ず副業でフエテンを売り歩く農家の女性たちがいて、「一口どう?」と声を掛けてくる。

フィリピンのギャンブルを語る上で欠かせないのは、「サボン」と呼ばれる闘鶏だ。足にナイフを結びつけた2羽のニワトリを闘わせて、その勝敗を予想する。全国に2500以上の闘鶏場があり、週末ともなると会場は観客やニワトリの持ち主であふれかえる。いざ対戦が始まる直前は、賭けの相手を探す呼び声と、観客の血走った目が円形の会場を飛び交う。中央のリングでは2羽のニワトリが毛を逆立てて闘う。ついに片方が動きを止めると、歓声と落胆の声が響き渡り、賭け金のコインや札が宙を舞う。

フィリピン人には競争や闘いを見ると熱くなる気質があるようで、闘鶏だけでなく競馬も人気がある。競馬はすべて公営で、馬券場はオッズを眺める人たちでいつもにぎわう。地方では「闘クモ」をやっている所もある。木の枝に乗せた小さなクモを闘わせ、相手を枝から落とすと勝ちとなる。この闘クモは、娯楽の少ない刑務所内で非常に人気があるという。

「貧しい人はすることがないから、人が集まったらすぐギャンブルを始める」と分析するフィリピン人がいる。富の大半を一部の富裕層に独占されているフィリピンの社会構造下では、貧しい人たちが這い上がるチャンスは少ない。終日必死で働いても最低賃金以上の収入はなく、貯蓄の望みもない暮らしの中で、ギャンブルにひとときの楽しみや貧困から脱出する望みを託しているのかもしれない。実際、フィリピンの貧困層から多くの世界チャンピオンが輩出しているボクシングやビリヤードは、庶民の間ではギャンブルとしても愛されている。

周囲の環境に左右されず、自らの運や才覚だけで勝負できる賭け事の世界で、フィリピンの人びとは胸を躍らせ、生きる喜びを感じているのだろう。そこに政府のギャンブル規制政策がつけいる隙など、みじんもない。

IV

多元化する政治

選挙戦で熱狂する市民（2016年マニラ、日下渉）

32

大統領

★民主化後の歴代政権★

民主化は、フェルディナンド・マルコス政権からの一部軍の離反と、反乱軍を守ろうとする人びとの力（ピープル・パワー）によって成し遂げられた。この超法規的な政変によって成立したコラソン・アキノ政権にとって、最大の政治課題は民主主義の定着であった。

実際に、反乱を主導した国軍改革運動（ＲＡＭ）はアキノ政権発足以降、計８回のクーデターおよびクーデター未遂を繰返した。軍内部の不満に対応するため、アキノ政権がフィリピン軍の意向を重視する姿勢を見せたことなどから、軍の反対の大きかった共産党の武装組織「新人民軍」との和平合意は成立しなかった。左派の穏健派を含む広範な社会運動体がアキノ政権を支持していたが、こうした運動にかかわった人びとの中にはアキノ政権に対する失望が広がった。しかし、結果としてクーデターが成功することはなく、１９８７年憲法制定と議会選挙の再開を通じた民主主義定着への道筋を明確にしたことはアキノ政権の遺産といえる。

民主主義の定着が最大の政治課題であったことを考えると、クーデター鎮圧の陣頭指揮を執った国防長官フィデル・ラモス

第32章
大統領

が1992年の選挙を経て大統領になったのはある意味では必然であったともいえる。ラモス政権は自由化を推し進めた政権と評されることが多いが、その実態は経済自由化を通じたマルコス・クローニー（政商、詳細は第20章）の利権解体という政治的な権力闘争であった。このラモス政権を支えたのが軍出身のホセ・アルモンテ大統領安全保障問題担当補佐官であった。彼は、クローニーの食い物になっているフィリピン国家を「弱い国家」と断じ、自由化を通じてクローニーの権益を抑え込むと同時に、経済開発を進めることを目指した。

ただし、1998年の大統領選挙ではラモス大統領の後継と目されていたホセ・デベネシア元下院議長は敗北、大衆票などに支えられたジョセフ・エストラーダが大統領となった。「貧しいもののためのエラップ（エストラーダ大統領のあだ名）」を選挙スローガンにしたエストラーダ政権には、一部のフィリピン大学教員や反マルコス運動を担った活動家なども入閣し、貧困対策と土地改革に力を注いだ。しかし、大統領自身はしばしば深酒におぼれるようになり、国政を顧みないことが多くなった。また、マルコス・クローニーとの結びつきが目に余るようになった。こうした状況に対し、アキノ、ラモス両元大統領、アキノ政権誕生を後押ししたビジネス団体のマカティ・ビジネスクラブ（MBC）やフィリピン・カトリック司教会議（CBCP）などが大統領辞任を求める広範な反エストラーダ連合を形成した。最終的に軍も大統領支持を取り下げ、2001年1月、エストラーダ大統領は遂にマラカニアン宮殿（大統領府）からの退出を余儀なくされ、最高裁判所は憲法規定により、副大統領グロリア・マカパガル・アロヨの大統領就任を承認した。

アロヨ大統領は、元大統領ディオスダード・マカパガルの娘で、政権発足当初は、博士号（経済学）

を持つ実務的な指導者というイメージ作りに成功した。実際に、閣僚の任命からも、政権末期にクローニーとの関係を強めたエストラーダ政権とは対照的な政権運営を期待させた。例えば、フィリピン最大の会計事務所ＳＧＶからセサール・プリシマを財務相、アメリカのペンシルベニア大学ウォートン校出身で投資銀行での勤務経験もあるマニュエル・ロハスを貿易投資相、アメリカハーバード大学ケネディスクール（行政学大学院）を修了したフロレンシオ・アバドを教育相に抜擢するなどした。実際、中央銀行による安定的なマクロ経済管理や海外就労者からの送金制度改革、反対の大きかった一般付加価値税（ＶＡＴ）導入、内国歳入庁改革など、マクロ経済管理や財政制度などの面では無視できない成果があった。

しかしながら、２００４年の総選挙以降、アロヨ大統領の支持率は下降の一途をたどる。そもそも、大統領選への不出馬の約束をほごにしたことが反発を招いていたうえ、選挙結果についての露骨な干渉をほのめかす選挙管理委員会委員長への電話の記録が暴露され、アロヨの信用は一挙に崩れた。「実務型内閣」の目玉人事だったプリシマ、ロハス、アバドら有力幹部は、大統領の不正に抗議して一斉に辞職。さらに、政権に批判的なＮＧＯや住民団体の関係者、左派系政治活動家、ジャーナリストらが殺害されるなど「超法規的殺人」が問題視された。それでもアロヨ大統領は２０１０年までの任期をなんとか全うした。

「アロヨ後」を睨んだ大統領選が実質的に始まっていた２００９年8月、引退してからも人気が高かったアキノ元大統領が死去。葬送の過程で、長男で上院議員だったベニグノ・アキノ三世（通称ノイノイ）がにわかに注目を集め、有力な大統領候補に浮上した。こうした展開を受け、野党の自由党

第32章
大統領

大統領候補であった上院議員マニュエル・ロハス（元貿易産業相）は、アキノにその座を託し、自身は副大統領候補となることを決めた。その結果、大統領選挙はアキノ、上院議員マニュエル・ビリャール、元大統領エストラーダの三つ巴の争いになった。最終的にはアキノが圧勝し、エストラーダが2位、一時は最有力視されていたビリャールは3位で落選した。

こうして誕生したベニグノ・アキノ政権は、アロヨ政権の「負の遺産」の一掃を最大目標に掲げた。具体的には前政権期の選挙不正の実態解明、政権内の汚職の追及である。そのため、政権発足後、大統領が最初に署名した行政命令は真実解明委員会の設置であった。この措置に真っ向から異を唱えたのが、レナト・コロナ長官以下、判事の大半をアロヨ時代に任命されていた最高裁であった。その後、アロヨの汚職についての立件準備が進む中、本人は闘病を理由に海外に脱出するための出国手続きを取り始めたが、当時の司法相ライラ・デリマが出国差し止め命令を出した。一方、最高裁はその無効を宣言して対抗した。最終的にはコロナ長官の弾劾に至ったが、これは、最高裁長官としては正規の弾劾手続きを経て失職したフィリピン初のケースとなった。

汚職追及だけがアキノ政権の課題だったわけではない。中間報告として公表した主な立法の一覧を見ると、重視した政策課題がわかる。政権は10本の立法を「記念碑的な立法措置」に挙げているが、そのうち6本は皆保険制度、「基礎教育強化法」、「性と生殖に関する健康法」といった社会政策である。他方、経済政策は電力関連の1本のみである。ここから、少なくとも発足当初のアキノ政権は、経済開発よりも汚職一掃と社会福祉を優先した政権だったといえるだろう。こうした傾向は、良好なマクロ経済環境を作り出しつつも、選挙不正など統治のあり方でつまずいたアロヨ政権を反面教師としていたようにもみえる。また、政権内で要職に就いた有力者の中には、かつてのコラソン・アキノ政権やラモス政権が経済自由化に力点を置きすぎるとして不満を持っていた社会民主主義者が少なからずいたことも、社会政策重視の政権運営を理解するうえで無視できない点である。

歴代政権の政治の特徴を整理すると、その時代の課題に向き合い、処方箋を生み出そうとする人びとが作り出すダイナミックな政治の一側面が見えてくる。

（高木佑輔）

［参考文献］

Jose T. Almonte. *Endless Journey: A Memoir.* (Quezon City: Cleverheads Publishing, 2015)
McCoy, Alfred W. *Closer than Brothers: Manhood at the Philippine Military Academy.* (Quezon City: Ateneo de Manila University, 1999)
Yuko Kasuya and Nathan G. Quimpo. eds. *The Politics of Change in the Philippines.* (Pasig City, Anvil Publishing, 2010)

33

中央政治

★大統領・議会・最高裁の関係★

1986年の民主化以来、フィリピンの政治は民主主義的な制度の枠のなかで進められている。民主主義的な政治とは、国民が自らの自由な意思に基づいて権力者を選び出し、その権力者が政治を運営していくことである。フィリピンでは比較的自由な選挙が行われ、権力者が決定されている。

その上で民主主義制度は権力が特定の人物に過度に集中することのないような枠組みを設定し、互いに監視し合う仕組みを作る。「三権分立」と呼ばれる憲法による縛りである。大統領制、議院内閣制、その融合型（半大統領制）に分類される政府の形態のなかで、もっとも厳格に三権分立を定めるのがフィリピンの採用している大統領制だ。大統領、議会、最高裁判所の三つがそれぞれ独立し、権限も明確に分かれている。異なる政府の組織がお互いに影響を行使し合いながら、政治を動かしている。

もう一方で、民主主義体制と切っても切り離せないのが政党である。政党とは、同じような利益を持つ人たちが、選挙を通じて権力を握り、自分たちの目的を達成しようとする集団である。政党間の競争や協力などを通じ、権力に関わることができた政党が実質的に統治を行うことになる。

このように考えると、民主主義においては、制度によって決められた主体（大統領、議会、最高裁）と政党や派閥などの主体の二つのタイプの主体が相互に交錯しながら政治が動き、国が統治されていくといえる。前者を制度的プレーヤー、後者を党派的プレーヤーと呼ぶ。たとえば、大統領の政党が議会の多数も占め、最高裁にも影響を及ぼしていれば、党派的プレーヤーである政権与党が唯一のプレーヤーとして統治していることになる。あるいは、大統領と議会が同一の政党によって掌握されている一方で、最高裁が高い自律性を持っていれば、党派的プレーヤーである政権与党と制度的プレーヤーである最高裁の二者が対峙しながら統治していることになる。

こうしたプレーヤーのあり方に注目してフィリピンの政治を見ると、どうなるだろうか。

まず、フィリピンでは党派的プレーヤーが安定的には存在しない。フィリピンの政党はまとまりが弱く、結束して権力への競争に関わることがない。社会の諸集団との結びつきも弱い。政治における競争の単位はあくまでも政治家個人で、選挙のたびごとにそのときどきの事情によって手を結ぶ相手を取替えている。それが顕著に観察されるのは大統領選挙の前後である。大統領選挙の前には、政党とは関係なく、個人的な人気や資金力を背景に有力な大統領候補が数人名乗りをあげる。政党はこうした大統領候補を軸に再編される。つまり、有力な大統領候補の数だけ有力な政党が準備されるのだ。そして選挙によって大統領が決定されると、多くの政治家が大統領の政党へ移籍し、また移籍しないまでも、対立候補の政党が大統領の政党と協力関係を組む。

一方、党派的プレーヤーとは異なり、フィリピンでは明確に制度的プレーヤーが存在しており、政治を動かす主体として重要である。フィリピンの国政における制度的プレーヤーは四者、すなわち、大統領、上院、下院、最高裁である。この四者が異なるプレーヤーとして存在するのは、それぞれが求める利益が異なるからである。利益が異なるのは、それぞれの選出のされ方が異なるからである。政策が作られ実施されるなかで、この四者がそれぞれの利益を最大限に確保しようとせめぎ合い、それがフィリピンの政治の動きを決め、統治のあり方を決めている。

大統領は全国区で選出され、現行の憲法では再選が禁止されている。したがって、再選に向けて利益の分配を考える必要はなく、社会の諸集団の個別の問題よりは国政レベルの政策に強い関心を持つ。財政均衡や経済成長などを重視する傾向がある。同じく全国区で選出される上院は、国政レベルの問題に関心を持つ点では大統領と同様だが、その多くは上院議員としての再選、さらには副大統領や大統領へのステップアップを目指すため、選挙を意識した政策に強い関心を示す。全国区での支持獲得のため、マスメディアに注目される問題、たとえば政府の非効率性や汚職に対する批判、低所得者層対策などに関わることを好み、それを取り上げる議会公聴会を頻繁に開いて有権者に自らの存在をアピールする。一方、下院は、主に地方の小選挙区選出の議員によって構成されるため、議員それぞれの選挙区へいかに利益を誘導し議員個人の支持基盤を確保できるかに常に関心を持っている。

最高裁の判事たちは、こうした選挙職とは異なり、大統領による任命制である。いったん任命されれば70歳までその職にとどまることができるので、建前としては、より純粋に法律の解釈に専念する。その結果、議会が制定した法律や大統領の実施する政策などに対し違憲判決を出すことにそれほど躊躇しない。

経済運営などに関心の高い大統領、選挙を意識してメディアに訴えかける上院、選挙区の利益を重視する下院、法律家としての専門性を気にする最高裁、という四者は、政策を策定・実施していく上で異なる志向性を持つ。お互いに対立することも珍しくない。こうした場合、プレーヤー同士の調整がうまく行われなければ政策は前に進まない。党派的プレーヤーが安定して確立している国であれば、そこを通じて制度的プレーヤーの垣根を超えた調整が行われるが、フィリピンでは難しい。

先に、フィリピンでは、大統領選挙の後は大統領の政党への移籍や大統領の政党との連立で議会の多数が大統領と協力関係に入ると述べたが、それはその政党や政党連合の枠組みで利益の調整が行われることを意味しない。たとえば、下院議会では各議員がそれぞれ自選挙区に利益を誘導することと関係なく、大統領が通したい法案を簡単に支持することはしない。ここで頻繁に行われるのは、大統領が各議員に予算のなかで自由に使える資金を割り振り、それを国庫から支出することを取引材料として法案への協力を求める行為である。こうした資金は「ポークバレル」と呼ばれ、毎年の国家予算の1・2〜2・5％ほどがこの資金として計上されてきた。その多くが公共事業などに使われ、監査が行き届かないため汚職の温床と見られている。このように大統領が各議員と個別に取引するのは、政党を通じて一括して調整するよりも非効率であり手間がかかる。

制度的プレーヤー四者によるせめぎ合いは、特定の勢力の独走を阻む効果を生む。一方で政策の停滞、調整コストの上昇をもたらす。しかし、フィリピンにとってより深刻な問題は社会に根ざす利益の対立を政治の場に持ち込む機能を持つ党派的プレーヤー（政党）の欠如だ。一般に、革新政党は低所得者、保守政党は高所得者を代表し、宗教政党や地域政党などもそれぞれの支持基盤の利益を政策につなげようとする。こうした政党がないままでは、制度的プレーヤーのせめぎ合いはつまるところエリート間の競争にとどまる。

（川中　豪）

【参考文献】

川中　豪「フィリピン――特権をめぐる政治と経済」片山裕・大西裕編『アジアの政治経済・入門〔新版〕』有斐閣　２０１０年

川中　豪「フィリピンの大統領制――大統領と議会のバーゲニングとその政策帰結への影響」粕谷祐子編『アジアにおける大統領の比較政治学――憲法構造と政党政治からのアプローチ』ミネルヴァ書房　２０１０年

34

地方政治

★地域の鍵を握る多様なキーマン★

フィリピンでは、19世紀末のアメリカ植民地支配下という近隣諸国と比較しても格段に早い時期から地方制度が整備され始め、地方首長や地方議員を住民が直接選出する道が開かれた。地方政治家の性質は、時代の移り変わりとともにどのように変化してきたのだろうか。

当初、地方政治家の大部分は、多くの小作を抱える大地主であった。タルラック州のアキノ家、イロイロ州のロペス家、西ネグロス州のアロヨ家など、現在まで続く多くの政治一族の起源はここにある。フィリピン社会には、血縁、交友、雇用などを通じた人間関係のなかで、互いに助け合う互酬関係が存在する。これが政治の場に利用された。たとえば、貧しい小作は、病気などで困窮した時に地主に助けてもらうことがあるので、選挙の際に地主の派閥に投票するよう頼まれると断りにくい。裕福な大地主は、こうして地方票を支配して大統領や上院議員に提供し、その見返りとして中央政府からの資源配分や官職への任命、経済権益などを要求した。地方政治家はより多くの地方票を支配することで、上位の政治家に対する交渉力を高め、自らの政治経済的な基盤を強固にしていったのである。

第34章
地方政治

次に出現したのは、政治的地位をビジネスのために利用する地方政治家だ。戦後、商工業が発達し、都市人口が増えると、商工業へとビジネスを展開した地主出身者や、地主出身ではない新興実業家が、新たな地方政治家として台頭した。1946年の独立後も、中央政府にビジネスの規制権限が集中するアメリカ期の政治行政制度が残された。そのため、彼らは中央政府との関係を利用して、様々なビジネスの許認可や契約、信用供与、会計検査の免除などの便宜を得て、ビジネスの利益を増加させていった。政治における派閥も、友人や家族、忠誠心のある小作などの集まり（農村型）から、政治リーダーとこれに従う人びとが票と短期的な見返りを交換するもの（都市型）へと変貌した。

不正や暴力によって地方の政治経済を独占する「ボス」タイプの地方政治家も、映画やドラマだけでなく、現実の政治でも枚挙にいとまがない。地方首長の主要な役割の一つは治安の維持であり、警察署長の任命権も有する。彼らは、中央政府の目の届かないところで、あるいは高位の政治家の後ろ盾を得て、暴力と有権者の恐怖を集票の手段に用い、地域経済の独占を目指す。その支配は一代限りなこともあるし、数世代にわたることもある。とりわけマルコス戒厳令下では、国家が国民の安全と財産を確実に保証しない状況のなかで、地域における強制力と経済資源（地元の主要産業、森林伐採権、土地所有権、銃の製造など）を独占する収奪的な地方ボスが多数出現した。こうした地方ボスのなかには、地主と実業家の特徴を組み合わせたタイプの者もいる。

1986年の民主化によって地方選挙が再開されると、何世代にもわたって公職を支配し続ける地方エリート一族も復活した事実にジャーナリストや研究者の注目が集まった。地方エリートは、公職を利用して大土地所有や一族のビジネスといった既得権益を守ろうとする。中央の国家は、彼らに対して優位に立てず、農地改革などの国家政策も頓挫し続けた。いわば、「強い地方エリート一族」と、十分な法執行力を持たぬ「弱い国家」がせめぎ合ってきたのだ。地方エリートのなかには、必要とあらば非合法的な暴力・強制力を用いることも辞さない者も少なくない。

ところが、1990年代に都市人口が全人口の半数以上を占めるようになり、1991年「地方政府法」などによって地方分権化が推進されると、地方首長の役割に大きな変化が生じ、「開発志向で良い統治を行う」地方政治家が登場した。この地方政府法が成立するまで、地方首長の権限は、治安維持、徴税、学校や公園など公共施設の管理に限定されており、誰が地方首長に選出されても地域の暮らしに大きな違いが生まれにくかった。農業や保健などの行政サービスの担い手は、中央政府だったからである。しかし、地方政府法によって、地方開発の計画と実施、公共サービスの提供に伴う権限の多くが地方政府に移譲された。その結果、これまで中央政府が行ってきた行政サービスの質や量を維持できない地方政府も出てきた。だが他方で、拡大された財源や新制度を積極的に活用して、様々な革新的な行政プログラムを実施する地方政治家も現れた。こうした革新的な地方首長のなかから、メディアや国際機関によって優れた業績を高く評価され、上位の公選職に当選したり、中央政府の要職に任命される事例が出てきたのである。

例えば、オロンガポ市長を務めたリチャード・ゴードンは、ピナトゥボ火山噴火後、灰塵に覆われた同市の米海軍基地跡地をスービック経済特別区へと転換し、地域産業を立て直した。ゴードンは、スービック湾開発庁長官に任命されたのち、観光省長官を務め、上院議員にも選出されている。マリキナのバヤニ・フェルナンド市長は、市の歳入を飛躍的に向上させ、河川浄化プログラムや交通規制を徹底したマネジメント能力を買われてマニラ首都圏開発庁長官に任命され、辣腕を振るった。ジェシー・ロブレド（故人）はナガ市長として、非政府組織（ＮＧＯ）との共同事業や協同組合を通じた貧困層の生計向上プロジェクトを実施し、市政への住民参加を推進した。ロブレドはその功績を評価されて、２０１０年に内務自治長官に抜擢された。２０１６年に大統領に選出されたロドリゴ・ドゥテルテもまた、ダバオ市長を長年務めた人物である。その強硬な麻薬撲滅政策に国内外から非難の声が上がっているが、ダバオ市民の多くは、かつて犯罪が横行し、夜に出歩くこともできなかったダバオ市の治安を強固な意志をもって改善してきた同氏の功績を高く評価している。

こうした革新的な地方政治家の統治手法は、票と個別便益の交換、地位を利用した私益の追求、暴力による経済権益の独占といった、伝統的な地方政治家による支配とは一線を画すものとして有権者に受け止められている。現行の地方制度は、地方政治家がうまく活用しさえすれば、合法的な強制力によって治安や交通渋滞を改善し、地域の環境保全を推進し、国内外から資本を誘致したり、徴税率の向上により地方歳入を増大させて、住民全体によりよい行政サービスを提供できるのだ。

現在のフィリピンには、これまでに挙げたすべてのタイプの地方政治家が混在している。同じタイプの政治家が多様な特徴を持っていたり、同じ地方政治家でも初当選した時はクリーンで開発志向だったのに、２期目以降はタイプが変わってしまうこともある。しかし、有権者の支持がなければ、誰も地方政治家にはなれない。自分と家族が住む地域の現在と将来を決める人物だからこそ、有権者が真剣に地方政治家を選び、当選後の動向を見守っていかなければならないのは、日本もフィリピンも同様である。

（佐久間美穂）

35

市民社会

★NGOの活発な政治参加★

東南アジア諸国においては、都市中間層や社会運動体、メディアなどから構成される市民社会の諸集団が、伝統的なエリートに対峙する存在として注目されてきた。フィリピンも例外ではなく、カトリック教会から左派組織、社会運動体、NGO、草の根の住民組織、メディアといった多様な市民社会のアクターが、今日まで、大きく二つの役割を担ってきた。

その一つは、サービスの提供である。国家による社会福祉サービスが十分ではない開発途上国では、国内外の民間団体が、政府に代わって社会的弱者への慈善事業を展開する例が多くみられ、こうした団体の多くはいわゆる「非政府組織（NGO）」と呼ばれる。

二つ目は抗議活動などの政治的活動である。毎年2月25日のエドサ革命記念日、5月1日の労働者の日、7月最終月曜日の大統領施政方針演説の日、その他、大規模な国際会議の前後にフィリピンの各地で繰り広げられる大規模な路上デモは、この国の風物詩となっている。

他の東南アジア諸国と比べ、フィリピンでは、「NGO業界（NGO Industry/ NGO Society）」という言葉があるほどNGOの絶対数が多い。フィリピン政府はＮＧＯに対し、政治的にも経済的にも、活動制限を課すことはほとんどない。

フィリピンで「ＮＧＯ業界」が発達した背景・理由としては二つのことが挙げられる。

第一は人材である。マルコス政権下では、高等教育を受けた20～30代（当時）の若者らがフィリピン共産党を中心とする左派運動と結びついた民主化運動に共鳴し、都市スラムや農村、山岳地帯の僻地に住み込みながら大衆動員の方法論を学んだ。１９８６年のエドサ革命後、これらの「学生運動世代」が一斉に社会に戻った際に、彼らの受け皿となったのがＮＧＯであった。

マニラ市役所のNGO事務局。よく見ると、「エストラーダ大統領のプログラムである」ことが明記されている。（2014年11月22日）

第二は資金である。他の東南アジア諸国に先駆けて民主化を達成した１９８６年以降、欧米のドナーからのフィリピンへの資金援助は激増した。国際社会の称賛を受けながら社会復帰を果たした「元活動家」らは、洗練された英語でフィリピンの社会問題を世界に向かって発信し、さらなる資金を呼び込んだ。彼らはＮＧＯの幹部や理事に就任し、やがてはフィリピン社会のオピニオンリーダーになった。彼らをリーダーに据え、欧米からの潤沢な資金を受け取ったＮＧＯは、多国籍企業や国際機関での職務経験があり、先進国の大学院で学んだ有能な職員を雇用してきた。フィリピンでは、国家公務員やフィリピン大学の教員よりもＮＧＯ職員の給与のほうが高い、という話は現在でもよくきかれる。

このようにフィリピンＮＧＯは日本よりもはるかに人材の層が厚い。それに加えて、アメリカ型大統領制のもとでの官僚制度は、フィリピンのＮＧＯをさらにユニークなものにしている。

アメリカ同様にフィリピンでは、選挙職によって任命される（いわゆる「政治的任命職」の）高級官僚、公務員の割合が高いため、大統領や知事、市町村長の采配によって、ＮＧＯ経験者が一時的に公務員として採用されるケースは少なくない。エストラーダ政権下で農地改革大臣に任命されたホラシオ・モラレス、アロヨ政権とアキノ政権下で社会福祉開発大臣に任命されたコラソン・〝ディンキー〟・ソリマン、アキノ政権下で国家貧困対策委員長に任命されたジョエル・ロカモラらはいずれもＮＧＯ幹部の経験を買われて入閣した。彼らはそれぞれ、各省庁の№２や№３である次官や次官補に腹心のＮＧＯ職員を任命する。いうなれば、市民社会の組織が政治社会に一時的に「出向」する形になる。日本では想像しがたいことであるが、これも先述の通り、ＮＧＯ人材の相対的な優秀さに起因する。ＮＧＯ職員が突然に閣僚や高級官僚に任命されて行政職をつかさどることができるのだから不思議である。地方自治体レベルでも、「ＮＧＯ事務局」の長には、市長とかねてから懇意のＮＧＯ団体の職員が就任し、そのＮＧＯに近い住民グループがそっくりそのまま、清掃員や警備員として臨時職員として市庁舎で雇われている例は珍しくはない。つまり、政府組織と民間との垣根が低く、６年ごとの大統領選挙、３年に一度の地方選挙のたびに、政府とＮＧＯとの間で人材の交換が行われるのである。

もちろん、こうした人事はしばしば、公平性の観点から批判を受けることもある。「あの大臣は自分がかつて勤務していた系列NGOばかりを優遇する」「某市のNGO事務局に出入りできる『NGO』はもっぱら市長のお抱え団体だ」――NGO業界内では、こうした噂話が日常的に交わされる。NGOが政治力をもつことが可能な社会においては、NGOの命運は、資金や組織力だけでなく、政治家や政府組織への属人的なネットワークに決定的に依拠する。これが、NGOによる政治活動に拍車をかける。選挙が近づくと、日頃の活動はそっちのけで選挙活動に邁進するNGO職員も多い。「あの政党が勝利すれば、我が団体の理事が社会福祉省の次官あたりに任命され、結果的に我が団体の提案も通りやすくなる……」と考えるのである。

2010年選挙直前、首都圏ケソン市ノース・トライアングル地区のスラムの住民集会。参加したNGO職員らの意見をききながら、どの市議会議員候補を支持すべきか議論している。(2010年5月2日)

こうしたNGOの政治化は、アメリカ型の官僚制度だけでなく、歴史的な左派運動とも大いに関連がある。86年の民主化後にNGOに転向した活動家らは、90年代前半の共産党の分裂を受けて派閥化した。その流れを受け、NGOもまた派閥化していった。もちろん、日本や他の

2010年、首都圏パシグ市長選挙に立候補した国際NGO Focus on the Global Southの活動家。すでに下院議員に就任していた同団体の理事と共に「活動家スタイル」で立会演説会に臨んだ。(2010年5月8日)

国と同様にフィリピンの左派運動も70年代当時から、一枚岩としての政治的党派を築いていたわけではない。毛沢東主義に啓蒙されて農村でのゲリラ活動によって革命を目指していたグループもあれば、マルコス政権の人権弾圧に異議を唱えるグループ、貧困層に寄り添いながら国家の富の再配分の失敗やひいては社会システムの矛盾を批判するようになったカトリック教会の基礎共同体、そして後年のマルコス大統領の汚職を糾弾するグループまで、左派運動の出自はさまざまであった。そして、そのような経歴をもつNGO幹部らは、左派運動時代の大衆動員の手法をNGOの活動に転用したり、貧しい住民に対して啓蒙的な態度をとったりしがちである。実際にNGOは貧しい人びとの側から、「押しつけがましい」「中立ではない」として批判されることがある。

ここに、フィリピンNGOのジレンマがある。社会正義を標榜し、豊富な人材と人脈を駆使して政策提言を行ってきた彼らだが、政治に参画すればするほど、市民社会のエッセンスであるべき「国家からの中立」や「公正性」が侵犯されるという事態が生じるのである。

欧米の資金を基盤とした組織の絶対数の多さ、NGO業界を支える人材層の厚さ、そしてアメリカ型官僚制度に基づく政府との「人事交流」。民主化後、これらは長らくフィリピン市民社会の強みであった。しかし、フィリピンは世界の中でも東南アジアの中でも「中進国」となりつつあり、ミンダナオの紛争地域を除いては、すでにドナーも撤退しつつある。政治的不偏性や中立性、サービス受益者への説明責任という点において、フィリピンNGOは厳しい監視の目にもさらされている。

こうした政治条件は、NGO間の健全な競争に繋がるのだろうか。あるいは、政治社会と市民社会の両方で経験を蓄積した人材は、異なるセクター間の風通しの良さに貢献できるのだろうか。フィリピンのNGO業界もまた、新しい時代を迎えている。

（木場紗綾）

［参考文献］
川中　豪「フィリピン――代理人から政治主体へ」重冨真一編『アジアの国家とNGO――15カ国の比較研究』明石書店　2001年

36

カトリック教会

★世俗化の中で揺らぐ影響力★

フィリピンで「カトリック教会が政治に関わる」際には、いくつもの制約がある。19世紀末まで宗主国スペインによる政教一致体制下にあったのが一転、20世紀に入ってアメリカにより政教分離原則が導入されることで、教会による政治への直接関与が排除された。また長期間にわたる欧米の支配、19世紀以降の資本主義と近代化にさらされる中で、社会の諸機能が、他のアジア諸国と比べて著しく宗教と分離した形で発達してきた。同時に教会法の整備により、聖職者が政治家になることは原則禁止とされた。カトリック政党が重要な役割を持つこともなかったが、それは議会を中心とした政治の中で、カトリック性が政治上の主要争点ではなかったからである。

では、にもかかわらずなおカトリック教会が政治において重要である、ということはどういうことだろうか。

議員や大統領の権限が強い一方で、政策を形成する政党やそれを実施する行政が弱いことが、政策遂行における非効率や汚職・不正の蔓延につながり、政治に対する不安や不満の種となってきた。そして政治の改善が論点になる際には、選挙で選ばれる政治家の能力や道徳性などの個人的資質に関心が集まる。

第36章

カトリック教会

ここにフィリピン社会の道徳問題について権威を広く認められたカトリック教会の指導者が、政治家にふさわしい資質を国民に指南し、政策論に関しても傘下の高等教育機関などを動員して影響を及ぼそうとする余地が生まれる。

カトリック教会は20世紀にはアメリカの支配と共に国教の地位を失ったが、なお国民の大多数はその傘下にある。組織的にも、指導体制が司教の統括する教区レベル（全国に百数十ある）まで一元的に統合されており、全国レベルの「カトリック司教協議会」にも一応のまとまりがある。そのため、宗教そのものが政治課題として中心的な重要性を喪失しているにもかかわらず、道徳問題を絡めた教会の政治的発言は一定の凝集性と権威を帯びる。

この権威を支えるのが、政治社会が世俗化した中でも人びとの宗教性が高いことである。信心が篤く宗教行事にも積極的に参加する人びとが多い。人びとの信心と教会の指導者性が政治的な文脈の中で共振するような歴史的出来事として、１９８６年2月の民主化政変におけるピープル・パワーが挙げられる。マルコス大統領による権威主義体制下で、大統領選挙の結果をめぐる混乱の最中に起こったクーデター未遂に対し、反乱軍を丸腰で守るようハイメ・シン枢機卿（マニラ大司教）がラジオを通じて人びとに訴えかけた。これを受けて、多くの人びとが聖像やロザリオを手に街頭に繰り出し、大統領を亡命へと追いやる無血の「革命」に至った。教会指導者が呼びかけ信心深い人びとが応えるという形がフィリピンにおける民主主義復活の起源のひとつの神話となった。その残響は政治空間に今もこだましている。

政変後に就任したコラソン・アキノ大統領は教会指導者に絶大な信頼を寄せた。憲法制定にも聖職者が関与し、「1987年憲法」は家族に関する条項などで教会の意向を反映したものとなった。教会は各界の指導者たちとの間に築いてきた人脈を、政治関与においても利用し続けている。

もちろん、教会指導者と社会の関係は単純ではない。聖職者の割合は信徒約1万人に1人にすぎず、教会の宗教的なケアは十分届かない。道徳や政策に関する司教協議会の声明は、教会指導者がニュースを通じて宗教的なケアを人びとに届けようとする試みであり、信徒の把握の一環という面が少なからずある。

カトリック教会の具体的な政治関与として、選挙教育・監視、声明の発信、法制に対する働きかけなどがある。3年ごとに行われる全国レベルの総選挙・中間選挙はもっとも重要である。1986年の政変も、教会有志とビジネス界を中心にした市民団体「自由選挙のための全国市民運動（NAMFREL）」による選挙監視が背景となった。1990年代以降の選挙においては教会系諸団体が投票者教育、投票所の監視、開票速報などで競合・協働を続けてきた。特に2016年に開票速報を担った「責任ある投票のための教区司牧評議会（PPCRV）」は近年存在感を示している。

民主化後、司教協議会の声明発信は増えている。幅広い政治社会の諸問題を取り上げて論評・提言しており、政策論として広く参照されている。

議会及び法制過程への働きかけは、教会の政治関与としてはもっとも直接的ではあるが、あくまで市民的な政治参加であり、宗教の政治への直接介入ではない。近年の政治過程で注目される主なテーマは以下の通りである。

（1）歴代政権下で繰り返される憲法改正の試みに対し、教会は一貫して懐疑的な態度を取り、何度も大規模な改憲反対デモを後押ししてきた。（2）教会指導者が関わるスキャンダルでは、多くの場合、教会指導者は団結して身の潔白を主張してきたが、特にアロヨ政権時代の教会との親密な関係は汚職疑惑へと発展し、後に議会での証言を余儀なくされた。（3）社会改革に一定の積極姿勢を見せており、特に鉱山開発における環境への配慮要求や農地改革の徹底した遂行を求めたデモ活動などが注目される。（4）生命倫理に関わる法制化問題への教会の関与は近年大きな注目を集めてきた。死刑や離婚への一貫した反対に加え、近年成立した家族計画や性教育の促進を規定する「性と生殖に関する健康法」などには長年、強硬に反対してきた。強い反対・抗議の声明、議会や司法機関への働きかけ、一般信徒や学生たちを動員したデモなど、多彩な手段を駆使しての徹底した抵抗が際立っている。

背景には、教会での司式による婚姻を秘跡として神聖視し（このため離婚の禁止が強調される）、結婚の主要な目的を出産とキリスト教徒子弟の教育にあるとしてきた価値観に、近年の社会教説における生命や人権（胎児も含む）の尊重の思想が加わっている。こうした思想を実践する手段として、教会は家族に関連する法律に強い影響を持ってきた歴史的な特権を維持し続けようとしている半面、こうした教会の姿勢に対し、同調しない国民が多い現実も浮き彫りになっている。

一方で、教会は党派政治への関与を避けつつ社会改革を政府に求める立場を明らかにしてきた。しかし、特定の宗教観や教会組織の利益にこだわる強い党派性もあり、近年はそれが教会の政府との関わりに緊張を生み出している。

アロヨ政権は積極的に教会指導者と接触を持ち、「性と生殖に関する健康法」についても教会に配慮を見せ、教会の大勢は政権の度重なる汚職疑惑にもかかわらず、寛容な対応を示してきた。これに対し、続くベニグノ・アキノ大統領はアロヨ政権下の不正を積極的に追求。教会側からは大統領への批判が頻繁に展開された。これはアキノ政権が前政権と教会人との親密な関係を追及し、また教会が強硬に反対する「性と生殖に関する健康法」を推進したためとみられている。

１９８６年の民主化で高められた教会の政治的な権威は、中立・公平・福祉を目指す方向と党派的な方向の緊張のはざまで、大きな曲がり角に来ている。

（宮脇聡史）

[参考文献]

東賢太朗『リアリティと他者性の人類学』三元社　２０１１年
池端雪浦『フィリピン革命とカトリシズム』勁草書房　１９８７年
市川　誠『フィリピンの公教育と宗教』東信堂　１９９９年
寺田勇文編『東南アジアのキリスト教』めこん　２００２年
宮脇聡史「フィリピン・カトリック教会にとっての『ＥＤＳＡ』」『東洋文化研究所紀要』第１４８冊　２００５年

37

国　軍

★新たな役割の模索★

フィリピン国軍（以下、国軍）は、アメリカ植民地期の治安維持組織であるフィリピン警察軍とコモンウェルス（独立準備）政府の下で設立されたフィリピン軍が、1946年の共和国誕生後に統合して設立された。当初、陸軍、空軍、海軍、警察軍の4軍構成であったが、1991年の警察軍のフィリピン国家警察への移行を経て、現在は3軍構成となっている。国軍の兵員数は2013年時点で、約12万5000人（陸軍8万6000、海軍2万4000、空軍1万5000）で、周辺国に比べて規模は小さいが、これに加えて準軍組織や民兵などと称される予備役部隊が存在し、状況に応じて4万～7万の人員が動員される。

正規兵、予備役兵のいずれも志願兵であり、将校として入隊するには4年制大学に相当するフィリピン士官学校か大卒者向けの将校養成課程を出ている必要がある。士官学校に入学するには極めて競争率の高い試験を突破しなければならない。国軍ではフィリピン全土から人員を集め、将校・兵士の出身地域や宗教が偏らないようにすることが目指されているが、人口の割合を反映して、ルソン島中部・南部出身者が多く、イスラーム教徒が少ない状況が続いている。また、将校と兵士には中間層や比較的貧しい層の出身者が多く、国軍でのキャリアが社会的上昇の一手段となっている面もある。国軍の歩みは、自身の役割の模索と不可分であった。ここでは政治的役割と安全保障関連の役割についてみていきたい。

フィリピンでは、近隣のタイ、インドネシア、ミャンマーといった国と異なり、国軍の政治的役割は限定されたものであった。アメリカ植民地統治期から議会や選挙などの制度が定着し、交渉により独立を認められたため、政治経験の豊富な文民エリートの支配の下、国軍が政治介入する隙はほとんどなく、国軍将校の間にもそうした意図は乏しかった。

しかし、状況はマルコス政権下で大きく変容する。1972年9月にマルコスが戒厳令を布告した後、国軍はマルコスのパートナーとして、治安、司法、行政、法執行、開発などのさまざまな領域でかつてない規模で役割を拡大させた。国軍が政権に対する反対勢力の抑圧を担うと同時に、将校たちが中央省庁の上級行政職、在外公館大使、公営企業の管理運営ポストを占めた。こうしたなか国軍は、給与増など待遇の大幅改善、軍事支出の大幅増、軍関連企業の設立、さらには汚職や非合法ビジネスの黙認まで、多くの特権を享受した。加えて、1972年から1984年までの間に、警察軍を主として兵員数を5万5000からおよそ20万へと大きく拡大した。

また、このような役割を担う中で、国軍将校たちは統治における自己の能力や役割に対して自信を深めていく。他方、国軍人事がマルコスの依怙贔屓《えこひいき》により歪められたことに対して、若手将校たちが不満を募らせるようになった。こうして涵養《かんよう》された国軍の政治志向と不満は、政権内部の権力闘争と相まって、マルコスに対するクーデター計画を帰結した。これが発端となり1986年2月にマルコ

第37章
国軍

ス政権が崩壊し、アキノ大統領の誕生と民主化をもたらした。

アキノ政権下では、国軍の一部が起こすクーデター事件により混乱が続いた。政権成立に主導的な役割を果たしたとの自負から、国軍将校の間には、政治関与を当然であると考える者が現れていた。いずれも失敗あるいは未遂に終わったが、アキノ政権転覆を狙ったクーデター事件は8件を数えた。

その後も、2001年1月のエストラーダ政権崩壊とアロヨ政権誕生の過程で、国軍が決定的な役割を演じた。エストラーダ大統領の汚職疑惑発覚を機に大統領に辞任を求める抗議行動が繰り広げられるなか、国軍が大統領からの離反を宣言し政権崩壊を決定付けたのである。さらに、続くアロヨ政権下では、国軍若手将兵が関与するクーデター未遂事件が相次いで発生した。しかし他方で、国軍上層部は政権から離反せず、クーデター計画の鎮圧に回った。こうした一連の国軍の政治関与の背景には、国軍将校と政治家との癒着関係や国軍の政治利用が見え隠れしていた。

近年、国軍は公に政治的役割を表明することはほとんどなく、むしろ政治関与を否定することが多い。しかし、将校と政治家の癒着関係や国軍の政治利用は連綿と存在しており、政治的状況によってはそうした関係が表面化し国軍が政治の表舞台で決定的な役割を担うことは今後もあり得る。

こうした政治的役割に加えて、安全保障に関連した国軍の役割も曲折を経てきた。

独立後のフィリピンはアメリカの防衛戦略に組み込まれ、国内にアメリカ軍の基地を抱えることとなる。フィリピンには対外的脅威がない一方で国内の共産主義勢力による武装反乱が激化していたことから、国軍が国内の反乱鎮圧任務を担い、万が一フィリピンが対外的な侵略に直面した場合は、アメリカ軍がフィリピンを防衛することになっていた。そのため国軍は、伝統的に国内安全保障を主要な役割とする組織として形成されてきた。

ポスト冷戦の90年代に入り、国内の共産主義勢力の勢いが衰え、フィリピンに対外的安全保障を提供してきた米軍基地は撤退した。こうした安全保障環境の変化は、国軍任務を国内の反乱鎮圧から対外防衛へと転換する機会として認識された。民主化以降、国軍の規模を縮小するスリム化が進められるなか、91年に国軍から警察軍が分離され国家警察が設立された。国軍任務の転換の中心は、長年国軍が担ってきた反乱鎮圧任務を国家警察に移管し、対外的防衛に専念することであった。しかし、90年代末に共産主義勢力やイスラーム勢力などの反政府武装組織が再び攻勢を強めたことから、国軍の対外防衛専念化は頓挫した。

国軍はまた、反乱鎮圧作戦の一環として民心掌握のため、インフラ整備や公共サービスの提供といった開発分野の非戦闘任務に携わってきた。現在に至るまで、国軍の反乱鎮圧作戦には社会経済開発任務が組み込まれ、土木、輸送、通信、訓練などの国軍の有する技術・能力が、道路建設、学校建設、灌漑設備の改善、治水、医療サービスの提供といった広範囲にわたる開発事業に活用されている。

国軍の役割の模索は現在も続いている。近年、南シナ海における中国との領有権争いが激化したことをうけて、対外安全保障における役割に再び注目が集まり、対外的な国防能力を強化する計画が進められている。ただ、これは国内安全保障における国軍の治安維持の役割を直ちに後退させるものではない。反政府武装勢力の一部が依然として闘争を継続しているため、計画では、武力鎮圧作戦や開発による民心掌握といった従来の国内安全保障任務を国軍が同時に担うことになっている。とりわけ強調されているのが開発任務であり、「『人間の安全保障』の促進」を謳い、政府諸機関や市民社会組織との協働で任務を遂行することが試みられている。こうした任務に加えて、人道支援・災害救援などでも国軍の能力や資源の活用が進められている。

独立後しばらくは政治的に影が薄かった国軍は、マルコス強権政治体制のパートナーとなることで役割を拡大し、それが民主化直後には政治的な混乱要因にもなった。その後は徐々に政治的役割を縮小させたものの、２０００年代には、政権の命運を決定づける「裁定者」としての存在感を示した。フィリピンでは国軍が単独で権力を掌握することはなかったが、複数の政権の崩壊や存続に重要な役割を担った。その間、安全保障では、ほぼ一貫して開発を含む国内安全保障任務を担ってきたが、昨今の国際情勢の変化を受けた対外防衛任務の強化や人道支援・災害救援など、現在では国軍が多種多様な役割を担うことが求められている。

（山根健至）

［参考文献］

山根健至『フィリピンの国軍と政治——民主化後の文民優位と政治介入』法律文化社　２０１４年

38

ピープル・パワー

★超法規のデモから改革の象徴へ★

フィリピンで言う「ピープル・パワー」とは、数十万もの連帯した人びとが腐敗によって正統性を失った大統領を追放する集合的実践を意味する。それは様々な形をとって何度も繰り返され、現在のフィリピン政治を作りあげてきた。

1986年2月、マニラの街頭を埋め尽くした民衆が、この国を21年間支配した独裁者マルコスを追放して民主化を勝ち取った。これが第1のピープル・パワーだ。マルコスは1972年9月、全土に戒厳令を布告し、敵対する勢力を次々と投獄した。多くの人びとは身の安全を案じて忍従せざるをえなかった。しかし1983年8月、マルコス最大の政敵ベニグノ・アキノJr.元上院議員が暗殺されると、状況が一変する。アキノは8年間の獄中生活で心臓を患い、「手術のため」としてアメリカへの亡命を許された。だが、「命の保証はできない」との警告を無視して帰国し、マニラ国際空港で背後から頭を撃ち抜かれたのだ。

人びとは母国の腐敗と暴力に激しい衝撃を受けた。彼らは、アキノの死に「弱き者」を救うために自らの死を予言し、それを受け入れたキリストを見出し、夫を失ったコラソン・アキノ

第38章

ピープル・パワー

の悲しみにキリストを失った聖母マリアを重ね合わせた。さらにアキノが生前に語った「フィリピン人は命を捧げるに値する」という言葉に感銘を受け、「フィリピン人」という共同体の価値を改めて発見した。通夜には多くの人びとが集まり、彼の遺体を一目見ようと何時間も待ち続けた。そして、群衆に見守られての葬列。一連の出来事は、いわば「殉教」と「再生」という壮大な物語の舞台空間を創出していった。

暗殺から3年後、マルコスとアキノ夫人が争った繰り上げ大統領選の結果をめぐって混乱が生じるなか、反乱軍がクーデターを企てる。だが、この計画は政権側に察知され、反乱軍は国軍に包囲され窮地に陥る。すると、カトリック教会の権威シン枢機卿が教会のラジオを通じて彼らを守るよう市民に呼びかけた。これに応じて100万人もの人びとが街頭に繰り出し、ロザリオを握りしめ、聖マリア像を掲げて国軍の前に立ちはだかる。少女らは兵士に花を手渡して、機関銃や戦車の力を奪った。スラムから街頭に出た貧困層は、デモ隊から熱烈に歓迎されて食料や水を分け与えられ、「貧富の差がなくなった」と感銘した。こうして、皆殺しにされるかもしれない恐怖と、変化への希望を共有して戦う「ピープル（国民）」の連帯が生じた。この国民の連帯こそが非暴力で独裁者を追放し、アキノ夫人を大統領に就任させたのだ。この民主化劇は、その舞台となった大通りの名をとって「エドサ（EDSA）革命」とも呼ばれる。また、その劇的な展開は、衛星放送などを通じて世界中に報道され、「ピープル・パワー」の言葉と共に、独裁政権下で苦しむアジアや東欧の民主化運動を鼓舞した。

民主化後、アキノ大統領はピープル・パワーの記憶に訴えかけて、引き続き国民の支持を得ようとした。しかし、大統領自身が大地主のエリート一族出身だったように、ピープル・パワーは国家リーダーを交代させただけで、不平等な社会構造にメスを入れることはなかった。

翌年に農地改革を求める農民のデモ隊が大統領宮殿前で警察に発砲されるなど、貧困層も政権交代の実態をすぐに理解した。そこに付け込んだのが、ジョセフ・エストラーダである。エストラーダは、「エラップ」の愛称で親しまれるアクション映画スター出身で、大学も中退した異色の政治家だ。彼はタガログ語で「貧者のための政治」を約束して、貧困層から絶大な人気を誇り、1998年大統領選挙で圧勝した。貧困層にとって、エリートに支配されてきた政治の表舞台で、自分たちの仲間の一人のように思える人物が頂点に立ったことは、革命的な出来事であり尊厳の回復に他ならなかった。

他方、中間層、教会、財界は、エストラーダの「酒好き、女好き、博打好き」を非道徳と批判し、「知性が低い」と嫌った。エストラーダが違法ギャンブルの上納金を受け取っていた疑惑を追及する弾劾裁判が国会で始まると、彼らはその進展を見守った。そしてエストラーダが上院議員を買収して弾劾裁判を乗り切ろうとしたのをきっかけに批判を爆発させた。彼らは携帯メールで連絡を取り合い、ピープル・パワーを記念して建立されたエドサ聖堂で抗議デモを展開した。参加者は連日夜を徹してデモを繰り広げ、「エラップは有罪だ!」「エラップを追放しろ!」と繰り返した。この抗議運動のなか、多くの閣僚がエストラーダを見限って辞任する。そして2001年1月、再びエドサに集った20万人の人びとが非暴力でエストラーダを追放し、グロリア・アロヨ副大統領が憲法規定に則って大統領に昇格させた。これが「ピープル・パワー2」である。

アロヨは、この政権交代が全てのフィリピン人の支持に基づいていると主張した。しかし、ピープル・パワー2では階層を超えた国民の連帯は生じなかった。貧困層の多くは元大統領ディオスダド・

第38章
ピープル・パワー

マカパガルの娘であるアロヨに親近感を抱くことなく、エストラーダを支持し続けた。一部の「金持ち」たちが選挙で選ばれた大統領をデモで追放したのは不当だ、というのである。また、エストラーダは多くの不法占拠者に公有地を譲渡すると約束していたため、自分の土地を得るという夢が失われてしまったと悲憤した。貧困層の不満は、アロヨ政権がエストラーダを横領などの容疑で起訴したことで頂点に達する。

２００１年４月末、エストラーダを守ろうと約３０００人の支持者が築いたバリケードを、警官隊２０００人が催涙ガスと放水車で突破し彼を逮捕した。彼が警察本部に連行されると、支持者たちはその隣にあるエドサ聖堂に集い、「エラップを大統領に戻せ」と叫び始めた。メディアは、エストラーダが犯罪者として顔写真と指紋を取られ、牢屋に収監された姿を放送した。貧困層は、そこに「金持ち」による貧者への嘲り、迫害、懲罰を見出し、強い不正義の感覚を抱いた。これが「ピープル・パワー３」の引き金となる。野党の政治家は、輸送車、食事、現金を提供してデモ隊を増やし、政権の奪取に利用しようとした。その規模は30万人ほどに膨れ上がった。そして翌5月1日の未明、4万から5万人のデモ隊が大統領宮殿へと迫り、警察・国軍との激しい衝突が始まった。アロヨ政権は、暴力によってかろうじてデモ隊を制圧したが、少なくともデモ隊の４人が死亡し１１３人が重軽傷を負った。

中間層はピープル・パワー３を貧者の暴動と恐怖し、その頓挫に胸をなでおろした。しかし、今度はアロヨ政権の深刻な腐敗に直面する。国軍改革派は何度もクーデター未遂事件を起こし、アロヨを追放するピープル・パワーを呼びかけた。だが、かつてのように数十万もの人びとが街頭に繰り出すことはなかった。ピープル・パワーの有効性に対する懐疑や、制度を弱体化する危険性への懸念が広まり、「ピープル・パワー疲れ」が語られた。

この閉塞感を打ち破ったのは、2010年大統領選挙における「投票によるピープル・パワー」だった。大統領選挙の前年、アキノ元大統領が病死すると、アキノ夫妻によるピープル・パワーへの貢献を改めて褒め称え、彼らを追悼する雰囲気が国民の間で広まった。人びとは、アロヨ政権の暗闇をマルコス時代と重ね合わせ、変革への希望を、反腐敗の政治を約束するアキノの長男ベニグノ・アキノ三世上院議員（通称ノイノイ）に託したのだった。

腐敗した大統領をデモで超法規的に追放するピープル・パワーは、「運動としての民主主義」の象徴である。だが、選挙や弾劾裁判といった制度を通じて大統領を交代できない点で、「制度としての民主主義」の失敗を意味する。投票によるピープル・パワーは、民主主義の制度と、民衆の力で変革を実現しようとする運動を両立させた実践だった。ピープル・パワーは改革のシンボルとして、新たな意味と役割を持ったのである。

（日下　渉）

［参考文献］

日下　渉『反市民の政治学――フィリピンの民主主義と道徳』法政大学出版局　2013年
清水　展『文化のなかの政治――フィリピン「二月革命」の物語』弘文堂　1991年

39

選　挙

★「祝祭」に込める変革への希望★

フィリピンの選挙には、人びとが様々なかたちで熱心に参加し、「祝祭のようだ」と称されるほどの熱気が立ち込める。その理由は、多くの人びとが自国の現状を改善したいと願っていて、そのための手段として選挙を信じているからだろう。

正副大統領は6年ごとに選出される。上院議員の任期も6年だが、3年ごとに議席定数24の半数12が改選される。下院議員（議席定数の8割は小選挙区制、2割は政党名簿の比例代表制）、州知事、地方首長、地方議員の選挙も3年ごとだ。1986年の民主化以来、6年ごとに統一選挙が行われてきた。投票日は5月の第2月曜日で、選挙運動の開始は3カ月前の2月からと憲法で定められている。有権者は18歳以上で、海外就労者も滞在先の国で不在者投票をできる。2016年5月の選挙は、大統領から地方議員まで全国で計1万8000余りのポストを争う大規模な同時選挙だった。国内で5436万人が有権者登録し、そのうち81・6%が実際に投票した。海外では138万人が有権者登録をしたものの、投票所へのアクセスや仕事の都合で、投票できたのは31・5%に限られた。有権者人口は若く、18歳から35歳が全体の37%を占めた。

フィリピンでは、政党を基準に候補者を選ぶのが難しい。政策やイデオロギーをめぐる政党間の違いが不明瞭で、政党の離合集散も珍しくないからだ。選挙後、下院議員が新大統領の政党に大挙して党籍変更するのが恒例化しているほどである。地方選挙の候補者は、政党が支持の獲得にあまり役立たないので、様々な資源やサービスを貧困層に配分して派閥を自ら形成する。そのため、貧困層はどの派閥に自分が属しているかで投票を決めることが多い。だがこれは、中間層にはあまり魅力のない選挙でもある。他方、正副大統領と上院議員の選挙は全国一区で争われるため、より大きな争点として、候補者がフィリピンの現状をいかに変革するのかを訴える言葉が対立軸を形成する。それはマニフェストほど体系的な政策の公約ではなく、腐敗・貧困・犯罪といった人びとを苦しめる悪を攻撃し、新しいフィリピンの姿を未来に描く単純な道徳の言葉である。

１９９２年の大統領選挙では、腐敗と戦う「国民の連帯」と「ピープル・パワー」という言葉が、その立役者だったフィデル・ラモスを当選させた。この言葉は、コラソン・アキノ元大統領が逝去してピープル・パワーの記憶が蘇った２０１０年にも、その長男ベニグノ・アキノ三世を当選させた。これに対して、新たに台頭した対抗エリートの多くは、「貧者への優しさ」と不平等の改善を語り、貧困層の支持を狙って権力の座に挑んできた。１９９８年にはジョセフ・エストラーダが当選したし、２００４年には不正な票操作がなければ映画俳優のフェルナンド・ポー・ジュニアが当選していたと言われる。他には、貧困層にアピールする政治を批判して、経済発展を約束する「能力」も語られる。だが２００４年にグロリア・マカパガル・アロヨを辛勝させた程度で、これまで大きな成功を収めたことはない。そして２０１６年には、腐敗して混乱したシステムを正す「規律」を訴えたロ

第39章
選挙

ドリゴ・ドゥテルテが、階層・地域・宗教を超えて幅広い支持を得た。

有権者は常に新たな「改革」を求めていて、ポスター、テレビ、ラジオを通じて投げかけられる改革の言葉のなかから、もっともフィリピンの課題に必要だと信じる「処方箋」に一票を入れる。改革の言葉が有権者に響くと世論調査で支持率があがり、勝ち馬に乗ろうとする企業の献金と政治家の支持が候補者に集まる。言葉が支持率をつくり、支持率が資金と組織をつくるのだ。ただし、いつ、誰の、どのような言葉が有権者に響くかは、様々な要因が絡まりあって偶発的である。

投票日が近付くと、日々の会話のなかで「あなたの大統領はだれ？」という問いが頻繁に繰り出され、濃密な討議空間があちこちで作られる。候補者の評価をめぐって対立が生じることもあるが、対立を恐れて黙り込むということはあまりなく、支持する候補者について熱心に語る雄弁な人たちが多い。近年の選挙では、フェイスブックなどSNSを通じて、候補者の様々なエピソード、応援ソングやダンス、ジョークが拡散され、インターネット上の討議空間も生じた。こうした日々の討議を通じて、やがてその候補者を支持する「私たち」という共同性がつくられる。彼らは、各候補者への支持を表明するリストバンドなどを身につけて共同性を可視化する。数万人もの参加者が集う候補者の政治集会では、こうした共同性を体感できる機会だ。それらは昼時のテレビ・ショーの形式に基づいていて、前座として芸能人が歌やダンスを披露し、司会者が参加者とステージ上で一緒にゲームをしたりもする。

投票日には午前6時から投票所が開かれ、投票所の周りは人だかりに覆われる。各陣営の運動員は、支持する候補者の名前にマークを記した「サンプル・バロット（見本投票用紙）」を配る。それらを受け取りつつ投票所に着くと、有権者名簿から自分の名前と番号を探し出し、長い列に並んで辛抱強く投票の順番を待つ。投票所の運営を任される選挙スタッフは公立学校の教員で、「ＰＰＣＲＶ（責任ある投票のための教区評議会）」のボランティアもそれを支援する。

ＰＰＣＲＶはカトリック教会の信徒団体による組織で、選挙管理委員会の公認を受けて選挙監視にも当たる。２０１６年選挙には全国９万２５０９の投票所で、大学生など若者を中心とする約70万人のボランティアが活躍した。選挙管理委員会やＰＰＣＲＶと並行して、各候補者から雇われた選挙監視人も選挙結果の集計にあたる。かつては、選挙スタッフが投票用紙を一枚一枚数えて集計用紙に記入するのを彼らが監視し、選挙結果をメモして本部に伝えた。しかし、２０１０年選挙から投票と集計に自動読み取り機が導入されたので、監視人は投票所の機器が印刷した結果を携帯メールで本部に送信するだけでよくなった。

集計が機械化されて以来、選挙結果を知るのも早くなった。選挙管理委員会の自動集計は当日から夜を徹して行われ、翌日には選挙結果の大勢が判明する。人びとはテレビを見ながら、開票作業の進展を見守る。２０１６年選挙では、ドゥテルテの大統領当選が早々に明らかになった。すると「閉店セール！　覚醒剤1キロ、たったの10ペソ（約25円）！　私たちの新ビジネス『葬儀屋』をお待ちください」といったジョークが飛び交った。ドゥテルテの強硬な麻薬対策と犯罪者の処罰をネタにしたジョークだ。他方、副大統領選挙は下院議員だったレニー・ロブレドと上院議員のボンボン・マルコスの接戦だった。当日夜の開票ではマルコスが優勢だったが、翌朝にはロブレド優位に変わったため、彼女の支持者は寝起きとともに歓喜の声をあげた。ロブレドの当選は、投票から3週間後の議会の公式集計で確定した。

大統領選挙の結果が判明すると、閣僚人事が動き出す。安定した政党制があれば、人材の控えは政党内にいる。だが、政党制が流動的なので、諸勢力の合従連衡によって新たな派閥が組まれ、そこから政権の要職が決められていくことになる。アキノ政権を支えたのは、伝統的エリートと、かつて民主化闘争を戦い、後にNGO活動家、大学教授、官僚などとして活躍した穏健左派の改革勢力だった。彼らを繋いだのは、マルコス独裁政権の下で共に苦しみ戦った経験である。ドゥテルテ政権では、大統領の旧友が重用され、アキノ政権下で冷遇されたエストラーダ政権やアロヨ政権時代の実務家も返り咲いた。穏健左派と対立してきた共産党系の知識人も閣僚に登用される。次期政権の閣僚人事と政策を理解するには、こうした政権を支える実務家の派閥競合にも着目することが有効だ。

２０１６年、民主化から5回目の政権交代は大きな混乱もなく実現した。選挙を通じた政権交代の制度化という意味で、フィリピンの民主主義の定着は一段と進んだといえよう。あとは、選挙に込められた人びとの「希望」に政治がいかに応えていけるかである。

（日下　渉）

［初出］

日下　渉「選挙に参加するということ――フィリピン」『アジ研ワールド・トレンド』２０１６年9月号（第２５１巻）を加筆、修正のうえ転載。

40

富の分配

★公正な社会を目指して★

フィリピンほど多くの人びとが長期にわたり貧困を論じている社会は珍しいのではあるまいか。選挙運動で各候補者は必ず貧困対策について語る。大統領が「一般教書演説（SONA）」で貧困関連課題に触れない年はほとんどない。政府は世界にも誇れる貧困概念をいくつも提案してきたし、他の模範ともなりうる貧困対策メカニズムをも構築してきた。こうした長年の取り組みは、裏を返せば、貧困の改善が実際にははかばかしく進んでいないことを物語っている。

国際基準として用いられる極度の貧困率（1日1・9ドル以下で生活する人の割合、2012年現在）で比較してみると、インドネシア12・0％、ベトナム17・2％、カンボジア17・2％に対して、フィリピンは25・2％であり東南アジア諸国の中でもよいとはいえない（2016年世界銀行）。2015年時点でのフィリピンの一人あたり国民総生産3037ドルに対して、ベトナムは2244ドル、カンボジア1146ドルであるので（国際通貨基金）、経済水準を考慮すればフィリピンの貧困状況がますます芳しくないことがわかるだろう。実態をより反映したフィリピン政府自身の基準によると貧困率は2014年度で25・

8％であり、国際数値よりも若干高くなる。ざっと国民の4人に1人、約2500万人が貧困状態に暮らしていることとなる。

ただし、フィリピンではその貧困が多くの日本人の想像するような状況で見られるとは限らない。衣食住など生活必需品さえままならず痩せこけた人びとがあちこちに滞留しているかといえば、そうではない。理由の一つは、激しい地域格差である。首都マニラ圏の貧困率が3・9％であるのに対して、南部ミンダナオの南ラナオ州の貧困率は73・8％である（フィリピン政府2012年統計）。大都市圏や観光地では「貧困」を目にする機会は少ない。もう一つの理由は、貧困の実態に関わる。さまざまな商品やサービスが溢れており、低所得者とはいえそれらと無縁ではいられない。都市貧民地区スラムでさえもコンピューターゲームやカラオケに興じる姿は日常である。しかし彼らが衣食住、医療、教育といった必要条件を十分に満たしているとは限らない。フィリピンの貧困は消費市場の発展した社会的文脈の中に埋め込まれた相対的貧困に近いといえる。

こうした貧困状況に対してフィリピン社会は、さまざまな形で対応してきた。その特徴を示すキーワードは「民主化」「伝統政治」「グローバル化」であろう。

まず民主化である。1986年、長期マルコス政権を打倒した「ピープル・パワー」とその素地を築いた社会運動の要求が政府による貧困政策の制度化の原動力となった。特にラモス大統領期（1992～98年）には政府貧困政策にNGOや社会活動家を参加させる枠組みを制度化した。貧困層を含めた民衆の意向を踏まえたうえで貧困に対処していく方向性を示したのである。それを形にしたのが共和国法第8425号「社会改革貧困対策法」（1998年）である。貧困問題の政策的検討と調整を行う「国家貧困対策委員会（NAPC）」も設立され政府とNGO代表が直接討議する場も設けられた。以後、歴代政権はそれぞれ特徴のある貧困政策を打ち出している。ラモス政権では生計・教育・生活全般にわたる「包括的社会サービス提供プログラム（CIDSS）」が、エストラーダ政権（1998〜2001年）では最貧困家庭向け給与プログラム「貧困層ケア（LINGAP）」、アロヨ政権（2001〜10年）によってはコミュニティ・インフラ推進政策「貧困克服相互協力（KALAHI）」が推進された。ベニグノ・アキノ政権（2010〜16年）は条件付き現金給付政策「フィリピン架け橋プログラム（4Ps）」に大々的に取り組んだ。

さまざまな政策やプログラムが実施されてきたが、その効果が芳しくないのも現実である。それに関連するのが第二のキーワード、伝統政治である。整備された政策も実施の段階で政治的文脈に絡み取られることが往々にして生じる。たとえば、住民やNGOの参加が制度化されたとしても数多ある団体のうちどの組織を参加させるのかは有力者の政治的判断にゆだねられることがしばしば起きる。貧困政策を実施する現場では地方の有力政治家が自らの選挙をにらんだ票固めを目的として恣意的な運用を行うことも珍しくない。受益者の選定、サービス提供との引き換え条件の付与、名前の売り込みなど、あらゆる過程が次の選挙と関係づけられ展開する。さらにフィリピン政治の特徴である「パトロン・クライアント関係」や地方の伝統的名望家の影響力が指摘できる。一般に南西部ミンダナオやサマールなど地方ボスの影響力が強い地域では貧困率も高い。貧困層が理不尽さを感じながらも地方ボスの庇護を前提として生活を営まざるをえない構造がいまだ存在している。こうして貧困対策のために中央政府から給付された予算が地方では政治文脈の中で霧消してしまうこともある。

ベニグノ・アキノ政権では「汚職と貧困」を一つの焦点として「良い統治」の構築に取り組んだ。汚職や腐敗が貧困解消を阻む要因となっているという認識の広がりとともに、背景にはアロヨ前大統領のかかわった汚職疑惑や各国会議員に割り当てられる裁量経費「ポークバレル」の不正流用スキャンダル（2013年発覚）などがある。

貧困対策に関する第三のキーワードはグローバルである。フィリピンは世界銀行や国際通貨基金から多額の融資を受けてきたこともあって、国際社会が提示する新しい概念や方向性を国内政策に取り込むという点では迅速に対応してきた。2000年の国連ミレニアム開発目標ＭＤＧｓもすぐさま国内政策に反映させた。ＮＧＯの政策過程への参加も80年代以降の「参加型開発」の国際潮流を反映したものである。グローバル化は貧困対策の「市場化」にも一役買ってきた。90年代以降、フィリピンの国家戦略にも位置づけられたマイクロ・ファイナンス（小規模融資）は、貧困者自身がお金を借りて自分で小ビジネスを展開することで生活改善を目指すものである。アロヨ政権のＫＡＬＡＨＩは、地域財源と人材に依拠しながら中央行政の負担軽減をはかる形でコミュニティ・インフラの整備を進めることが狙いだった。地方資源を動員したミニ公共事業を通じた貧困対策である。

こうしたグローバル化に沿った新しい政策の追求は、貧困解消の責任をだれが負うのかという問題を提起した。政府がすべての責任を負うのではなく、貧困者自身が市場プレーヤーとして「自助努力」し、住民自身が自らをエンパワーして「自己責任」を果たすことで貧困を解消することが期待される。民主化後に活発となった草の根のＮＧＯ活動、市民運動の隆盛が、国家に頼らず自主的努力を重ねる社会的傾向を補強したことは少々の皮肉かもしれない。政策執行能力の弱い政府を、活発で有効なNGO運動、社会活動が補完し、貧困者の生活を支える構図ができ上がってしまった。ただし近年実施されている「条件付き現金給付プログラム」は市場にプレーヤーとして参入できない層への「補助金」という性格を持つ点で、従来の「自助努力」論の流れとは少々傾向が異なっている。

フィリピンの貧困問題を解消する方策としては、ベニグノ・アキノ政権が取り組んできた「包摂的成長（Inclusive Growth）」をより実効性を持つよう今後も推し進めていくことが一つのポイントになるだろう。経済発展の果実が行き渡らない人びとをも「包摂する」仕組みをいかに作っていくのかが課題となる。

（太田和宏）

【参考文献】
五十嵐誠一『民主化と市民社会の新地平――フィリピン政治のダイナミズム』早稲田大学出版会　2011年
川中　豪編『ポスト・エドサ期のフィリピン』アジア経済研究所　研究双書　2005年

41

ミンダナオ紛争

★和平への道のり★

南部フィリピンには、アラブ人やマレー人の伝道者や商人によりイスラームが伝えられ、15世紀半ばから16世紀前半にかけて、ホロ島のスールー王国やミンダナオ島プラギ川流域のマギンダナオ王国などのイスラーム国家が成立した。16世紀前半にフィリピン諸島に到達したスペイン人は、16世紀後半以降、ルソン島とビサヤ諸島平地部に植民地統治を確立し、住民をカトリック化したが、スールー王国やマギンダナオ王国はこれに抵抗し、スペイン植民地支配を受け入れなかった。スペイン人はこれらの南部のイスラーム化した住民を「モロ」と呼んだ。モロとは、スペイン人が本国で、北アフリカのムスリムに対して用いた呼称で、フィリピンでは「海賊」「裏切り者」などのネガティブな意味を持つ蔑称であった。スペイン人は南部への軍事遠征において、ルソン島やビサヤ諸島のキリスト教徒住民を船の漕ぎ手や兵士として動員した。ムスリム側は報復や労働力確保を目的として、キリスト教徒の村を襲い住民を連れ去った。こうして言語や文化の点で多くの共通性を持つフィリピン諸島の住民が分断され、両者の間に敵対心が醸成された。

アメリカ植民地政府は、ムスリムを含む非キリスト教徒を未

図　フィリピンにおけるムスリムの集住地域

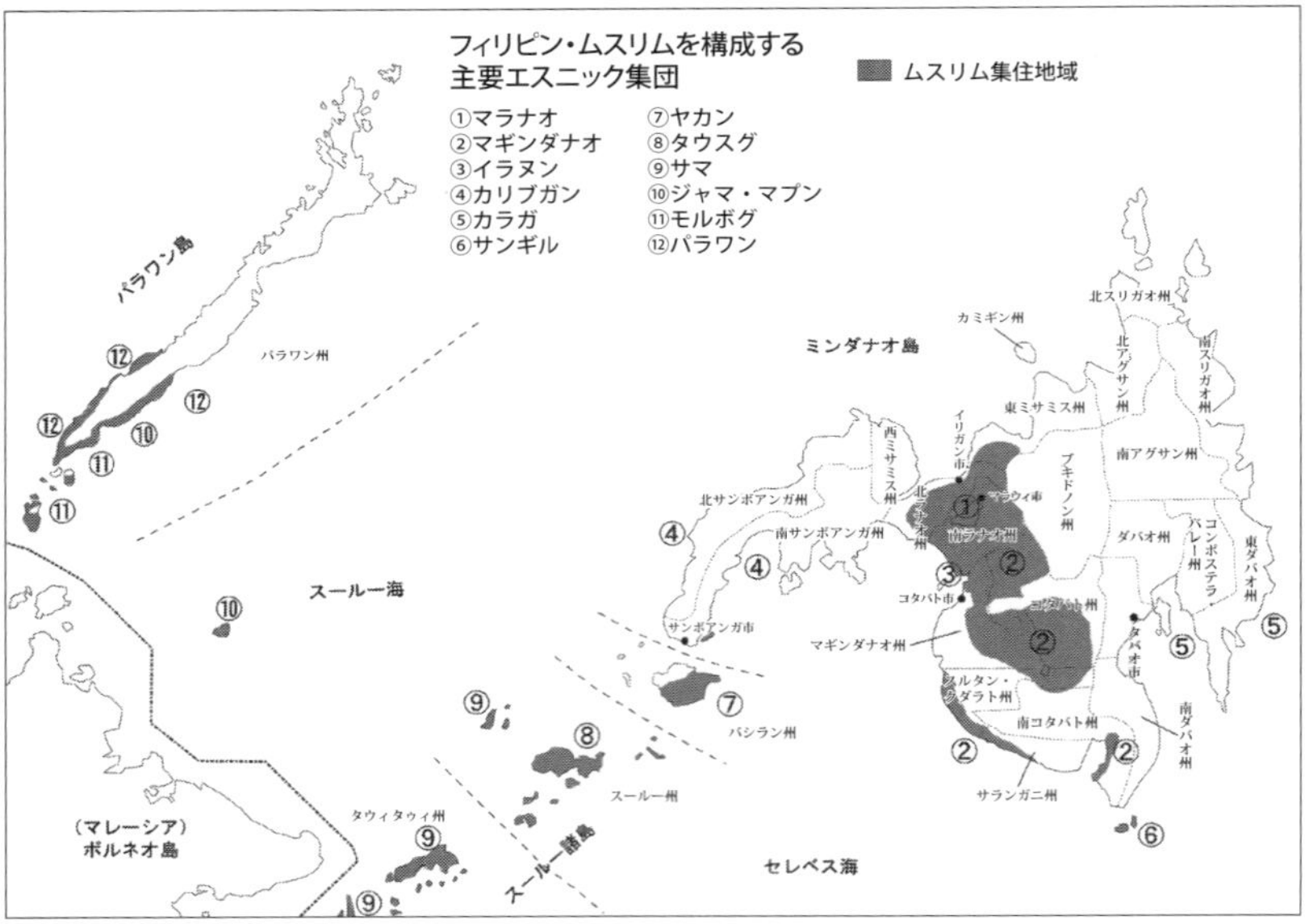

出所：Gowing, Peter (1979) *Muslim Filipinos - Heritage and Horizon*, Quezon City: New Day Publishers, 見返しより作成

開な人びととみなし、ミンダナオ島の開発を目的として、ルソン島やビサヤ諸島からキリスト教徒入植民を誘致した。独立後のフィリピン政府も入植事業を推進したため、南部の大半の州で宗教別人口比が逆転し、ムスリムが少数派の地位に転落した。１９６０年代以降、フィリピン政府はミンダナオ島で開発事業を実施したが、収益の大部分がマニラや外国企業にもたらされ、ムスリムやその他の先住民の多くは開発の恩恵を享受できず、土地喪失、環境破壊など開発の弊害が生じた。偏見に基づく社会的差別も継続し、彼らは不平等感と剥奪感を高めた。

　１９６０年代末から70年代初めにかけて、ミンダナオ島中部でムスリ

第41章

ミンダナオ紛争

ム、キリスト教徒有力者の武装が進み、軍や私兵による民間人殺害事件が多発した。ムスリムの間に危機感が高まる中で、急進的ムスリム青年が中心となり、自分たちを「モロ民族（バンサモロ）」と名乗り、フィリピン植民地支配からのモロ民族の解放をめざす武装革命運動を開始した。彼らは「モロ民族解放戦線（MNLF）」を結成し、元フィリピン大学政治学講師、ヌル・ミスアリが中央委員会議長に就任した。

1972年のマルコス大統領による戒厳令布告は、ムスリムの危機感をさらに高めた。MNLFはリビア等の支援を受けて南部各地で武装闘争を展開し、マルコス政権は大量の兵力を投入して武力鎮圧をはかったため、南部ムスリム地域で激しい戦闘が繰り広げられた。1976年、フィリピン政府とMNLFは、フィリピンの主権と領土的一体性の枠組みの下で南部ムスリム地域に自治を与えることで合意した（トリポリ協定）。しかし、MNLFは、この名目的自治を拒否し武装闘争を再開した。

マルコス政権崩壊後、新憲法の規定に基づき、1990年に「ムスリム・ミンダナオ自治地域（ARMM）」が発足したが、MNLFは自治の内容を不満としてARMMに参加しなかった。1996年、フィリピン政府とMNLFの間で新たな和平協定が締結され、ミスアリはARMM長官に就任した。ARMMは当初、南ラナオ、マギンダナオ、スールー、タウィタウィの4州で発足したが、後にバシラン州とマラウィ市が参加し、5州1市で構成されるようになった。

一方、MNLF指導者の一人、サラマト・ハシムは1977年に分派を形成し、後にこれを「モロ・イスラーム解放戦線（MILF）」と改称した。1997年、フィリピン政府はMILFとの和平交渉を開始したが、数次にわたって断続的に戦闘が行われ、多数の死傷者や難民が発生した。

ここまで、紛争の顕在的な対立軸——分離独立や高度の自治を求めるムスリム武装組織と、それを許さないキリスト教徒を中心とするフィリピン国家との対立——にもとづいて、紛争の大きな流れを説明してきた。しかし、南部フィリピンの紛争地帯には、その他の様々な亀裂が存在し、それらが引き起こす日常的な緊張や対立が紛争を複雑化している。

たとえば2000年に南ラナオ州でムスリム、キリスト教徒双方の農園労働者十数人が殺害された事件は、解雇された警備員の経営者に対する恨みが一因であった。2009年にマギンダナオ州でムスリム政治家とジャーナリストの一行58人が殺害された事件は、現職州知事一族が政敵排除を目的として引き起こしたものである。マラナオのムスリム有力家族間の抗争（リド）は、人びとの生活を不安定にしている。バゴボ、マノボ、ティルライなどの非ムスリム先住民も土地喪失や環境破壊などの問題に直面している。

また、MNLFとMILFが政府との和平交渉を進める過程で、急進主義者の離反や新勢力の台頭により、新たな武装組織が出現した。過激派集団「アブサヤフ」は、1990年代以降、バシラン島やサンボアンガ半島、ホロ島を根拠地とし、多数の誘拐や爆破事件を引き起こしてきた。2001年のMNLF指導部内紛により失脚したミスアリが率いるMNLFミスアリ派はホロ島やサンボアンガ州で影響力を持つ。ミンダナオ中部では、2008年以来、元MILF司令官が率いる「バンサモロ・イスラーム自由戦士団（BIFF）」が活動している。

長期間紛争が続いた地域では、警察や司法が十分に機能せず、経済活動が停滞し、腐敗が蔓延し、銃や麻薬の密売、誘拐が横行している。ARMMの貧困層比率は48・7％で、全国平均の19・7％の

2倍以上に及ぶ（2012年、表参照）。ARMM5州住民の平均余命は、全国最下位のタウィタウィ州の53・6歳をはじめとし全国平均の72歳を大きく下回る（フィリピン人間開発報告書2012年）。

MILFとフィリピン政府はマレーシア政府を仲介者とし、日本を含む国際的枠組みの下で和平交渉を継続し、2014年、包括的和平合意にこぎ着けた。これはバンサモロのアイデンティティと自己決定の権利を尊重し、天然資源、財政、警察などに関して大きな権限を持つ高度の自治体「バンサモロ」をARMMに代えて設立することを骨子とする。しかし、バンサモロ自治体の詳細を定める「バンサモロ基本法」法案が議会に上程され、その内容が明らかになると、様々な批判の声が上がった。それらは、「憲法違反」、「政府はMILFに妥協し過ぎる」、「非ムスリム先住民やキリスト教徒住民の権利保障が不十分」、「隣接する市

表　フィリピンの地域別貧困層世帯比率（2006－2012年）

地域		貧困層世帯比率		
		2006	2009	2012
全国		21.0	20.5	19.7
北部	マニラ首都圏	2.9	2.4	2.6
	コルデリェラ	21.1	19.2	17.5
	イロコス	19.9	16.8	14.0
	カガヤン・バレー	21.7	20.2	17.0
	中部ルソン	10.3	10.7	10.1
	カラバルソン	7.8	8.8	8.3
	ミマロパ	32.4	27.2	23.6
	ビコール	35.4	35.3	32.3
中部	西部ビサヤ	22.7	23.6	22.8
	中部ビサヤ	30.7	26.0	25.7
	東部ビサヤ	33.7	34.5	37.4
南部	サンボアンガ半島	40.0	39.5	33.7
	北部ミンダナオ	32.1	33.3	32.8
	ダバオ地域	25.4	25.5	25.0
	ソクサージェン	31.2	30.8	37.1
	カラガ	41.7	46.0	31.9
	ARMM	40.5	39.9	48.7

出所：*2014 Philippine Statistical Yearbook*. Makati City: Philippine Statistics Authority, 2014, pp.2-26, 27.

町村も住民投票を経て、いつでもバンサモロ自治体に参加することができるため、際限なく拡大する恐れがある」などである。

特に2015年1月、国家警察特殊部隊とMILFとの偶発的戦闘で特殊部隊隊員44人を含む66人が死亡した事件（ママサパノ事件）は、フィリピン社会に大きな衝撃を与えた。MILFへの反感が高まり、「バンサモロ基本法」への反対世論が強まった。議会ではバンサモロ自治体の権限を縮小し、中央政府の権限を強化する修正法案が提出されたが、MILFはこれを受け入れず、同法案は不成立に終わった。

2016年、バンサモロ自治体設立に積極的なドゥテルテが大統領に選出された。翌年、「イスラーム国」（IS）に忠誠を誓うイスラーム過激派集団がマラウィ市を襲撃して占拠し、6か月にわたる政府軍との戦闘により同市は甚大な人的、物的被害を受けた。その後、議会での新法成立、住民投票による批准を経て、2019年、MILFのムラド議長が率いるバンサモロ暫定自治政府（BTA）が設置され、2025年の選挙を経て正式にバンサモロ自治地域が発足する予定である。（川島　緑）

［参考文献］

石井正子「モロと非モロ先住民の平和へのポテンシャル：フィリピン南部におけるバンサモロ新自治政府設立をめぐって」『文化人類学』82巻4号　2018年
川島　緑『マイノリティと国民国家――フィリピンのムスリム』（イスラームを知る9）山川出版社　2012年
谷口美代子『平和構築を支援する――ミンダナオ紛争と和平への道』名古屋大学出版会　2020年

42

対米関係

★アジアに埋め込まれた「特別な関係」★

フィリピンの対米関係は、時に「特別な関係」と形容される。アメリカが世界政治において圧倒的な重要性を持つためであり、そのアメリカが旧宗主国であるという点を重視するからだ。しかし、対米関係を理解するためには、アジア太平洋の地域秩序や国内政治の歴史的経緯についての理解が欠かせない。

例えば、フィリピンは独立直後に極めて不平等な「比米通商法（通称ベル通商法）」を受け入れた。この通商法では、アメリカからの輸入品のみ無関税、数量無制限であった一方、フィリピンからの輸出品には数量制限が課された。また、フィリピン国内で活動するアメリカ企業に対して、フィリピン企業と同じように活動する権利を与えることを認めていた。特にアメリカ企業への権利付与については憲法修正までして受け入れることとなった。なぜフィリピン政府はこのような不平等条約を受け入れたのだろうか。

その理由を考える上で、第二次世界大戦の経験は無視できない。第二次世界大戦以前に独立が約束され、コモンウェルス（独立準備）政府が存在したフィリピンにおいて、日本軍は東南アジアでもっとも強烈なゲリラに直面し、それらに対する強硬な弾圧を行った。また、マニラ戦の被害は甚大であった。独立直後のフィリピン政府にとって、戦災復興は何にもまして重要な政策課題であった。アメリカは、フィリピン政府が戦災復興支援を必要としていることを見越して、不平等な「通商法」の受諾を、戦災復興法実施の条件とした。同法は米国政府からフィリピンのインフラストラクチャー再建や余剰軍事物資の放出、フィリピン国民の財産に対する損害補償のための資金提供等を決めており、戦災復興に欠かせないものであった。1947年に結ばれた基地協定についても戦争の教訓は重要である。生々しい日本軍侵略の記憶は、アメリカ軍を帝国主義時代における宗主国の軍隊ではなく、自由と民主主義を標榜する解放者として位置付けることになった。その結果、中部ルソンのスービック海軍基地、クラーク空軍基地をはじめとする米軍基地を許容することになった。

ここで強調すべきは、フィリピン政府が決してアメリカの言いなりだったわけではなく、自らの判断で不平等な貿易条約や基地協定を結んだ点である。事実、通商協定が成立に必要な憲法修正準備の真最中の1947年1月、フィリピン政府は通商協定を換骨奪胎するための交渉を開始していた。1949年に国際収支危機が表面化すると、アメリカとの不平等な貿易を改善する輸入管理の強化と為替管理を即時に断行し、その後およそ十年間にわたって輸入代替工業化を行った。この決断について、国際収支危機への機械的な反応とする見方がある。しかしこれでは、国際的な経済危機に際して、フィリピン政府が即座に合理的な対応をとった理由は明らかにはならない。そもそもフィリピン政府は輸入代替工業化の機会をうかがっており、1949年の国際収支危機はそのきっかけの一つであったととらえるべきであろう。

第42章
対米関係

　また、1954年に発足したラモン・マグサイサイ政権はアメリカ中央情報局（CIA）、在比米軍、アメリカ国務省が一致して支援した政権であった。しかし、このマグサイサイ政権下においてさえ、基地協定交渉は紛糾し、交渉が中断した。そもそも、マグサイサイをアメリカの傀儡としてのみ理解する見方は比較の観点からも説得力がない。同じ時期、まさに同じCIA職員エドワード・ランズデールが南ベトナムにおいてゴー・ディンジェム政権の擁立に奔走した。しかし、同政権は崩壊、南ベトナムという国自体が北ベトナムに吸収され、地図上から消滅した。CIAの支援を無視する必要はないものの、各国内政の展開を無視してアメリカの影響力を過大評価する議論には十分な説得力がない。

　ではなぜアメリカの影響を過大評価するような議論が説得力を持ったのだろうか。それを理解するためには、フェルディナンド・マルコス政権（1965〜86年）とアメリカとの関係を考える必要がある。アメリカは、マルコス政権の非民主的な性格を知りつつ、1972年の戒厳令布告を黙認したといわれている。その理由として、当時台頭していた共産党とその軍事部門である新人民軍を抑え込むためには、強権的な政権が必要だという判断があった。他方、マルコス自身も、アメリカの軍事援助をフィリピンに有利なように利用していたようだ。例えば、1966年にはベトナムにフィリピン軍を派遣し、アメリカから多額の軍事援助を受け取ったが、1969年には早くも撤退した。また、基地協定の見直しを行い、1966年には基地の租借期間を25年間に短縮した「ラスク・ラモス協定」を調印した。それにもかかわらず、冷戦の論理によってアメリカ、特にドナルド・レーガン大統領はマルコス大統領を強く支持し続けた。

マルコス政権による人権侵害と明白な経済失政は、国民の間に広範な反米感情を生み出した。このころの反マルコス運動が、「反マルコス＝アメリカ独裁」を掲げていたことがその証拠といえる。このような反米感情は、民主化後の基地協定改定交渉の過程で爆発した。コラソン・アキノ大統領ら政権側は米軍駐留を望んだものの、反マルコス運動の指導者の一人であるホビト・サロンガが議長を務める上院は基地存続を認める法案を否決、東アジア最大の規模を誇った米軍基地は放棄された。

ただし、中国が南シナ海での活動を活発化させると状況は変化した。自身がアメリカの陸軍士官学校ウェストポイント出身であるフィデル・ラモスは、大統領就任後に「訪問軍協定（ＶＦＡ）」締結のための交渉を始めた。１９９９年、かつて上院議員として基地存続に反対したジョセフ・エストラーダ大統領とマセダ国防長官によってＶＦＡは成立し、比米間の合同軍事演習が可能になった。また、国内における正当性確立に腐心していたグロリア・マカパガル・アロヨ大統領は、対テロ戦争をきっかけにアメリカとの距離を縮めた。しかし、イラクにおいてフィリピン人労働者の人質事件が発生すると、アメリカの反対を押し切ってフィリピン軍を撤兵させた。結果として、対米関係は冷却化、アロヨ大統領は対中接近を模索した。

２０１０年、アロヨ政権に対して極めて批判的なベニグノ・アキノ政権が発足した。当初こそ、中国寄りになっていたアロヨ政権期の外務長官アルベルト・ロムロを留任させたものの、対中関係の緊迫化が進む中、元駐米大使であるアルベルト・デルロサリオを外務長官に任命し、対米関係の再構築にまい進した。アキノ政権の対米接近の背景には、南シナ海における中国の一方的な現状変更の試みがある。２０１２年には中国船とフィリピン海軍の艦船が海上でにらみ合いを続ける事態が生じた。

さらに、中国による相次ぐ人工島の建設などに直面する中、２０１４年にアメリカとフィリピン政府が「防衛協力強化協定（ＥＤＣＡ）」を結ぶに至った。ＥＤＣＡにより、アメリカ軍のフィリピン軍基地利用が可能になる。このようなアキノ政権の外交全般を取り仕切っていたのが、デルロサリオ外務長官である。デルロサリオ長官は、親米路線を明確にし、南シナ海問題などでは中国に対する毅然とした態度をとり続けた。このような外交姿勢について、国民の多くは満足していたといえる。しかし、デルロサリオの退任（２０１６年３月）にあたって、一部の識者からは「これで対中関係を改善することができる」という声が聞かれた。実際にそうなるかどうかは未知数であるが、アジア太平洋地域における中国のプレゼンスが高まる中で、対米関係もまた対中関係を無視しては理解できなくなったことを示す指摘といえるだろう。

（高木佑輔）

【参照文献】
中野　聡『歴史経験としてのアメリカ帝国――米比関係史の群像』岩波書店　２００７年
増田　弘『マッカーサー――フィリピン統治から日本占領へ』中央公論新社　２００９年
Yusuke Takagi. *Central Banking as State Building: Policymakers and their nationalism in the Philippines, 1933-1964*. (Singapore: NUS Press, Kyoto: Kyoto UP, 2016)

43

アジア外交

★安全保障と経済連携★

フィリピンの対アジア関係を考えるためには、その国とフィリピンとの二国間関係だけでなく、フィリピンの対米関係や国内政治社会の動向に目を向けた広い視野が必要である。例えば、日本が国際社会に復帰するきっかけとなったサンフランシスコ講和会議において、アメリカは当初、アジア諸国の賠償請求権を放棄するように迫った。だが、フィリピン側は断固として反対し、賠償については個別に決定することとなった。その後、1956年に「賠償協定」が成立し、日本との国交は正常化した。ただし、反日世論を考慮する上院は「比日友好通商条約」の批准を渋り続けた。

対日関係がこう着する一方、1960年代に入ると近隣の東南アジア諸国との関係が強化されるようになった。一つのきっかけは、第二次世界大戦中の被害を支援する「戦争被害法」がアメリカ議会で否決されたことであったといえる。1962年、当時のディオスダド・マカパガル大統領の訪米直前、アメリカ議会は同法案を否決した。同法案を訪米の目玉と考えていたマカパガル大統領はメンツをつぶされ、訪米を中止、さらには独立記念日を7月4日から6月12日に変更した。大統領任期終了後に『東に向かうフィリピン』という本を出版したことに表れるように、マカパガルは東南アジア諸国との国際協力を模索した。1965年に大統領に就任したフェルディナンド・マルコスも東南アジア諸国との協力路線を引き継いだ。その結果、フィリピンは1967年に発足した東南アジア諸国連合（アセアン＝ASEAN）に創設メンバーとして参加することになった。

1970年代に入ると、フィリピン政府とそのほかのアジア諸国との関係強化の動きは加速した。特に、成立以来滞っていた「比日友好通商条約」の批准は、マルコス政権による戒厳令施行と、それに伴う議会の閉鎖ののちではあったもののようやく実現した。他方、アメリカと中国との国交正常化の後を追うように、中国との国交が樹立され、1975年には北京にフィリピン大使館が開設された。また、この時期、政府は国内の失業問題への対応のために、海外への出稼ぎを奨励するようになる。その際の送り出し国は、石油危機以降に空前の好景気を迎えていた中東湾岸諸国だった。さらに、1980年代に入ると、日本、さらに香港とシンガポールをはじめとするアジアの新興工業経済（NIES）への労働者派遣も進んだ。

1986年の民主化は、対米関係を見直す契機ともなった。コラソン・アキノ政権は、「アセアン自由貿易協定」を成立させたし、後継のフィデル・ラモス政権は、ブルネイ、インドネシア、マレーシアとの経済協力を加速するためのBIMP-EAGA構想を打ち上げた。加えて、1996年には、アジア太平洋経済協力会議（APEC）を主催するなど、地域間経済協力に積極的に取り組んだ。このように近隣諸国との関係強化を模索していた時期に発生したのがフロール・コンテンプラシオン事件であった。シンガポールで働いていたフィリピン人家事労働者、コンテンプラシオンが冤罪の疑いがあるにもかかわらず死刑執行された事件は、両国間の外交問題に発展した。海外出稼ぎ労働者の福利厚生は、フィリピン外務省の重要な政策課題とされている。国内の経済問題が、フィリピン外交の軸足の一つを規定しているのだ。

一方、米軍基地撤退後に中国の南シナ海での活動が活発化したことにより、フィリピン政府は遂に対外的な安全保障問題に直面することになった。中国は、1992年に一方的に南シナ海の領有権を含む領海法を設定した。さらに米軍基地撤収後の1994年末から、フィリピンが領有権を主張するミスチーフ礁に建造物を建設したことなどから、一部で中国脅威論が真剣に議論され始めた。こうした中、シンガポールなどのほかのアセアン諸国の積極的なイニシアティブによりアセアン地域フォーラム（ARF）が結成され、地域安全保障について、アメリカを含む多国間の枠組みが整備された。

中国の脅威が高まる一方で、フィリピンとアメリカとの関係は再度強化されるかに見えたが、イラクからの一方的な撤兵後、対米関係は再度冷却化した。グロリア・マカパガル・アロヨ政権は、対中接近を図った。このような中で、フィリピン国内のブロードバンド構築を巡る中国企業との事業において、不当に割高な契約が結ばれた疑いがもたれた。この件は、アロヨ大統領夫妻、下院議長ホセ・デベネシア、さらには中国国家主席胡錦濤の息子胡海峰を巻き込む一大スキャンダルとなった。この結果、対中関係の強化が、アロヨ政権全般に対して既に存在していた負のイメージと重なるようになっていた。

2010年に発足したアキノ政権は、発足当初こそ、中国寄りとされたアルベルト・ロムロ外務長官を留任させ、対中関係の見直しは行わない構えであった。しかしながら、アロヨ政権末期にアロヨを見限ってアキノ次期大統領にすり寄ったこともあり、次第に省内での求心力を失った。最終的には外務省内部からもロムロ長官に対する公然の批判が噴出し、元駐米大使アルベルト・デルロサリオが後継の外務長官に任命された。デルロサリオ長官のリーダーシップの下で、対中関係は複雑化の様相を呈した。南シナ海をめぐっては、フィリピンの積極的な外交姿勢が突出している。2012年のアセアン首脳会議では、南シナ海問題を首脳宣言から外そうとする中国との関係の深いカンボジアと、同問題を盛り込みたいフィリピンとベトナムが衝突した結果、宣言が発出されなかった。こうした中、2013年初頭には、フィリピン政府が領土問題をオランダ・ハーグの常設仲裁裁判所に提訴、国際社会に問題を広く周知することを目指した。他方で経済に目を向けるとより複雑な関係が浮かび上がる。実際、2015年にはアジアインフラストラクチャー投資銀行（AIIB）への参加を決めるなど、経済面では無視できない存在となっている。

一方、対日関係は極めて重視されるようになった。就任当初こそ、「外遊嫌い」とうわさされていたアキノ大統領であるが、実際には3度、大統領自身が訪日した。また、既にアロヨ政権期に成立していた「比日経済連携協定（EPA）」は、紆余曲折はありながらも比日間の経済関係を一層強化するために機能している。2006年には、これまで案件ごとに実施されており統一感にかけるきらいがあった日本のミンダナオ支援を一括してJ-BIRD（Japan-Bangsamoro Initiative for Reconstruction and Development）と総称し、日本の積極性を強調するようになった。2011年のアキノ大統領とアル・ハジ・ムラドMILF議長との会談が千葉県成田市のホテルで開催されたことは、このような日本政府の関与の結果ともいえる。また、フィリピン中部のレイテ島周辺を襲った台風被害に対し、日本政府は自衛隊の艦船派遣を含む積極的な支援を行った。2016年1月の天皇皇后両陛下によるフィリピン訪問とフィリピン政府による歓待は、アキノ政権下で進んだ対日関係の親密化を象徴的に示した。フィリピンの対アジア外交は、対象とする地域・国や案件の性質（安全保障か、経済か）により多くの顔を見せながら展開している。

（高木佑輔）

［参考文献］
池端雪浦・リディア・N・ユー・ホセ編『近現代日本・フィリピン関係史』岩波書店　2004年
桂　誠『中国が急伸する中での日本の東南アジア外交――フィリピン、ラオスの現場から』かまくら春秋社　2013年
白石　隆・キャロライン・ハウ『中国は東アジアをどう変えるか――21世紀の新地域システム』中央公論新社2012年
中野　聡『歴史経験としてのアメリカ帝国――米比関係史の群像』岩波書店　2007年
Diosdado Macapagal. *The Philippines turns East.* (Mac Pub. House, 1966)

44

南シナ海紛争

★地域の安全保障を脅かす火種★

小さな島々の領有権をめぐって、世界の各地で紛争が起きている。それがたとえ無人島であっても、領土の主権問題は経済的な利害などに加えて国家の威信がかかり、ナショナリズムをかき立てるからやっかいだ。とりわけ南シナ海に点在する島々の領有権争いは、一方に中国、他方にフィリピンやベトナムをはじめ東南アジアの国々が絡み、地域の安全保障を脅かす最大の懸念になっている。フィリピンにとってこの問題は、対中関係はもとより、アメリカ・日本・近隣諸国との関係の改変を迫る最大の外交課題である。

南シナ海は「東南アジアの内海」とも呼べる位置に広がる。時計回りで見渡せば、中国沿岸部、台湾、フィリピン、そしてブルネイ、マレーシア、インドネシア、シンガポール、タイ、カンボジア、ベトナムがぐるりと囲む。そこは周辺住民にとって生活の糧をもたらす豊かな漁場だ。太平洋とインド洋を結ぶ海上交通の要衝でもある。行き交う荷は世界貿易総量の30%、金額にして年間約5兆ドルとされる大動脈で、中東からの原油輸送など日本はもとより、中国や韓国の生命線ともいえるシーレーンなのだ。

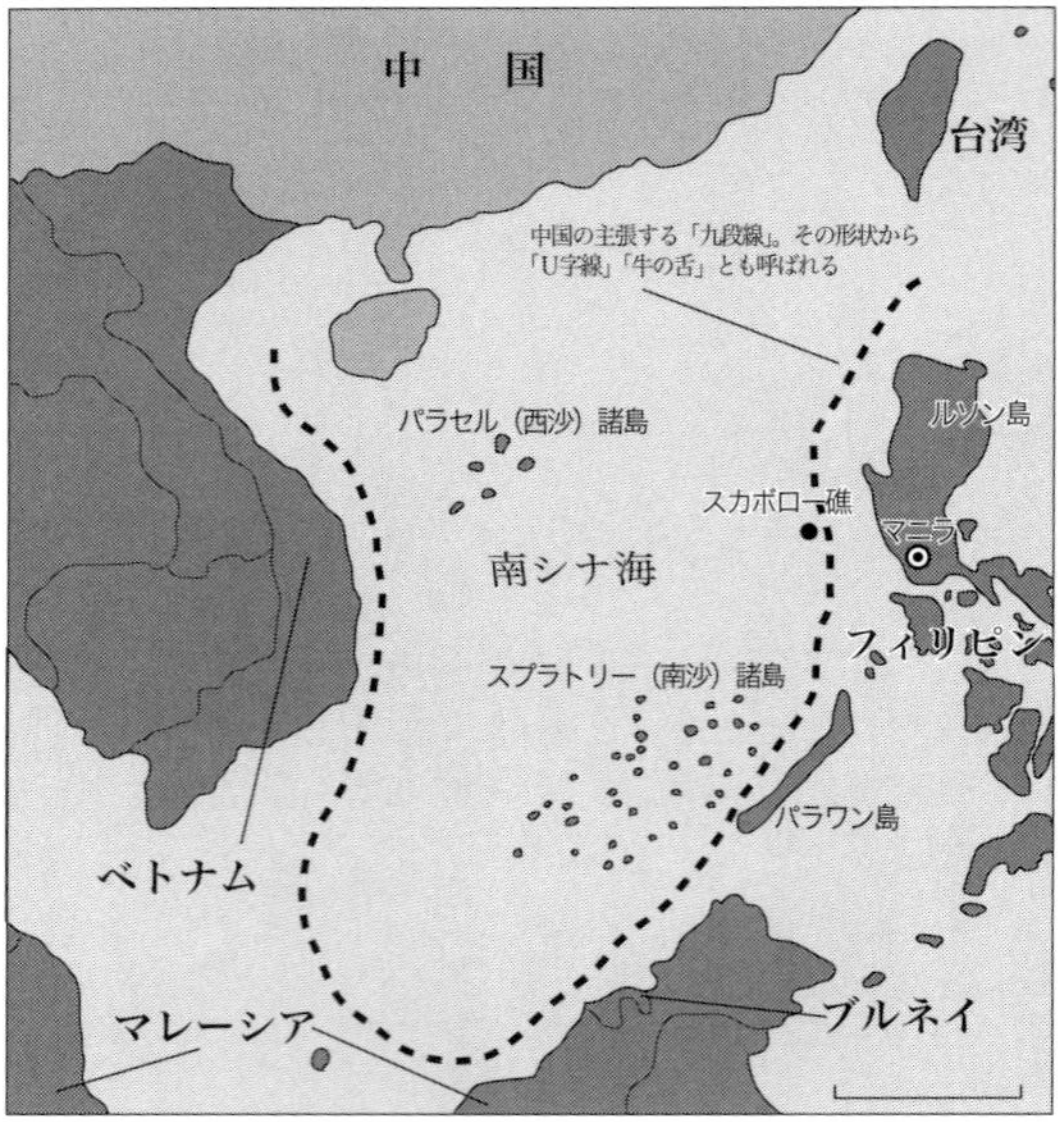

フィリピン政府は2012年、南シナ海の一部を独自に「西フィリピン海」と命名した

この海域にはプラタス（中国名・東沙）、パラセル（同・西沙）、スプラトリー（同・南沙）などの諸島群が散らばり、合わせてざっと250を数える小島や岩礁が点在。大半が面積は1平方キロ以下で、ほとんどが無人島だが、その領有権をめぐって争いが激化したのは1970年代以降だ。背景には、石油や天然ガスなど海底資源の埋蔵が有望視されるようになったことがある。加えて、「国連海洋法条約（UNCLOS）」が締結され（発効は94年から）、その独占的な探査・採掘を認める「排他的経済水域（EEZ）」が200カイリ（約370キロ）に設定されたことも大きい。

伝統的に大陸国家だった中国は49年の建国以来の内政に忙しく、海洋進出に力を入れる余裕はなかったが、79年の「改革開放政策」導入後、急速な経済成長によるエネルギー資源確保の必要性の高まりや国威発揚型ナショナリズムを背負って海洋権益の拡大へと乗りだした。冷戦が終結する90年前後からは、アメリカとロシアの軍事プレゼンスが後退した間隙をぬうようにして海軍力の強化を図りつつ海洋進出を加速させ、周辺国との利害対立がいっそう顕在化した。

プラタス諸島は中国と台湾が、パラセル諸島は中国とベトナムが、スプラトリー諸島は中国、台湾、フィリピン、ベトナム、マレーシア、ブルネイの6カ国・地域が領有権を主張。フィリピンなどがそれぞれ一部の島々についての主張を展開しているのに対して、中国は地図上に「九段線」と呼ぶ独自の境界線を引き、南シナ海のほぼ全域の「歴史的権利」「管轄権」などを掲げて立ちはだかる。近年は特に、中国が岩礁などを次々に埋め立て、人工島を造成したり、港や滑走路、居住施設を建設したりして実効支配をアピールする動きが目立つ。

スプラトリー諸島について、フィリピンは78年、当時のマルコス大統領がパグアサ島などの島々を「カラヤアン（自由）群島」と名付け、行政上「パラワン州の一部」に組み入れる大統領令を発令。近くのミスチーフ礁やルソン島サンバレス州の沖約220キロに位置するスカボロー礁などの領有も改めて宣言した。周辺は零細なフィリピン漁民の漁場で、一時避難の場所でもある。ところが中国は、フィリピンから米軍基地が全面撤退した92年、ミスチーフ礁を占拠したのをはじめ、2012年までにスカボロー礁なども「管轄下」に入れた。

中国の強硬姿勢に、フィリピンが単独で対抗するには軍事面でも経済面でも圧倒的に劣勢下にある。アキノ前政権は14年、アメリカ軍がフィリピン国内の軍事拠点を「共同利用」できる新軍事協定を結ぶなどして中国を牽制。その一方で、紛争解決を国際司法の場に求め、13年1月、「九段線はUNCLOSに違反する」として常設仲裁裁判所（本部はオランダ・ハーグ）に提訴した。内外の歴史学者や海洋学者、法律家らを動員して周到な準備を重ね、国際機関を舞台に法廷闘争を挑んだのである。小国フィリピンとしては賢明な方策と言える。そして3年半後、折しも政権交代でドゥテルテ大統領が就任した直後の16年7月にフィリピン側の言い分をほぼ全面的に支持する裁定が下った。

「かつて南シナ海で中国が歴史的権利を持っていたとしても、現在はUNCLOSのもとで判断される」。裁定は冒頭でこう宣言。その骨子は、①中国が主張する「九段線」内の主権・管轄権・歴史的権利には法的根拠がない②中国がスプラトリー諸島で実効支配しているとする岩礁はいずれも「島」ではなく、UNCLOSが規定する「領海」も「EEZ」も形成しない。従って、この海域には中国の管轄権が及ぶ場所はなく、海域の一部はフィリピンのEEZ内にある③フィリピンのEEZ内で、中国はフィリピンの漁業・石油探査の妨害などを繰り返し、フィリピンの主権を侵害してきた④中国はスプラトリー諸島の七つの岩礁で埋め立てと人工島を建設してサンゴ礁に被害を与えるなど、UNCLOSの環境保護義務に違反している……というもの。

仲裁裁の裁定に罰則規定はない。だが、順守の義務がある。今回の裁定の基礎となったUNCLOSは「海の憲法」とも呼ばれ、国際海洋秩序を支える大黒柱だ。フィリピンは国際的にアピールする貴重な「外交カード」を手に入れたのである。

ドゥテルテ政権は、対米協調とこの外交カードを使いながら、中国との協調外交も展開し、より有利な条件で経済援助などの実利を得る政策を進める。日米などからは「一貫しない」「あいまいな政策」「中国に抱き込まれる」と不安視する見方も出ているが、外交資源の限られたフィリピンではドゥテルテ外交を「柔軟で現実的」と評価する声が優勢だ。それはつまり、「アメリカか、中国か」の選択ではなく、「アメリカも、中国も」の両面戦略である。

一方、中国側は国際的な法廷闘争が自分たちの主張に不利なことを当初から理解していた。習近平政権の幹部は仲裁裁判を「政治的な茶番」と批判し、裁定を「紙くず」と非難して切り捨てる。中国は南シナ海の権益を「台湾」「チベット」「新疆ウイグル」と並ぶ「核心的利益」と位置づけてきた。歴代の中国指導部が国民の圧倒多数派を占める漢民族に訴えて求心力を保つための政治的資産であり、「絶対に譲れない」「一歩たりとも妥協できない」権益だから、裁定を「核心的利益」への挑戦と受けとめざるを得ない。中国指導部はジレンマを抱え込んだのである。裁定を無視して国際社会の非難を浴びて孤立を深めることは避けたい。しかし、国内に向けては弱腰の姿勢も見せられないのだ。

フィリピンやベトナムを含め、南シナ海紛争の係争国がメンバーの東南アジア諸国連合（ＡＳＥＡＮ）に対しては、中国は個別の経済援助などをテコにして足並みを乱す分断政策を展開しながら、実効支配の既成事実を重ねていく戦略だ。

南シナ海が「紛争の海」から「平和共存の海」に向かう日が来るのか。米中をはじめ、フィリピンなど係争国も軍事対決は望んでいない。だが、紛争の火種が偶発的な事件などをきっかけに発火点に達する危険は消えていない。

（大野拓司）

［参考文献］

ビル・ヘイトン著、安原和見訳『南シナ海　アジアの覇権をめぐる闘争史』河出書房新社　２０１５年

矢吹　晋『南シナ海領土紛争と日本』花伝社　２０１６年

アントニオ・カルピオ著、大野拓司訳『南シナ海紛争――西フィリピン海におけるフィリピンの主権的権利と管轄権』（ｅＢｏｏｋ ２０１７年：www/imoa.ph）

45

ドゥテルテ大統領の横顔

★「世直し義賊」の光と影★

ロドリゴ・ドゥテルテ（71）が、2016年6月末、大統領に就任した。数々の暴言などが世界中で報道される一方、国内では高い支持を集めている。大統領選挙での得票率は39％だったが、就任直前の信頼率は84％に達し、就任100日後の信頼率も83％だった。全国で全ての階層から支持されるが、とくに若年層、高学歴者、ミンダナオからの信頼が顕著だ（表1）。従来の大統領が「豊かさ」を約束してきたのに対して、ドゥテルテは国民の自由を統制する厳格な「規律」を掲げる。それを人びとが支持しているのだ。

ドゥテルテへの支持には、フィリピンを今こそまともな新興国に変えたいと願う人びとの覚悟が反映されている。高い税金にもかかわらず、権力者や犯罪者が法規制を回避したり悪用するので、国家の制度が機能せず公的サービスを享受できないことに苛立ちが募っているのだ。例えば、公共事業の汚職が足を引っ張る劣悪なインフラと都市部の交通渋滞、整備不足で稼働率が低く大混雑するマニラの高架鉄道、5カ月ごとにクビを切られる短期契約雇用の横行、密輸品の流入による国内産業への打撃、抜け穴ばかりの農地改革と大土地所有制の継続、末端ま

表1　ドゥテルテへの信任率

		2016年 5月1–3日	2016年 6月24–27日	2016年 9月24–27日
総計		54	84	83
年齢	18 – 34	62	90	89
	35 – 54	54	82	81
	55 –	44	79	81
性別	男性	56	87	84
	女性	51	81	82
地域	マニラ首都圏	51	85	83
	ルソン（首都圏以外）	43	81	78
	ビサヤ	49	79	82
	ミンダナオ	78	93	94
階層	富裕・中間層	60	83	82
	貧困層	52	84	84
	最貧困層	59	84	80
教育	小学校進学	47	80	78
	高校進学	49	82	77
	大学進学	56	85	87
	大学卒業	64	89	89

出所：Social Weather Station

で物資の届かぬ災害支援、警察と犯罪集団がグルになった麻薬ビジネスの蔓延などだ。アキノ前政権も「反腐敗の政治」を掲げたが、汚職の追及はもっぱら政敵を失脚させる手段で、大きな腐敗の構造には手をつけられなかった。

フィリピンでは、伝統的政治家の多くが法律家で、法の知識を活用して権力と富を追求してきた。ドゥテルテもまた法律家だ。しかし、彼には非合法な暴力を使ってでも、エリートの既得権益と腐敗を打破し、貧しい地方出身者やイスラーム教徒ら少数者を苦しみから解放せんとする「世直し義賊」の信念があるようだ。そして、支持者もまた義賊的なリーダーを希求している。法は所詮エリートの武器にすぎず、法を畏れぬアウトローでないとこの国は変えられないと考えているからだ。それゆえ、ドゥテルテの暴言も人びとを苦しめる強大な敵に対する真摯な怒りとして痛快感をもって受け止められている。

義賊の信念とイメージは彼の生い立ちにも由来する。ドゥテルテはフィリピン中部の南レイテ州マアシンという海沿いの田舎町で1945年に生まれた。父は華人系セブアノ人の法律家で、母はミンダナオ島の先住民マラナオ人（その多くがイスラーム教徒）とカマヨ人の血を引く教師だった。1951年、一家はミンダナオ島のダバオ市に移り住んだ。ドゥテルテがミンダナオから選出された初の大統領と言われる所以である。貧しい地方で生まれ育ち、社会的に周縁化された少数者の子孫であることは、彼の人格形成に決定的な影響を与えたに違いない。

高校時代は、教会系の学校で神父の教員に性的虐待を受けたり、札付きの不良として名を馳せ高校を2回も退学させられるなど順風でなかった。その後、マニラのライシアム大学政治学部で、後に共産党を組織するホセ・マリア・シソンに学んだ。ライシアムはトップ・エリートが学ぶ伝統校ではないが、民族主義者のラウレル元大統領が1952年代に創設した大学だ。貧しい大衆の率直な言葉遣い、「神を信じるがどの特定の宗教にも属さない」と語るカトリック教会への反発、「社会主義者」を標榜する左派思想は、この青年時代に身につけた。1968年に父が亡くなると心を入れ替えて勉学に励み、父と同じ法律家になるべくサン・ベダ法科大学院に進むが、彼の民族的出自を侮辱しイスラーム教徒をいじめた同級生を銃で撃って退学になりかけたという。だが結局、終了式の参加を禁じられただけで退学を免れ、司法試験にも合格した。

政治家になったのは両親の影響が大きい。父ビセンテはセブ州の有力政治家一族に属し、セブ州ダナオ町長代理（1946年）、ダバオ州知事（1959－65年）、マルコス政権（戒厳令前の1965－68年）の総務長官を歴任した。他方、母ソレダドは、ビセンテの死後、貧困層の支援活動などに関わるようになり、1983年にベニグノ・アキノが暗殺されると、ダバオ市でマルコス政権を批判する「イエロー・フライデー」運動を率いた。そのため、1986年に民主化が起きるとコラソン・アキノ大統領がソレダドをダバオ副市長に任命するが、彼女は息子の方が「ボリシェビキ」的な民衆重視の信念を持っているとして彼を推薦した。ドゥテルテは、1977年以来、ダバオ市検察庁に務め第二副検事にまで出世していたが、これを受けて副市長に就任し、1988年には市長に当選する。

当時ダバオでは、共産党傘下の新人民軍が武装闘争を展開する一方、国軍の協力のもと反共自警団が結成されるなど、住民を巻き込む深刻な暴力が吹き荒れていた。ドゥテルテは新人民軍と交渉して市外退去を実現させ、自警団の暴力も活用しつつ治安を回復した。警察の腐敗体質をなくし、治安維持に尽力させることにも成功した。その際、高校生の時に警察とつるんでパトロールに同行した経験が生きたという。以来、厳格な規律に基づく統治で絶大な支持を得てきた。例えば、犯罪者の断固たる処罰、スピード違反の取り締まり、夜間の酒販売の禁止、公共の場での禁煙、ゴミの分別、投資家をめぐる手続きの簡素化などを実施した。他方で、あらゆる差別を罰する「差別禁止条例」や、女性の尊厳と権利を擁護する「女性開発条例」も制定している。

ドゥテルテは下院議員だった3年間を除き国政に携わったことがなく、市長の時の感覚と経験に基づいて改革を進めている。最大の公約は麻薬ビジネスの撲滅で、警察や民間人による超法規的な処刑の横行も黙認する。だが、ここには矛盾がある。ドゥテルテは厳格な規律で社会を統治する「強い国家」を目指しながらも、既存の法制度を非効率で腐ったものと見下し、麻薬・犯罪対策の権限と予算を自身に集中させ、超法規的な手段も厭わない。そのため、本来の目的とは裏腹に、法制度をいっそう弱体化させてしまいかねない。

国民の和解も治安回復策の一貫だ。彼自身が多民族の混血で、息子がイスラーム教徒と結婚し、8人の孫のうちイスラーム教徒とキリスト教徒で半々なことを国民融和の象徴として語る。具体的には、ミンダナオで培った関係を駆使して、新人民軍との無期限停戦を実現し、イスラーム反政府勢力とも和平を進めている。地方重視の姿勢も顕著で、連邦制を導入し、中央のエリートが握ってきた資源を地方にも分配しようとしている。ただし、そのためには憲法改正が必要であり、それに成功しても連邦制が地方エリート支配を強化して、国家の法執行力をさらに弱める危険もある。

ドゥテルテの経済政策は、治安を回復し役所の腐敗と非効率を一掃すれば、国内外から投資が集まって経済発展するはずだとの信念に基づく。就任早々、全国の地方政府に対して投資家が必要なビジネス許認可を2日以内で発行するように命じ、海外出稼ぎ労働者が一度に必要な書類を集められる「ワンストップ・ショップ」化も進めた。基本的には経済自由化を促進する立場である一方、短期契約労働の廃止と正規雇用の増加を訴えて支持を集めている。ただし、国内企業と外資の反発があるため、それを抑えて断行できるかが鍵だ。また、人権と法の軽視が欧米投資家の懸念を呼び、株価の低下とペソ安が進むなど経済への悪影響も出ていることも不安要因である。

ドゥテルテはアメリカからの影響力を排した「自主外交」を暴言というかたちで宣言し、世界を驚かせた。彼は柔軟な現実主義者だが、ナショナリズムと麻薬対策については頑なに信念を貫こうとする。当初はアメリカとの同盟関係を重視すると言っていたのに、突如、反米発言を繰り返すようになったのは、アメリカが人権を盾に麻薬対策を批判したことが、彼のナショナリズムに火をつけたからだろう。他方、中国に対しては、南沙諸島をめぐる仲裁裁判所の判決を武器に二国間交渉で経済的利益を最大限に引き出そうと目論んでいる。また日本とも経済的・安全保障的に緊密な関係を維持しようとする。いずれにせよ、米中の覇権が拮抗する現状が続く限り、フィリピンはキャスティング・ボードを握って自国の影響力を最大化できる。しかし、大国の弱みに付け込む小国の瀬戸際外交は、短期的に自国の利益を促進することはあれど、長期的な信頼と安定を醸成するとは限らない。ドゥテルテの外交が新たな地域秩序の構築に寄与するのか、それとも深刻な混乱を招くのかは未知数だ。

（日下渉・加藤昌平）

V

躍動する経済

コールセンターが集まるビジネス街（2015 年セブ島、鈴木伸隆）

46

人口ボーナス

★増加する生産労働力★

フィリピンの人口は、2015年の国勢調査（速報値）によると、約1億100万人であった。2016年現在、フィリピンは世界で12番目に人口の大きい国である。

図1は2010年の人口国勢調査を基に作成した人口ピラミッドである。いまだに「ピラミッド」という言葉がそのまま当てはまるような形になっていることがわかる。全人口を年齢順に並べた場合、ちょうど真ん中にくる人の年齢中央値は23歳で、日本の46歳、タイの33歳、インドネシアの28歳などに比べると若さが際立つ。

人口動態について少し詳しくみてみよう。表1に示したように、フィリピンの年平均人口増加率（2000～10年）は1・9%で、1人の女性が一生に産む子どもの平均数を示す合計特殊出生率は3・3人（2010年）である。いずれも東南アジアの中で高い数値だ。そして65歳以上の高齢人口比率は4・3%である。過去の数値と比べると、合計特殊出生率は低下し、高齢人口比率は少しずつ上昇しているが、そのスピードは非常に遅い。日本はもとより、中国や韓国、タイなどアジアの国々で懸念されている少子高齢化は、フィリピンに

人口ボーナス

図1　人口ピラミッド（2010年）　　人口ピラミッド予想（2030年）

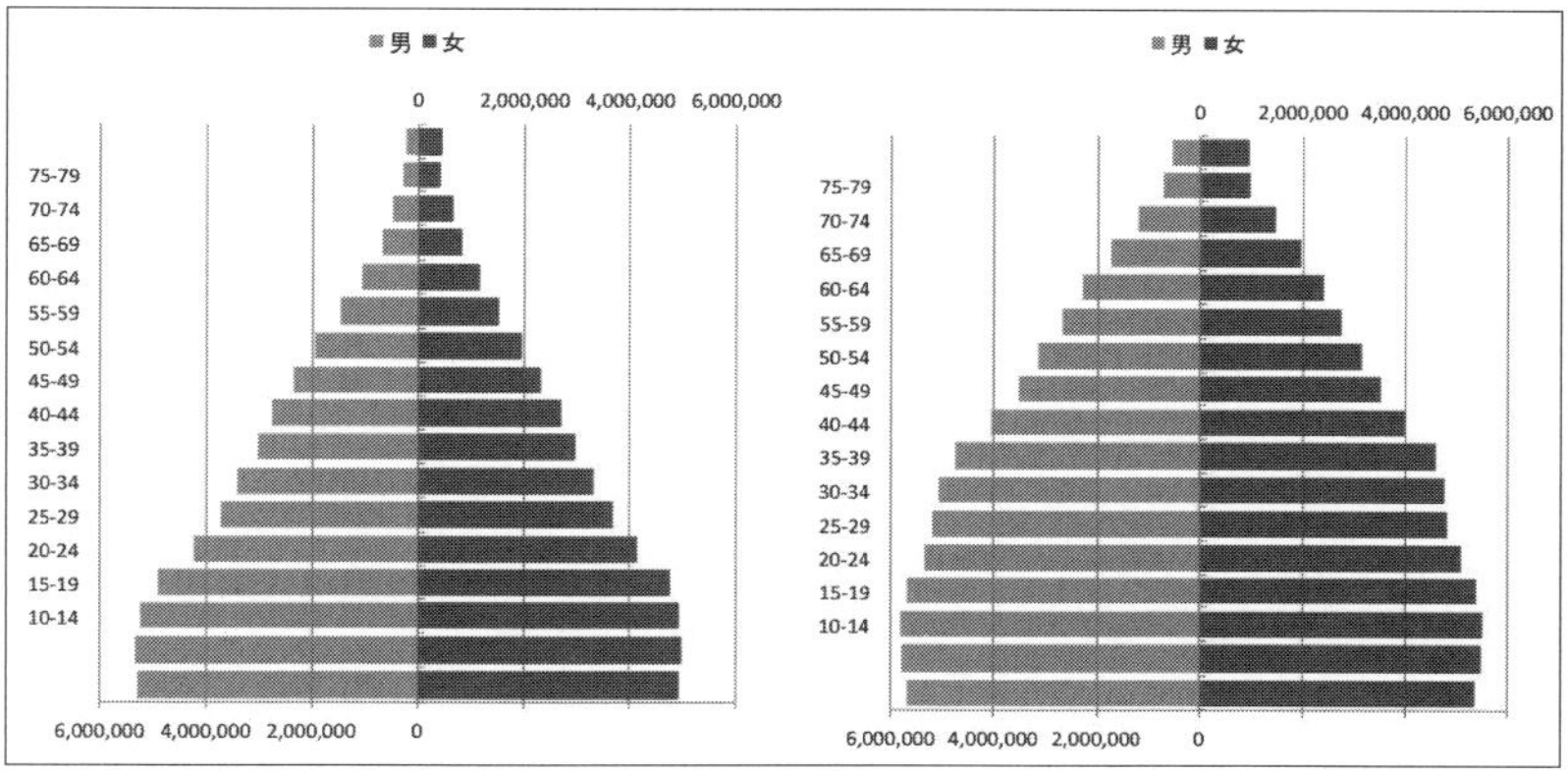

出所：NSO, *2010 Census of Population and Housing;* PSA, Population projections.

表1　フィリピンの人口構造

	1980年	1990年	2000年	2010年	推計値		
					2020年	2030年	2040年
総人口数（1000人）	48,098	60,703	76,506	92,337	109,948	125,338	137,532
人口増加率（%）	2.71	2.35	2.34	1.90	1.59	1.21	0.84
年齢階級別人口構成							
年少人口 0-14歳（%）	42.0	39.6	37.0	33.4	30.3	26.8	22.9
生産年齢人口 15-64歳（%）	54.6	57.0	59.2	62.3	64.2	65.5	67.0
高齢人口 65歳以上（%）	3.4	3.4	3.8	4.3	5.5	7.6	10.1
合計特殊出生率（人）	5.5	4.5	3.9	3.3	2.9	2.6	2.4

注：いずれも国勢調査年。2020年以降は中央推計値。

出所：NSO, *Census of Population and Housing*（各年版）; PSA, *Population Projection Statistics* より作成。合計特殊出生率のみ United Nations, *World Population Prospects: The 2015 revision* 参照。

とってまだどこか他人事である。とはいえ、人口増加率は2000年代になって初めて2%を切った。近隣諸国と同じく、経済発展や都市化による出生率の逓減がその背景にあるだろう。今後、フィリピンでもゆっくりと高齢化も進み、それに伴い人口ピラミッドが少しずつ変型していくと思われる。

年齢階級別にみると、15歳から64歳までの生産年齢人口を全人口で割った比率は62・3%で、この比率は2050年ごろまで増加しつづけると予想されている（表1）。このようにフィリピンの人口動態における最大の特徴は、若年層の厚さに支えられた生産年齢人口比率の上昇、すなわち「人口のボーナス（ご褒美）」がしばらく続くと見込まれることにある。

かつて、フィリピンなど途上国では人口増加率が現在よりもさらに高く、人口爆発が起きているとされていた。人口爆発は貧困問題の一因でもある。ネガティブな事象として捉えられ、国によっては産児制限を行うようになった。ところが近年、少子高齢化が顕著な国が急速に増えていくなかで、改めて生産年齢人口が増えていくことに経済的なプラスの効果が見出されることになった。フィリピンはまさにそうした「ボーナス」を享受している国なのである。

人口ボーナスは、二つの面で経済成長にプラスの効果をもたらすと考えられる。第一に、労働投入量の増加である。経済成長の要因のひとつである労働力が増加すれば、経済も成長するという考え方だ。第二に、貯蓄率の上昇である。生産年齢人口比率が高まれば収入が支出を上回る貯蓄可能年齢層の増加につながり、家計全体の貯蓄率を引き上げる。貯蓄率の上昇は投資率の上昇を通じて最終的に資本ストックの増加をもたらす。資本ストックも経済成長の要因の一つと考えれば、それは経済成長にプラスの効果をもたらす。このように、人口ボーナスがしばらく続くと見込まれているフィリピンの将来性もしくは潜在性は非常に高い。

しかしながら、人口ボーナスを有効に経済成長に結びつけるためには、増加しつづける労働力を十分に吸収するだけの雇用が必要だ。残念ながら、フィリピンは雇用創出力が弱く、労働力が海外に流出している。おまけに貯蓄率も低い。人口ボーナスを無駄にしないための諸策が求められている。

次に、２０１０年国勢調査から把握できる人口構成の特徴について概観しておきたい。人口の地方別分布と民族・言語別分布をみてみよう。

地方別人口分布をみると、マニラ首都圏（ＮＣＲ）は１１８６万人（総人口の12・８％）である。その他、首都圏に隣接するカラバルソン（Region IV-A）が１２６１万人（13・７％）、首都圏の北方に位置する中部ルソン（Region III）が１０１４万人（11・０％）である。首都圏を含めたこれら３地方に総人口の４割近くが集中していることになる。ちなみに、これら３地方は経済活動も集中しており、フィリピンの国内総生産の約６割を占めている。

民族については、まず外国人が２０１０年時点で約13万人（０・14％）と非常に少ない。これは国勢調査のあり方にも原因があるのではないかと考えられる。それより興味深いのは、国内の民族分類だ。国勢調査では先住民族にも配慮して細かく分類されており、その数は１００以上にもなる。多い順番に６つ挙げると、タガログ（24・４％）、ビサヤ（11・４％）、セブアノ（９・９％）、イロカノ（８・８％）、イロンゴ（８・４％）、ビコール（６・８％）となる。一番多いタガログは首都圏とその周辺、すなわち中部ルソンやカラバルソン地域に多く居住している。

民族は言語とも密接に関連している。国勢調査によれば、フィリピン国語の中核であるタガログ語を家庭で主に使用している世帯は全体の37・5%で最大である。民族分類でみたタガログの割合（24・4%）よりも大きいのは、やはり事実上の国語だからであろう。だが、それでも半分にも満たない。民族分布と同じく、タガログ語自体は主に首都圏とその周辺で使用される地方言語の一つにすぎないのである。さらに家庭内使用言語をみていくと、タガログ語の次にビサヤ語（14・7%）、セブアノ語（8・2%）、イロカノ語（8・1%）、イロンゴ語（6・4%）、ビコール語（4・3%）と続く。

フィリピンは1億人超の人口を擁し、２０３０年ごろには日本を抜くと予想されている。増え続ける人口は国力の源でもある。彼らを十分に包摂するような社会になったとき、フィリピンはさらなる飛躍を遂げているだろう。

（鈴木有理佳）

［参考文献］

「特集　人口センサスからみる東アジアの社会大変動」アジ研ワールド・トレンド（No.238）２０１５年８月号
http://www.ide.go.jp/Japanese/Publish/Periodicals/W_trend/201507.html

47

経済発展

★高い成長率と偏った構造★

フィリピンの経済発展はスピードが遅く、偏った経済構造と格差を伴ってきた。

１９６０年以降の１人当たり国内総生産（ＧＤＰ）を近隣諸国と比べると、フィリピンは韓国やタイ、それにインドネシアなどに順次追い抜かれた（図1）。つまり、これまでの発展はゆっくりした「マイペース」だったのである。注目したいのはその経済構造だ。サービス業偏重で国内の雇用創出が十分ではなく、失業率が高めでなかなか改善しない。おまけに海外就労者が年々増え続け、彼らの送金がフィリピン経済を支えている。国内で自ら付加価値を拡大しつづける構造になっていないのだ。

私たちが一般的にイメージする東アジアの経済発展は工業化を伴う展開ではないだろうか。すなわち、工業化が進むにつれて産業構造も農林水産業から工業へと比重を移し、それとともに経済が発展するというイメージである。そしてさらに発展すると、現在の日本のようにサービス業の比重が高くなる。

ところがフィリピンの場合、工業よりもサービス業の拡大が速かった。図2で示したように、ＧＤＰに占める工業の割合は１９８０年代前半をピークに、その後、減少している。一方、

図1　1人当たり GDP（名目ドル）

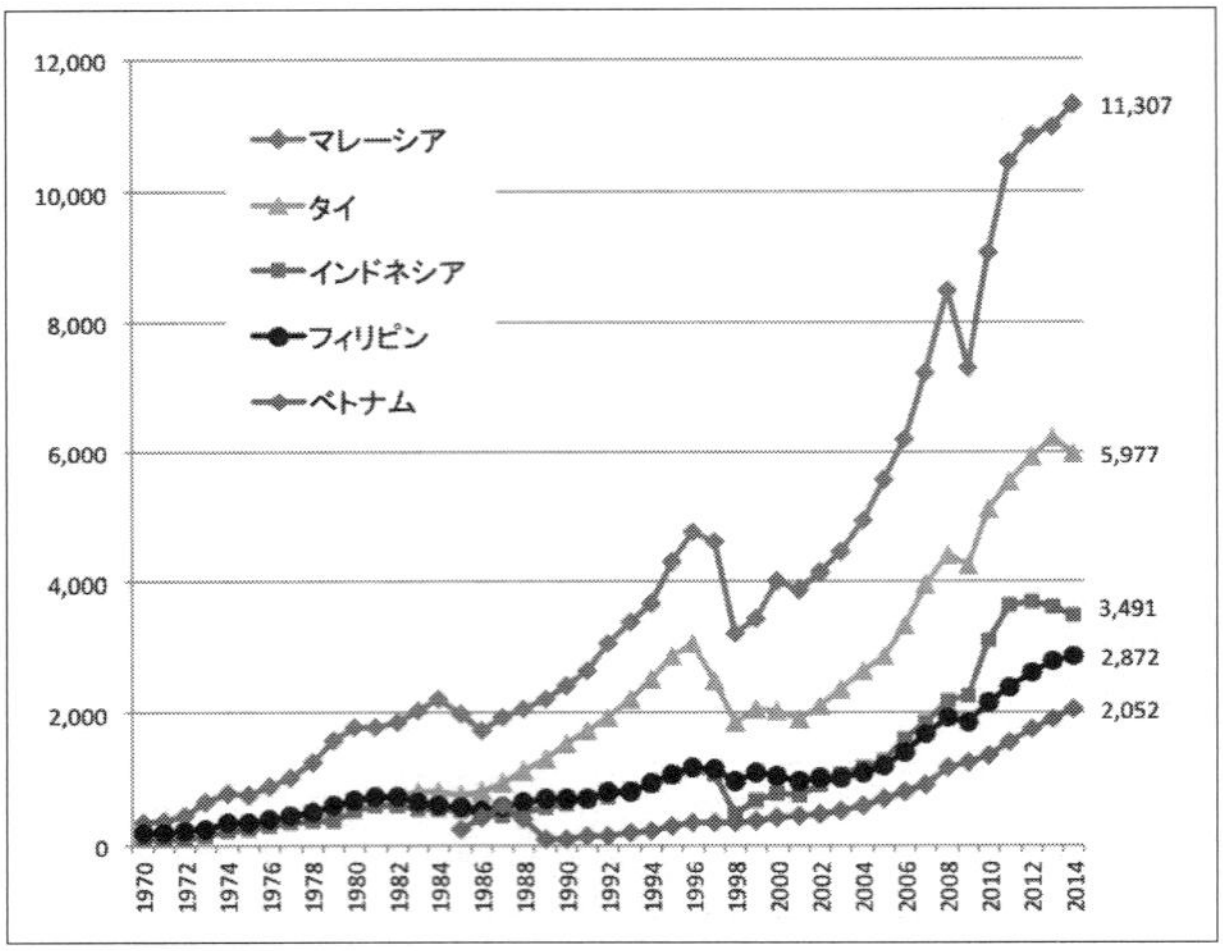

出所：World Bank, World DataBank, World Development Indicators.

図2　産業構造の推移

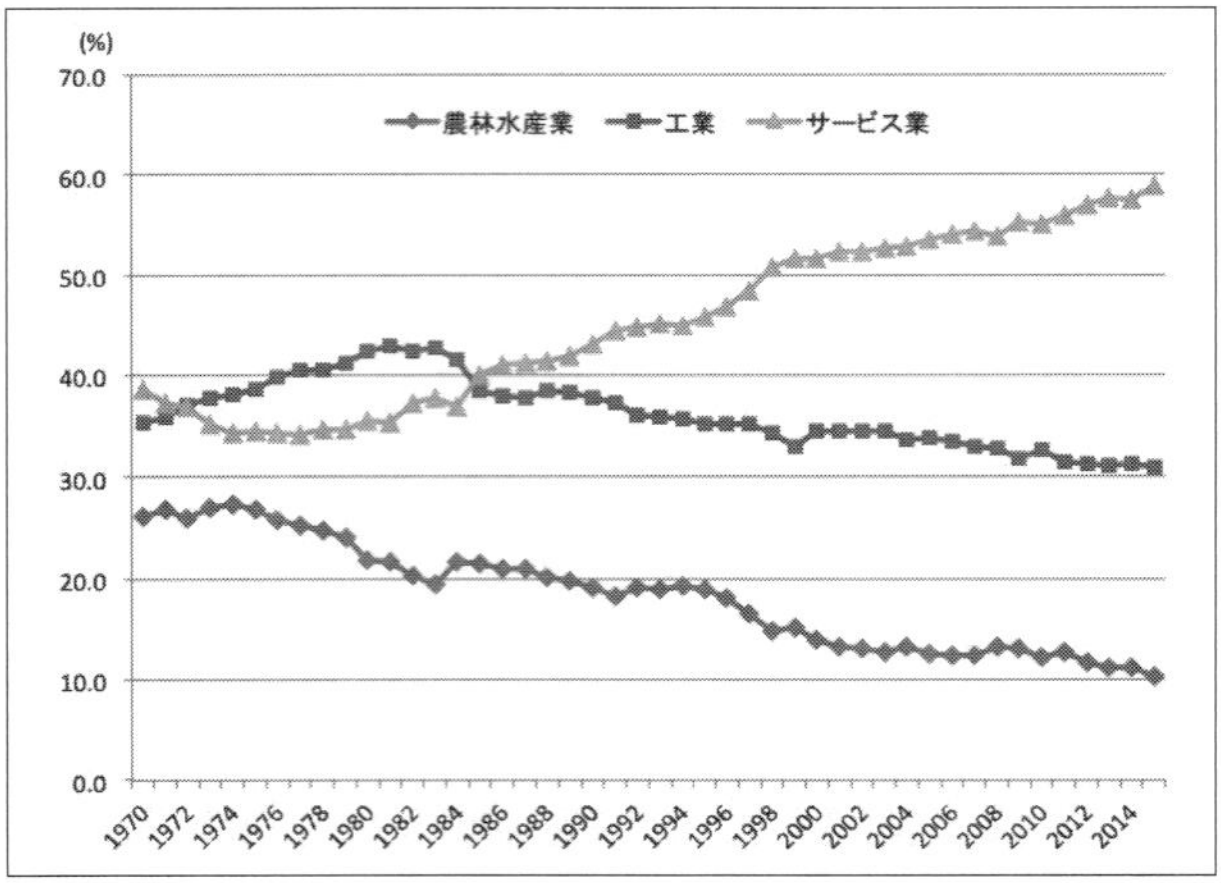

注：工業は鉱業、建設業、製造業、電気・ガス・水道からなる。
出所：PSA, *National Accounts of the Philippines.*

サービス業は1970年代以降増加し、現在では60%に達しようとしている。フィリピンの経済発展は工業化によってもたらされたというより、サービス業の拡大を伴うものであったのである。ただし、サービス業と一概にいっても、その内訳は生産性の非常に高い業種から低い業種まで多岐にわたる。

フィリピンの場合、GDPに占める割合が大きい順に商業（2015年は18・1％）、不動産・コールセンターや法律・会計事務所などを含むビジネスサービス（同12・9％）、金融（同8・0％）、運輸・通信（同6・4％）となっている。

本格的な工業化を経ずしてサービス業に偏っていく産業構造は、労働市場にも影響を及ぼしている。投資が低調で年々増加する労働力を十分に吸収するだけの雇用創出がなく、海外就労者が多いうえ、それでもまだ失業率が高いのである。海外就労者として出国する人（フロー）は年間160万人を超え、その累積（ストック）では全労働力人口の約1割が海外で働いていると推定される。加えて、海外就労者とは別に、海外に定住している人たちも多い。こうした在外フィリピン人らによる本国への送金額は、中央銀行が把握している正規ルートで年間250億ドルを超え、その規模はGDPの1割程度にも相当する。彼らの送金が消費の原動力としてフィリピン経済を支えているのだ。このように海外就労者が多いにも関わらず、国内の失業率は常に6～7％台で、実数にすると270万人を超える。そして失業者の半分は15～24歳の若年層だ。学歴が大卒以上という人たちもざっと20％いる。フィリピンの産業構造や労働市場がいかに偏った状況にあるかがわかる。

フィリピンの経済発展のもう一つの特徴は、大きな格差を伴っていることだ。格差には地域格差と所得格差の二つがあるが、ここでは地域格差についてみてみよう。

地域格差は1人当たりGDPを比較すると一目瞭然である。いちばん高いのがマニラ首都圏（NCR）で、全国平均の約3倍。一方、いちばん低い南部のムスリム・ミンダナオ自治地域（ARMM）の約11倍である。経済活動も首都圏とその近隣地域に集中している。図3で示したように、2014年

図3　GDPの地域別割合（2014年）

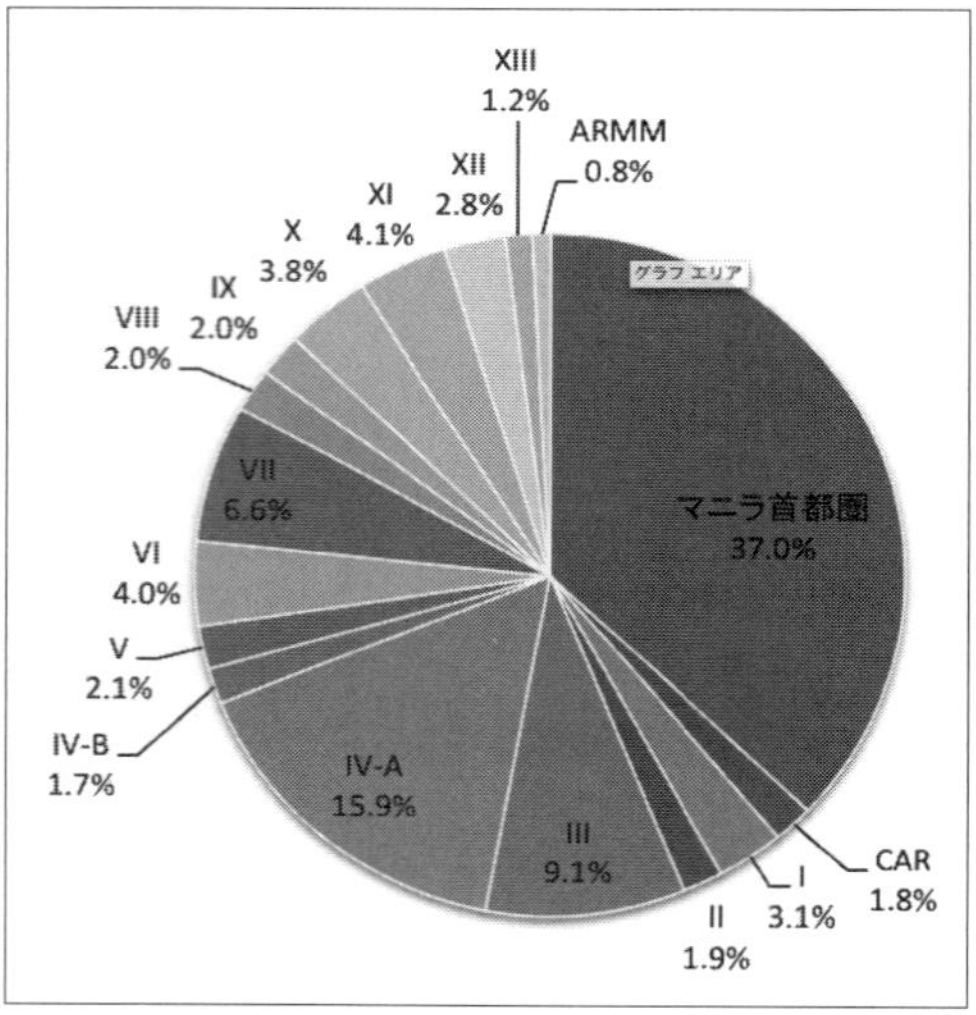

出所：PSA, *Gross Regional Domestic Product.*

の地域別GDPでは首都圏が全体の37・0%を占め、次にカラバルソン（RegionIV-A）が15・9%、中部ルソン（Region III）が9・1%で、これら3地域を合わせて62・0%である。産業別では、サービス業の半分が首都圏に集中する。製造業にいたってはカラバルソンに約40%が集まっており、そこに首都圏と中部ルソンを合わせると70%になる。このようにフィリピン経済は首都圏一極集中型である。いくつかの地方都市がそれぞれの地域の経済を牽引しながら国全体で発展していくような構図にはなっていない。

以上のように、フィリピンの経済発展は偏った経済構造と格差を伴い、包摂的（inclusive）ではなかったのである。また、それだからこそ経済発展のスピードが遅いとも考えられる。そして遅いがゆえ、いつまでも包摂的にならない。そんな悪循環が長く続いてきた。

そうしたなか、近年ようやく変化の兆しも出てきた。2000年代になって経済成長が高めに持続し、経済発展が一部で感じられるようになってきたのだ。とりわけ企業の業務プロセスの一部を専門企業に外部委託する「ビジネス・プロセス・アウトソーシング（BPO）」産業が都市部を中心に生み出され、英語を話せる大卒若年層の雇用の受け皿として拡大している。賃金が比較的高いことから、若い高学歴層の就職先としての人気は高い。いわゆる「小金持ち」が増え、彼らによって消費がさらに喚起されている。そのうえ、BPO企業の入居を見込んだビル建設などによって建設業界や不動産業界も活況である。このように、フィリピン経済の一部で好循環の歯車が回り始めているのだ。

とはいえ、全体を見渡すとまだ限定的である。雇用が大卒者に限られているからだ。消費や輸出の拡大が産業全般の投資の拡大をもたらし、それがさまざまな職種を含む幅広い雇用創出と地方経済の活性化に繋がるような経済構造になったとき、フィリピンの経済発展はさらに加速すると見込まれる。

（鈴木有理佳）

48

民衆経済

★あるスラムの30年★

マニラの、あるスラムに通い30年の月日が過ぎた。いまも朝は早い。5時には、周りの喧噪で目が覚めてしまう。そんなとき、しばしば板の間の寝床で想いにふける。

かつて、そこは悪臭漂う劣悪な空間であった。放置された養魚場への廃品の不法投棄によってできた「ゴミ捨て場」の上の集落である。しかし、1990年代後半以降、このスラムは大きな変貌を遂げ、数々の耐えがたい差別を生んだ「ゴミ捨て場」という不名誉な渾名《あだな》は忘れ去られた。雨期には汚水が滲み出していたゴミの絨毯は、選挙があるごとにコンクリートで覆われていき、かつての面影はなくなった。建設労働者や工場労働者が廃品回収人にとってかわり、代表的な職種となった。以前は法定の最低賃金すら無視されていたのに、今は最賃を稼得する者も増えている。トイレも腐敗槽形式ではあるが、多くの家が持つようになった。通学の風景を、寂しそうに眺める子どもの姿も見受けられない。NGOの援助もあり、希望する子どもは誰でも通学できるようになったからだ。

この地区では盗電が日常的におこなわれている。業を煮やした電気会社が配線を切断するので頻繁に停電になるが、かなりの住民が盗電の恩恵を受けてきた。家電製品があふれ、中古とはいえ、携帯電話はもちろんパソコンも見かける。当局に無断で設けた水道もあり、ほとんどの家庭に蛇口がついたので、ボウフラの巣と化していた、洗濯と水浴び用に雨水を溜めたドラム缶が少なくなった。一晩中扇風機を回すことができれば、デング熱も減るというものだ。無数の蚊と夜通し格闘した日々はすでに遠い。簡単に病死する子どもも少なくなった。

ここは、スクオッターであっても、もはや昔の「スラム」ではない。こうした「発展」の背景にある地域に固有な要因は何か。そして、それは、人びとにどのような影響を与えてきたのか。

地方から人びとが首都圏に集まり始めた1960年代末から、この地区の生業は5カ所の仕切り場を中心とする廃品回収であった。1985年前後は貧困激化が進み、0・7ヘクタールほどの「ゴミ捨て場」には200世帯ほどがひしめき、そのほとんどが何らかの形で廃品回収関連の職種に依存していた。当時は多くの人びとが一日二食を強いられた。まともな食事は夕食だけ。「ブランチ」は夕食の残り汁と魚醤でご飯を流し込むのが普通だった。たまには目玉焼きが出てきたが、その一枚を11人家族と分け合ったこともあった。

耐え難い空腹を、私は喫煙で凌いだ。水浴びと洗濯は雨水を使うが、飲用水は近くの怪しげな水売りから購入した。朝5時頃に列に並び、1ダースのポリ容器を借りてホースで水を入れ、寝泊りさせてもらっていた滞在先の家まで運ぶことが、私の唯一の仕事だった。便器つきのトイレがある家は1割にも満たなかった。「私の家」も砂利を敷いた水浴び用の囲いが兼用トイレだ。汚物を新聞紙にまるめ蓋付きバケツに入れておき、夜半に目の前の川に投棄する。だが、この「包んで捨てる」という

「技術」は日本人には抵抗があると思われたのか、川岸に唯一ある「公衆トイレ」を勧められた。

朝の水運びを終えるや、今度は「公衆トイレ」の長蛇の列に並ぶのだ。それは、多くの住民と友人になるきっかけになった。「お前もこのトイレを使うのか」。そこでの出会いが縁となり、それまで拒否していたインタビューを受け入れてくれた強面の荷役人夫もいた。「漁師」の意味も理解できた。汚物を受け止めてくれる川には丸々としたティラピアが口を開けて待っている。すぐ近くを小舟に乗った住民が私に手を振りながら、漁に勤《いそ》しむ。魚は地区内で直売され、夜の食卓にものった。

振り返れば、人びとと共有した「闘い」の記憶は、私と彼らとの信頼の礎となった。意見が合わずに気まずくなったとしても、どちらかが当時の苦しかった想い出話を語り出すとき、その場は、すぐに和やかになる。彼ら同士の諍《あらそ》いを鎮める特効薬も、また、その記憶である。いつもは犬猿の仲の二人であっても、一方が外部者とのトラブルに巻き込まれれば、他方は損得勘定抜きに住民側に加勢するのは、様々な出来事の歴史ゆえだと、古老が話してくれた。

2000年に「世界価値観調査」の1項目と同じ内容で18歳以上の全住民を対象に調査を行ったことがある（図1）。幸福度を5段階評価で尋ねるものだが、結果は「とても幸福」が60%（「幸福」を含めると90%）を占めた。一時点における意識調査とはいえ、これは驚くべき結果である。幸福だと答えた住民に、その最大の理由を自由回答で尋ねると、75%以上が地域内の社会関係を挙げた。人びとは何よりも周りの人間関係を大切にしているのだ。

その「人間関係」を近似的に測るには社会ネットワーク分析が役立つ。調べると、図2のように、この地区では血縁・姻族関係と儀礼親族関係によって人びとが「みなつながっている」（儀礼親族とは、

図 1a　幸福度（5）と物価水準調整後の一人当たり所得：2000 年

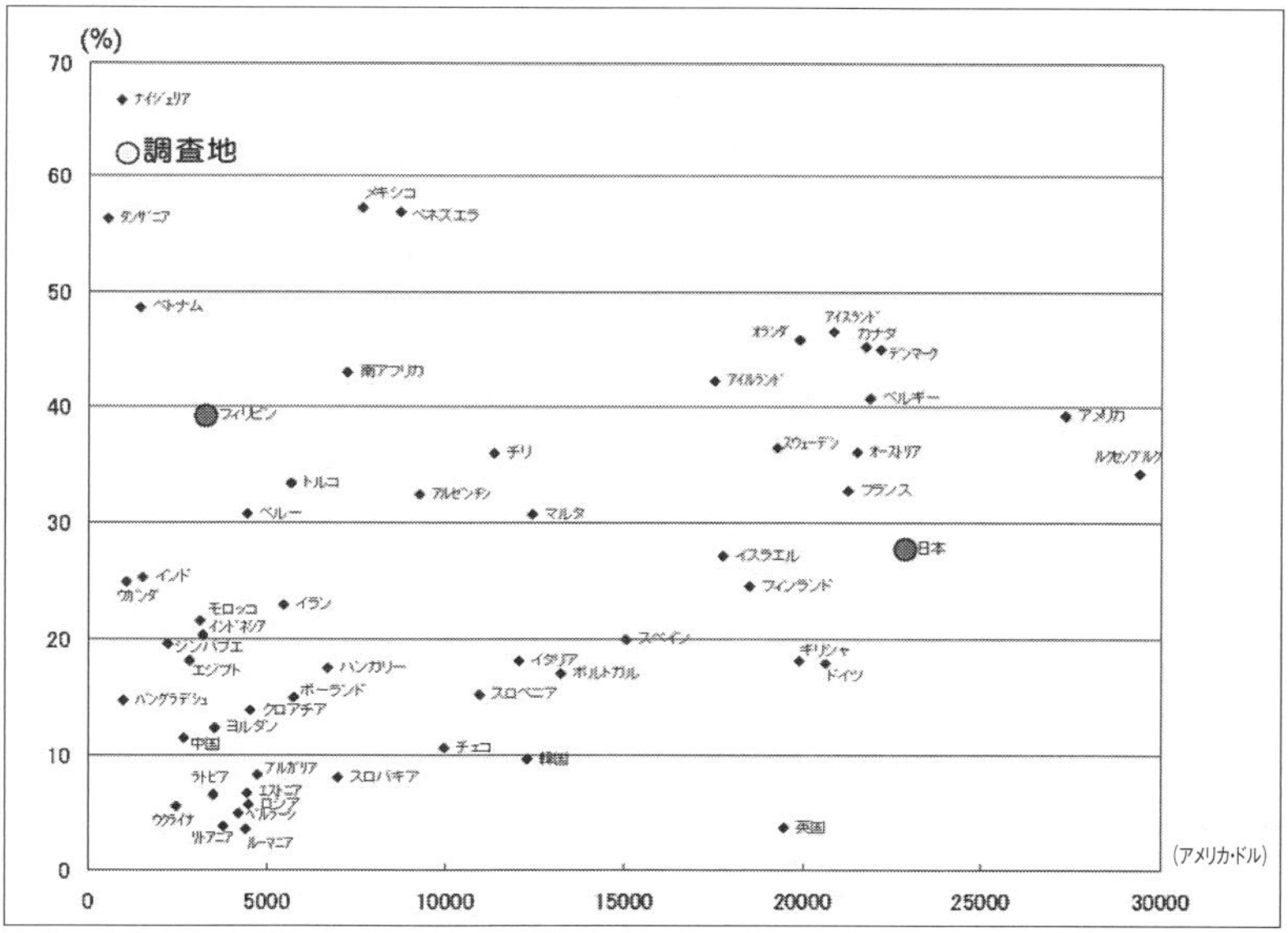

出所：電通総研・日本リサーチセンター編『価値観データブック』（同友館　2004 年）、著者作成

図 1b　幸福である理由（幸福度 4、5 を対象）

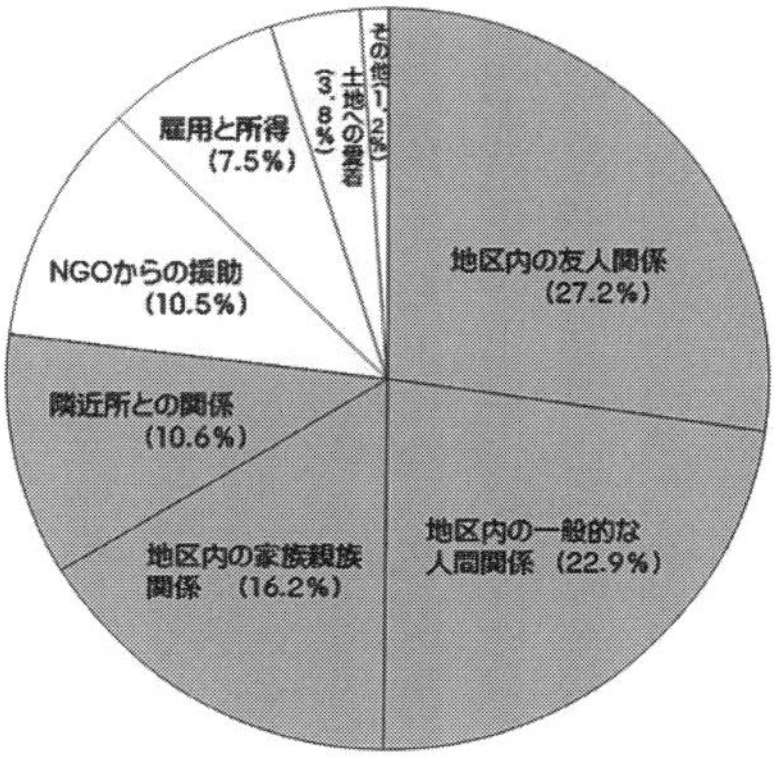

出所：著者作成

図２　調査地における同族集団間の親族・姻族／儀礼親族のネットワーク（2005年）「みなつながっている」

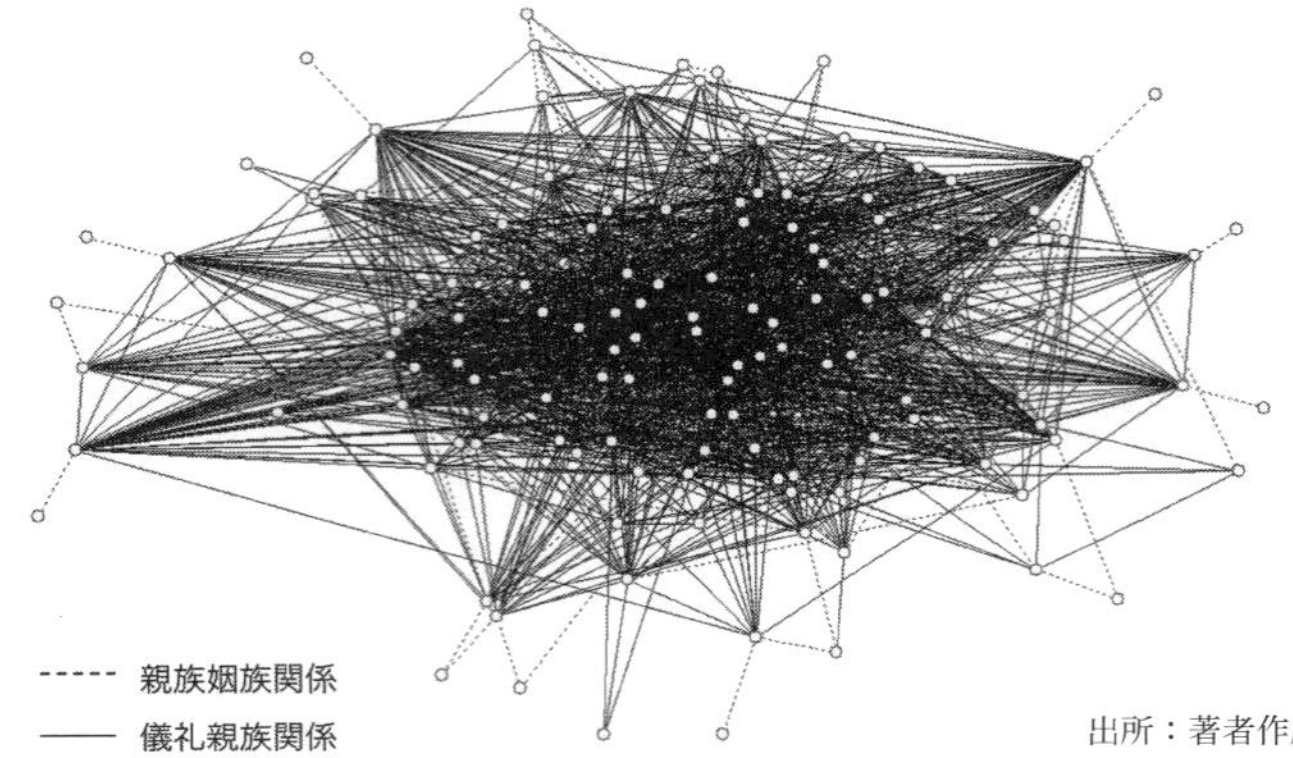

カトリックの洗礼、堅信礼、結婚の際の証人であり、その役割は宗教を超え家族間の利害に及ぶ）。

それはいくつかの興味深い仮説を間接的ながら裏付ける。まず、「強い紐帯」の「強さ」である。好景気の時には、人びとには、ふだんはあまり接触のない地区外の人びととの「弱い紐帯」を通してできるだけ良い職を探す余裕がある。しかし景気が後退するとそれは期待できず、ふだんから緊密な関係を持つ地区内の「強い紐帯」に頼らざるを得なくなる。このようなとき、人びとが大切にしてきた「人間関係」は「安全網」として強力な情報を提供してくれる。

「良きリーダー」の誕生も説明できる。30年前は、政治経済的に力を握っている仕切り場経営者などの「親方」（有力者）が廃品回収人などの「子方」と1対1の関係を築いていた。「子方」間の関係は希薄であり、「子方」が「親方」のみに頼らざるを得ない状況だったのだ。「親方」による「分割統治」である。ところが、地区内での結婚が繰り返されたり、儀礼親族が増えたりしていくと、「子方」間の関係が密になる。「親方」の「評判」が地区内を駆け巡るようになるとき、「分割統治」にあぐらをかいてきた「親方」がダメージを最小限に留める策は、もはや良き「リーダー」となることしか残されていない。じじつ、当初、よく聞かれた地区内の「親方」たちに対する不平不満は90年後半以降、影を潜め、多くの人びとは「親方」たちが人間的に成長したと評価している。

このように、地区内の政治経済とその濃密な社会関係の間には極めて強い相互依存関係がある。上からの画一的政策は開発の失敗をもたらすという議論が、近年「開発研究」で見受けられる。解決策は、貧困層の諸権利と地域固有の民衆知を尊重し、人びとの多様性を生かす分権的機構を構築することだという。ここで紹介した事例は、その自発的な「発展」の事例の一つになり得るであろう。

注目すべきは、その根底には厳しい環境を「生き抜き」つつも、豊かな「人間関係」を守るという、いわば彼らの「哲学」が存在すると解釈できる点だ。そして、その大本にあるのが、人びとが共有する苦しい時代の記憶である。彼らは「人間関係」を重視する「哲学」とそれを活用する豊かな「知恵」を、半世紀にわたる貧困と差別との闘いから見出してきたのだ。彼らにとって「人間関係」は、一義的には決して所得を増やすための「資本」、社会関係資本（social capital）ではない。私には、あくまでも、「人間関係」それ自体が彼らの幸福の源泉であるように思われる。

（中西　徹）

［参考文献］

日下　渉『反市民の政治学』法政大学出版局　2013年

中西　徹『スラムの経済学』東京大学出版会　1991年

中西　徹「マニラ――都市貧困層の社会ネットワーク」藤巻正己他編『新・世界地理』朝倉書店　2009年

49

貿易

★輸出性向の低下とサービス輸出の増加★

フィリピン経済はベニグノ・アキノ政権下（2010〜16年）で好調だったとされる。国内総生産（GDP）の成長率は6〜7%に達した。1980年代、90年代の年平均成長率（それぞれ1・8%、2・9%）と比べると確かに「高い」。図1のGDPと貿易を見れば、GDPは2000年以降、それ以前の時期と比較してより高い成長率で増加したことがわかる。しかし、輸出額の伸びはGDPの成長より緩慢だった。

ここでは、フィリピンの工業化と貿易の関連に留意しつつ、貿易構造の変化とその特徴について考えてみよう。

フィリピンは1965年から86年まで、マルコス大統領の強権体制下にあった。この20年に及ぶ独裁政権は「輸出志向工業化」を主要な経済政策と位置づけた。マルコスは自らの取り巻き（「クローニー」と呼ばれた）を経済的に優遇し、彼らをまたたく間に新興財閥に押し上げたが、その産業基盤は依然として従来型内向きの「輸入代替工業」であり、輸出志向工業化には成功しなかった。

表1、図2に見るように、フィリピンの輸出と輸出性向（GDPに対する輸出の比率）が急速に高まるのはラモス政権期（19

図１　フィリピンのGDPと輸出額の推移：1989年-2014年
（単位：10億ドル）

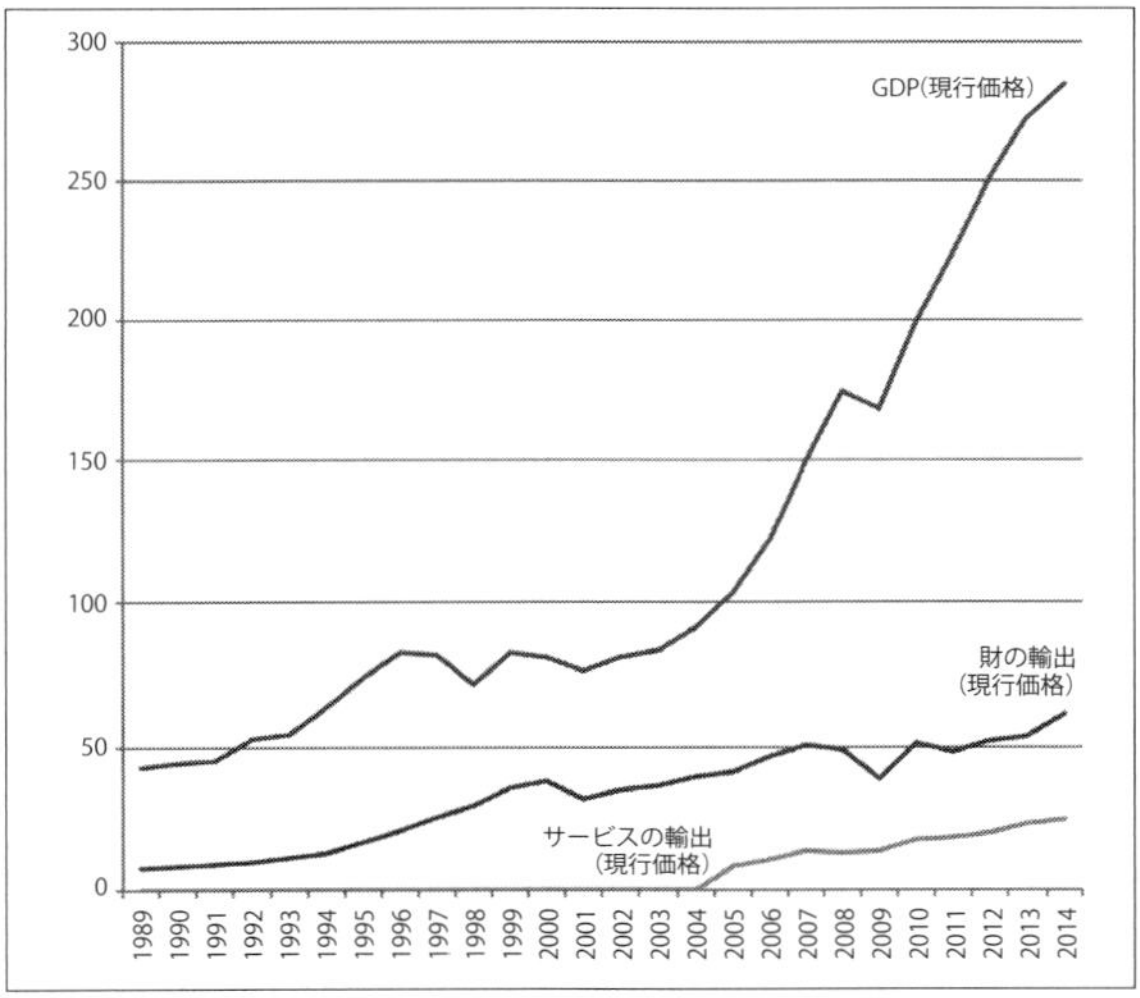

出所：World Bank, World Development Indicators

92～98年）になってからである。それまでは輸出総額１００億ドルを目標に掲げながら、実現できなかったが、ラモス政権期の93年に目標をクリアし、99年には３００億ドルを突破する。２０１４年には６００億ドルを超えた。

フィリピンでは70年代末から欧米系企業による半導体部品（後工程の組立）の輸出が始まっていたが、輸出性向を急速に高めるまでには至らなかった。90年代後半に、日本企業数社によって大型投資が行われ、コンピューター周辺機器（ＦＤＤ、ＨＤＤ）や半導体部品の後工程の組立工場が相次いで設立され、電気・電子製品（半導体とコンピューター周辺機器）の輸出が大きく伸びた。自動車部品の生産・輸出も始まった。その結果、90年代後半以降の輸出性向は50％近くまで高まり、また総輸出品に占める製造品の比率が90％に近づいた。

ラモス政権は「フィリピン２０００」というキャッチフレーズを掲げ、２０００年までに近隣ＡＳＥＡＮ諸国の経済レベルに並ぶことを目指した。しかし、その後のエストラーダ政権に続く21世紀の

表1　フィリピンの輸出構造：1990年-2013年　（単位：%）

	1990	1995	2000	2002	2004	2006	2008	2010	2012	2013
輸出性向（財の輸出/GDP）	18.5	23.4	47.2	43.3	43.4	38.4	28.1	25.7	20.8	19.8
製造品輸出/総輸出額	73.2	81.5	89.3	89.6	90.0	83.8	83.5	86.8	85.0	82.9
製造品輸出内訳（100%）	100	100	100	100	100	100	100	100	100	100
電気・電子製品	32.8	52.1	65.3	79.4	82.9	74.7	73.0	72.8	56.6	42.8
機械・輸送機器	2.5	5.2	17.4	3.1	4.8	4.3	5.2	5.7	12.0	8.0
木工品	2.0	0.9	0.6	0.4	0.4	1.6	2.2	2.3	4.9	6.6
衣類	29.6	18.1	7.5	7.6	0.6	6.7	4.8	3.8	3.6	3.4
加工食品・飲料	3.5	2.2	0.8	1.2	2.3	1.5	2.3	2.1	2.5	3.2

出所：National Statistical Coordination Board, *Philippine Statistical Yearbook* 各年; World Bank, World Development Indicators.

図2　フィリピンの輸出性向：1966年-2014年　（単位：%）

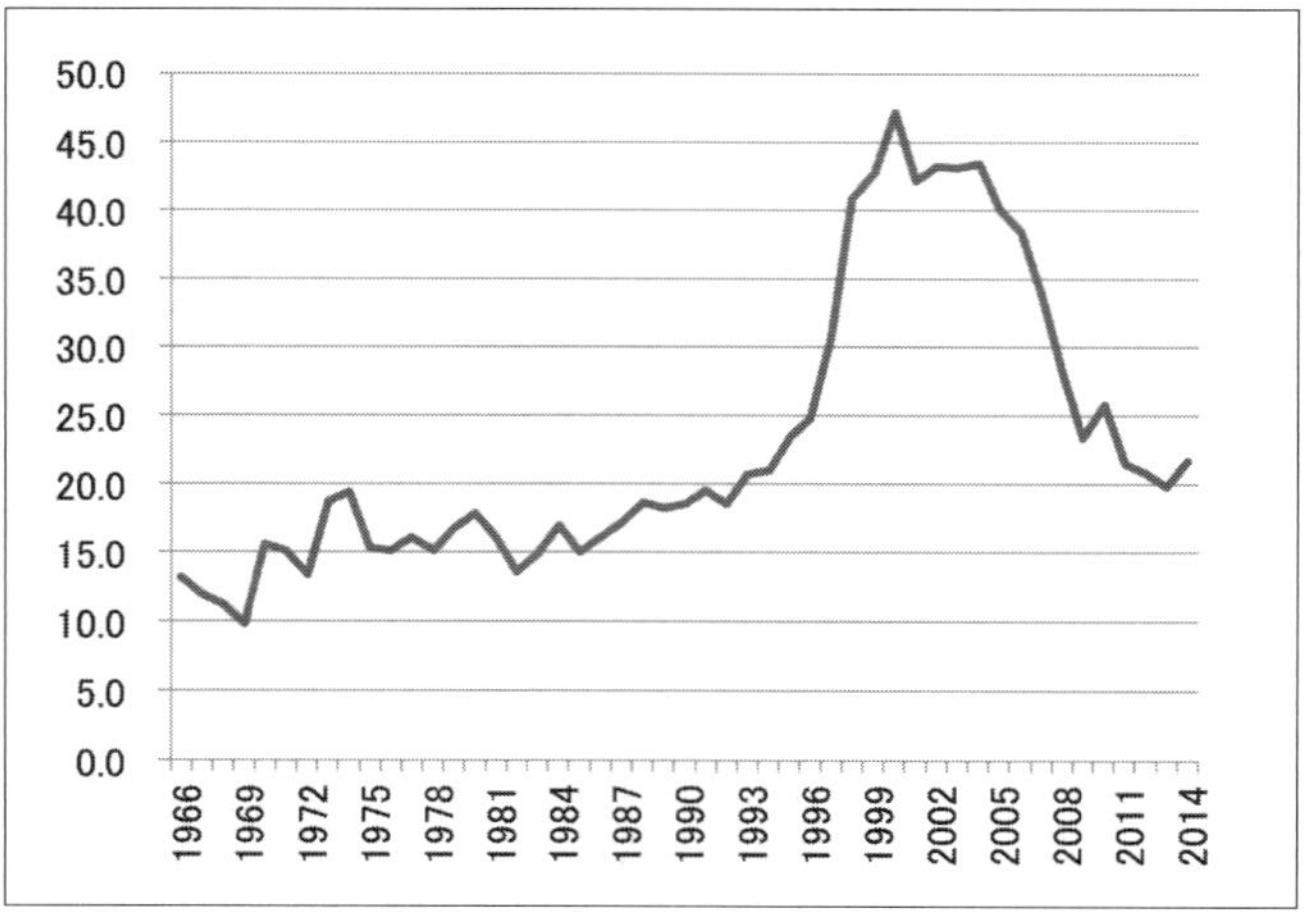

出所：World Bank, World Development Indicators

第49章

貿　易

アロヨ政権下ではフィリピンを取り巻く世界経済の状況は大きく変わった。中国は世界の工場として台頭し、多くの外国からの直接投資を集め、ＡＳＥＡＮは製造業の輸出拠点としての比較優位を低下させた。02年にはＡＦＴＡ（ＡＳＥＡＮ自由貿易圏）がＡＳＥＡＮの先進加盟国5カ国でスタートし、ＡＳＥＡＮ域内における製造業の拠点の集約と整理が進行した。

アロヨ政権からアキノ政権の下で、財の輸出は緩やかな増加傾向を示してきた。表1に見るように、製造品輸出に占める電気・電子製品の割合は徐々に低下し、もはや90年代末のような急速な増加は見られない。21世紀に入り、ＡＦＴＡの実現によって、フィリピンの家電産業の空洞化が進み、加えて、日系メーカーによるパソコンとコンピューター周辺機器のグローバルな生産拠点の再編が進展した。フィリピンは家電生産でもコンピューター周辺機器でも、主要な生産輸出拠点としては位置づけられなかったのである。機械・輸送機器（主として自動車部品）の生産も製造品輸出の中では電気・電子製品に次ぐ第二の輸出品目であるが、伸び悩んでいる。

アロヨ政権下でサービス貿易が進展する。サービス貿易は２００１年がＧＤＰ比で２・８％だったが、２０１１年には10％を超えるようになる。このサービス貿易の急増を牽引したのがＩＣＴサービス産業である。製造業の競争優位を失ったフィリピンで、２０００年以降、コールセンターを中心とした輸出向けのＩＣＴサービス産業が急成長する。アロヨは、21世紀は「ナレッジエコノミー（知識経済）の時代」と謳い、ＩＣＴを活用した経済の活性化を訴えた。折しも、アメリカなどからオフショアのコールセンターがフィリピンに続々と設立された。アロヨ政権はＩＣＴサービス産業をフィリピンの成長産業と位置づけ、積極的な支援策を打ち出した。２００１年には３億ドルに満たなかったICTサービス産業の輸出が2011年には110億ドルにまで膨れ上がった。その約70%がコールセンターで、他にはノンボイスのバックオフィス業務、ソフトウエア開発、ゲーム・アニメ開発などが占める。

しかし、続くアキノ政権はアロヨ時代に花形産業に成長したICTサービス産業への優遇策の多くに制限を加えた。汚職の撲滅とインフラ投資の拡大によって高成長を遂げるシナリオを描き、インフラ建設や農業振興に力点を移行させたのである。観光産業にも重点を置いている。しかし現実には、観光産業は想定したほどには振るわず、むしろ政府のインセンティブが減少したICTサービス産業が依然として高成長を持続しているのが実状だ。その輸出額は2014年に180億ドル、2015年には222億ドルに達している。

フィリピンの貿易構造は1990年代以降、様変わりした。貿易はかつてのような一次産品輸出への過度の依存という「農産品モノカルチャー」構造から抜け出した。だが、今度は電気・電子製品への高依存という「新たなモノカルチュア」型の輸出構造を色濃く持つ形態となった。アキノ政権期には電気・電子製品の比重が若干低下したが、モノカルチュア的な輸出構造から抜け出すほどの工業品輸出の多様化には成功していない。輸入構造もこれに対応して、変容した。委託加工・生産用の原材料、電気機器・部品、機械・同部品等の輸入が大きな比重（30%）を占めるようになり、原油・石油製品の輸入の比重（20%）を上回っている。

貿易構造・貿易品目の変化に伴い貿易相手国も大きく変化した。輸出入共、90年代まではアメリカがもっとも大きな貿易相手であったが、徐々に比重を落とし、2000年以降アジア間貿易が増加する。輸出市場として、日本、ＡＳＥＡＮ、中国への比重が増加する。２０１４年ではアメリカの比重は14％に低下、日本とＡＳＥＡＮの比重は増加傾向にある（それぞれ22％、15％）。中でも中国は90年代には１％台であった比重が14年には13％へと急増する。輸入相手国を見れば、アメリカと日本は共に比重を大きく落とし、２０１４年では10％以下となるが、ＡＳＥＡＮ（24％）と中国（15％）の比重は大きく増加する。これは２０００年以降、東アジア（ＡＳＥＡＮ、中国、日本等）の中で、工業製品の工程間貿易が大きく進展し、その中の電気・電子製品の工程間分業にフィリピンが組み込まれた結果であろう。

フィリピンの輸出性向は２００１年以降、持続的に低下する一方、フィリピンのＧＤＰは２０００年以降、５％台から６％台の成長率を示している。この経済成長を工業品輸出が牽引したとは言えない。21世紀のフィリピン経済は、かつてタイやマレーシアが輸出志向工業化によって輸出性向を高めて急速な経済成長を達成したパターンとは明らかに異なっている。現在のフィリピンの成長パターンは、海外出稼ぎによる膨大な外貨収入と内需・外需ともに好調なサービス産業を視野に入れなければ、読み解けない構造になっている。

（森澤恵子）

［参考文献］

森澤恵子『岐路にたつフィリピン電機産業』勁草書房　２００４年
森澤恵子「フィリピンのＩＣＴ政策とＩＣＴサービス産業の急成長」『季刊経済研究』30巻４号　２００８年３月号

50

投　資

★消費市場のビジネスチャンス★

フィリピンへの外国直接投資は、世界経済の影響を受けるものの近年、順調に推移している。2011〜13年ごろは投資ブームと呼ばれ、2012年の投資額は過去最高の2895億ペソを達成した。国別にみると、日本とアメリカが主要投資国である。特に日本は過去10年間、毎年、4位内にランクインしている。そのほかオランダ、中国、シンガポール、台湾、韓国が主な投資国であるが、年度により投資額及び順位は大きく変動する。

フィリピンを生産拠点として進出する外国企業のビジネス形態をみると、内需型の投資ではなく輸出加工型が大半だ。すなわち、フィリピンの国内市場をターゲットとするのではなく、生産工程の一部をフィリピンの輸出加工区内で行った後に海外に完成品を輸出している。輸出加工型の産業については、とりわけ電子・電気産業の歴史は深く、フィリピンで一大産業を形成している。1970年代からアメリカや欧州の半導体メーカーが軒並み進出し、日本企業も1980年後半から電子電気分野の進出が進んだ。投資ブームと呼ばれた2011〜13年はキヤノンやブラザー工業、村田製作所、バイダイといった大手メーカーの新規大型投資が相次いだ。

他方、内需型の投資は従来、比較的少なかった。その要因は、フィリピンの消費市場規模の小ささにある。中国沿岸部やタイ、マレーシアなどの経済が中長期的に好調な地域では、いわゆる中間層の所得水準が上昇し、高品質・高価格な日本製品やサービスを求める消費者は拡大している。一方、フィリピンをみると、日本企業がターゲットにできる市場は限られているのが現状だ。フィリピン統計局の家計の収入と支出に関する調査をもとにしたシンクタンクPhilippine Institute of Development Studiesのレポートはフィリピンの所得階層を7つに区分している（表参照）。中間層と定義できる中所得層の世帯割合は17％。中間層より上の階層である富裕層、高所得層、上位中所得層はそれぞれ１・０％、１・０％、２％。富裕層から中間層の構成層は薄いことがわかる。また、所得水準を示す１人当たりの国内総生産（ＧＤＰ）の比較でみても、２０１９年時点（推測値）でタイが７６０８ドル、マレーシアが１万１３８５ドルであるのに対し、フィリピンは３２８０ドルと、まだまだ購買力が相対的に低い。

しかし近年、フィリピンを有望な消費市場としてみて投資する企業が増加している。背景の一つには、２０１０年発足のアキノ政権以降、政治は安定感が増し、マクロ経済も好調を維持したことで、海外からの信頼度が高まったことが挙げられる。それにより消費市場の潜在性やビジネス環境が注目を浴びるようになったのだ。

加えて、生産年齢人口（15～64歳）や海外就労者からの送金の持続的な増加により国内の消費市場を支える足腰も強くなっている。生産年齢人口は消費活動も旺盛であり、海外就労者からの送金はＧ

表　フィリピン所得階層区分と世帯収入、世帯数割合

所得階層	世帯収入（月額）	世帯数割合
貧困	7,890 ペソ未満	20%
低所得	7,890 ～ 15,780 ペソ	33%
下位中所得	15,780 ～ 31,560 ペソ	27%
中所得	31,560 ～ 78,900 ペソ	17%
上位中所得	78,900 ～ 118,350 ペソ	2%
高所得	118,350 ～ 157,800 ペソ	1%
富裕	157,800 ペソ以上	1%

出所：Philippine Institute of Development Studies, 2015　所得階層名は筆者による仮訳

ＤＰの1割相当に達している。また、経済のグローバル化が進むなか、労働者の英語力を活かしたＩＴ－ＢＰＯ（ＩＴビジネス・プロセス・アウトソーシング）業界が急成長したことに伴い、この業界で働く比較的高い給与水準の従業員の存在が中間層の拡大要因になっている。これらがフィリピン消費市場の活況を支えている一因だ。

活況を呈する消費市場をみる一つの指標として、自動車の新車販売台数は見過ごせない。新車の年間販売台数が70万台を超えるタイや１００万台を超えるインドネシアなど他のＡＳＥＡＮ主要国と比較すると、フィリピンの自動車市場はまだ圧倒的に小さい。２０１８年のフィリピンの新車販売台数は約36万台だった。しかし、ここ数年、市場は急速に拡大しており、２００９年からは２０１８年の10年間で、販売台数は２・７倍となった。２０１６年には1人当たりＧＤＰがいわゆる「モータリゼーション到来ライン」の３０００ドルに達すると見込まれ、今後さらなる市場の拡大が期待できる。

市場の拡大を受け、自動車メーカーは生産能力と販売体制の強化に取り組んでいる。フィリピンではトヨタ自動車、三

菱自動車工業、本田技研工業、いすゞ自動車など主に日系メーカーが現地生産に携わっている。最近の投資事例では、トヨタが小型セダン「ヴィオス」を新型に切り替えるタイミングで取引先を含め55億ペソを投じ、生産能力を拡大している。また、三菱自動車工業は生産能力拡大のため、43億ペソを投じ、17年より小型車「ミラージュ」の現地生産を開始した。

現地生産を拡大する動きの背景には、政府が２０１５年6月に公布した「包括的自動車産業振興策（ＣＡＲＳ）」がある。フィリピンは市場が急速に拡大するものの、貿易自由化の進展から低関税で完成車を輸入できることや、裾野産業が未成熟で部品調達が難しいことから、国内生産が少なく、タイやインドネシアなど他のＡＳＥＡＮの自動車生産国に価格競争力で差をつけられてきた。ＣＡＲＳには、完成車の現地生産に対する優遇措置を設け、生産コストを補い、価格競争力を高めることでメーカーの生産拡大を促し、自動車産業の発展を狙う意図がある。

また、市場拡大に伴う小売業の進出も目立つ。近年、マニラ首都圏の中間層・富裕層をターゲットに進出する日系企業も増えてきた。２０１２年以降、ユニクロを展開するファーストリテイリング、ローソンやファミリーマートなどの小売業、ラーメンチェーンなどの飲食店の進出が加速している。ただ、小売業に関してはフィリピンでは外資の参入に厳しい規制があり、日系の小売業の進出は、フィリピンの有力企業グループなどと合弁を組むかフランチャイズ契約を結び地場企業に展開を委ねるケースが大半だ。

今後も人口ボーナスは続き、市場拡大が予想され、内需型企業の進出や生産体制の拡大が期待できる。しかし、フィリピンが長期的に有望市場になるためには、自動車産業をはじめとした産業振興策や外資の規制緩和などさらなる投資拡大に向けた施策が必要だ。それにより、ビジネスが活性化され、安定雇用を生み、しいては購買力のある中間層が拡大することが鍵となる。

（倉沢麻紀）

[参考文献]

倉沢麻紀「第８章フィリピン」若松勇・小島英太郎編『ＡＳＥＡＮ・南西アジアのビジネス環境』ジェトロ　２０１４年

『ジェトロ世界貿易投資報告』２０１５年版

Jose Ramon Albert, et. al. "*Why we should pay attention to the middle class*" Philippine Institute of Development Studies, Policy Notes, July 2015.

51

ビジネスエリート

★規制緩和と新興財閥の台頭★

ビジネスエリートは、権力者と親族関係を中心とする個人的な結びつきや財力をもとに便宜を享受し、富みを築き続ける。政治権力者とビジネスエリートの強固な絆の継続性はこの国の経済成長の阻害要因としてたびたび強調されてきた。1986年の民主化も、エリートの派閥争いと捉えられ、反対派が勝利した後も政治権力者とビジネスエリートの強い結びつきと「取り巻き（クローニー）」を優遇する政治経済構造自体は温存されてきたとする見方が強かった。

近年、アジア諸国の中でも高い経済成長率を続けているフィリピンだが、これまで経済停滞の大きな要因の一つとみられてきたビジネスエリートと政治との関係にも変化が起きているのか。そもそも、ビジネスエリートとはどのような人びとか。時代とともに変わってきているのだろうか。

2015年のフィリピンの大富豪のリストを見てみると、代々資産を受け継ぎ富みを増やしてきたロペス家、ソリアノ家、コファンコ家、アヤラ家、アボイティズ家などの伝統的財閥よりも、むしろ独立以降、一代で富みを築いてきた創業者一族が目立つ。現在のフィリピンには、貧しい中で小さな商売を始め一つの事業の成功を元に環境の変化に合わせて事業の多角化に成功し、膨大な資産を手にした起業家のサクセス・ストーリーが詰まっている。小さな靴屋から始めデパート・商業モール、不動産業、さらに銀行業を有する大企業グループを育てたヘンリー・シー。コーンスターチ製造を出発点とし大企業グループを率いるジョン・ゴコンウェイや一代で巨大な不動産企業などを育てたアンドリュー・タン。中華街の銀行から銀行業を中心とする大企業グループを発展させたジョージ・ティなど特に華人系起業家の成功例が多い。彼らはまさにフィリピノ・ドリームの体現者であろう。

フィリピン史上もっとも経済支配体制を強めた政治権力者はマルコス元大統領だ。20年以上に及ぶ大統領在任時代に「不正に蓄財した」とされる資産は50～100億ドルに上るとみられている。マルコス体制下では産業の育成と効率化の名目で集約化を進め、国営企業が肥大化し、側近企業家が重要産業を支配する体制が整えられていった。当時の巨大産業だった砂糖産業を握ったロベルト・ベネディクトとココナッツ産業を支配したエドアルド・コファンコが筆頭に挙げられる。経済支配は電力、電話通信、航空、建設、不動産、タバコやアルコール飲料、食品などあらゆる産業に拡大していった。

民衆の蜂起（ピープル・パワー）によるマルコス政権の崩壊から30年がたつ。この間、ビジネス界も大きな変化を経験した。その変容を促したのが、マルコス期に築き上げられた国営企業や側近企業家を中心とした経済支配体制の解体である。１９８６年のフィリピンでは、まだ電力、石油、製鉄、電話通信、金融・銀行などの主要産業では、国営企業がトップだった。しかし、これらの国営企業は採算が悪化し、フィリピン国立銀行も膨大な不良債権を抱えていた。砂糖産業やココナッツ産業は既に国際的な競争力を失っていた。民主化後、不良債権の処理、マルコス側近企業の整理、財政赤字削減のための国営企業の民営化が着手され、大きな再編が進んだ。

電力、石油、電話通信業界では、規制緩和が進み新規参入が認められた。政治の安定と緩やかな経済回復、近年の経済成長により、建設業などのインフラ整備事業も堅実に成長を続けた。持続的な海外送金の増加とコールセンター業務などを中心にしたBPO産業の膨張は不動産開発を促進し、小売業の拡大に寄与した。海外からの投資も増加し、製造業も徐々に拡大した。規制緩和、経済回復と成長という環境変化に適応し、ビジネスを拡大した企業家が現在のフィリピンの最富裕層となった。その中には、マルコス政権時代に政権と敵対したロペス財閥やアラヤ財閥などの伝統的財閥企業グループと徐々に経営基盤を確立しつつあった新興企業グループがあった。これらは優れた人材と資金を有し、その実績から外資と提携するにも優位な立場にあった。若き有能な経営者にとっては、マルコス政権崩壊による企業の再編と経済回復・成長は、ビジネス拡大の大きなチャンスとなった。前述のヘンリー・シー、ジョン・ゴコンウェイ、アンドリュー・タン、ジョージ・ティなどのフィリピノ・ドリームの体現者は、このチャンスをものにした。

政治権力者がビジネスにも大きな影響力を持ったマルコス期は、今から振り返れば例外的な期間だった。定期的に政治権力者が選挙で交代する限り、政治権力者の側近となるのは企業家にとってはリスクが大きい。公平な自由競争が幻想だとしても、規制緩和や自由化は政治権力の直接的な市場介入を妨げ、企業の競争を促す。現在、ビジネスで成功するためには政治力だけでは十分ではない。

マルコス大統領の側近企業家で一時はフィリピン経済界での影響力を失うとみられていたエドアルド・コファンコやルシオ・タンも再び企業家として復活している。エストラーダ大統領期に復権の契機をつかんだとの見方もあるが、企業家としての才覚なしでは企業グループを成功には導けない。

ビジネスエリートと政治との関わりは多様であり、政治とは距離を置く者も多い。莫大な資産と大企業経営者の経験を基に、企業家から政治家に転身するケースもある。近年ではマニュエル・ビリャール上院議長などがその例である。敗れはしたが大統領選に出馬したエドアルド・コファンコも政治権力への強い意欲を示した。ラモス政権で下院議長となり大統領選にも出馬したホセ・デベネシアも中東でのビジネスに成功した企業家だった。

大統領制の下で政治的任用ポストの多いフィリピンでは、企業家出身者が閣僚や大使に就任することも多い。大企業経営者やフィリピン商工会議所やマカティ・ビジネス・クラブなどのビジネス団体の幹部は、常に有力な閣僚や大使候補である。ベニグノ・アキノ政権のプリシマ財務大臣もドミンゴ貿易産業大臣も企業経営の実績がある。クイシア駐米大使ら歴代の駐米、駐日大使などにも多くの企業家出身者が就任している。

政治権力を利用して富みを蓄積する可能性は常にある。人間関係が密な小さな地方コミュニティーでは、政治権力とビジネスエリートの癒着がおきやすい。公的資金の使途や企業家による政治資金の提供についても不透明な部分が多い。しかし、マルコス大統領期のような権力集中の再来は予想し難い。２０００年代の約９年間、政権を握っていたアロヨ大統領が資産を急増させたことで厳しく非難された。その額は、約７５００万ペソ（約１億８７５０万円）に上ると報じられた。確かに法定の給与が月額６万ペソ（約15万円）に満たない大統領にしては膨大な蓄財といえる。しかし、不正蓄財が追求されるリスクを考えれば、蓄財目的ならば民間企業経営の方が遥かに魅力的だろう。

（美甘信吾）

52

成長企業

★目覚ましい海外進出★

フィリピンの企業がグローバルに事業を展開しているというと、多くの日本人には意外に聞こえるかもしれない。ところが、これがなかなか侮れない。２０１０年にアキノ政権が誕生してから高い経済成長を達成しているのと歩調を合わせるように、企業の海外展開も活発になっている。

代表的なのが、ファストフード最大手のジョリビー・フーズだ。ジョリビーは赤い蜂のマスコットが有名で、国内で８００店舗以上を展開する。フライドチキンとご飯のセットが人気で、「国民食」と言われるほどだ。店舗数は米マクドナルドの2倍で、フィリピンはマクドナルドがシェア1位になれない珍しい国、と言われる。

華僑系のトニー・タン・カクチョン氏が１９７５年、マニラで開いたアイスクリーム店が始まりだ。父親は中国・福建省から移住した料理人で、フライドチキンの味付けは家族が考案したレシピが基になっている。甘めの味付けのミートソースのスパゲティも定番だ。

１９７８年に創業し、80年代後半から海外にも出店するようになった。ターゲットは世界に１０００万人が散らばるフィリピン人だ。幼い頃からジョリビーを食べて育ったフィリピン人にとって、忘れられない「故郷の味」だからだ。フィリピン人が多い中東やアメリカ、香港などに進出し、15年9月末時点では130店舗を超える。

海外展開のもう一つの柱は、ジョリビー以外のブランドだ。特に巨大市場の中国では地元に好まれる中華に特化する。2004年に買収した中華ファストフード「永和大王」や「三品王」などを、中国本土を中心に展開している。最近では、07年創業のアメリカのハンバーガーチェーン「スマッシュバーガー」への出資を発表。完全子会社化も視野に入れており、ハンバーガーの本場アメリカに本格進出する。

国内では経済成長とともに安定して収益の確保が見込まれる。国内で稼いだ資金をもとに、世界に打って出ている。

だが世界展開できるのは、単に資金力があるからというだけではない。ジョリビーは店舗数だけでなく、メニューの種類も多い。これに対応するため、島嶼部を含む国内に効率的な食材供給網を確立させた。このチェーンオペレーションのノウハウが生かされている。

10を超えるブランドを持つジョリビー。15年9月末時点で、グループ店舗数は3023店舗と過去10年間で2倍に増えた。吉野家ホールディングス（世界約2900店、15年8月時点）を上回り、480 0近い店舗数を持つゼンショーホールディングスを射程に入れる。

売上高ベースではすでに日本マクドナルドホールディングスや吉野家ホールディングスを上回り、時価総額でもゼンショーを超えた。

第52章
成長企業

「時価総額ではアジア最大の外食チェーンになった。アメリカや中国などの海外事業を拡大し、現在は2割の海外売上高を5割まで増やしたい」。創業者のカクチョン氏はこう野望を膨らませる。

フィリピンはもともと、アヤラ財閥やアボイティス・グループなど旧宗主国スペイン系の企業の存在感が強かった。だが最近力をつけているのは華僑系企業だ。たとえばマニラの小さな靴屋からショッピングモールチェーンを築き上げたヘンリー・シー氏のSMグループ。もうけのほとんどを投資に回すほどの積極投資が特徴だ。

華僑系企業の中には、ジョリビーのように海外進出に力を入れる企業も少なくない。ブランデー製造・販売のエンペラドールもそうだ。

90年創業のエンペラドール、実は世界でもっとも売れているブランデーだ。英国の酒類専門誌「ドリンクス・インターナショナル」によると2014年に販売したブランデーは3300万ケース（1ケースは9リットル）で、ブランデーとしては断トツ。蒸留酒全体でみても、韓国のジンロに次いで世界で2番目に売れている酒でもある。

エンペラドールを率いるのが、華僑実業家のアンドリュー・タン氏だ。フィリピンの平均年齢の若さと中間層以下の多さに着目し、アルコール度数の高い酒を安価で提供できれば売れると読んだ。価格は750ミリリットル瓶で90ペソ（16年初時点で約230円）と安い。販売網もきめ細かく、町の小さな「サリサリストア」も含め10万を超える店舗と販売代理店契約を交わした。09年に630万ケースだった販売量は、わずか4年で5倍以上に増えている。

人口が1億人で、ほとんどが中間層以下というフィリピンだが、エンペラドールはライバルが少ない。そこで打って出るのが海外市場だ。

欧州やアフリカでエンペラドールを販売するほか、世界各地の免税店に展開することでブランドの浸透を目指す。さらに、14年2月にはスペインのブランデー大手ボデガ・ラス・コパス社の株式50％を取得することで合意した。同年5月にはスコッチウイスキーの「ホワイト＆マッカイ（W＆M）」を買収すると発表している。

エンペラドールの14年の純利益は62億ペソ（約160億円）。海外事業を強化し、17年には純利益を2倍程度まで増やす方針だ。アンドリュー・タン会長は「W＆Mの買収などにより、エンペラドールは世界的企業に変革できた」と語る。

もう一つ、華僑企業を紹介したい。ゴコンウェイ財閥の中核企業である菓子製造・販売のユニバーサル・ロビーナ（URC）だ。

URCは1954年にマニラで創業したコーンスターチ製造会社が前身。砂糖精製など事業を広げ、URCは大半の原料を自前で調達している。大量調達した原料で効率よく生産できるのが強みで、国内でトップに上り詰めた。

82年にマレーシアに進出したのをきっかけに、海外進出を加速させた。タイ、インドネシア、ミャンマーなどにも製造拠点を持つ。カンボジアにも販路があり、ラオスやブルネイ進出も検討中だ。

URCの社長で財閥の後継者でもあるランス・ゴコンウェイ氏は「フィリピンの1億人だけでなく、東南アジア諸国連合（ASEAN）の残り5億人の消費も取りに行く」とASEANの巨大市場に期待する。昨年には、ニュージーランドの菓子メーカー「グリフィンズ」を傘下に持つNZスナック・

フード・ホールディングスを約７００億円で買収した。
フィリピンの企業が先進国の会社やブランドを買収する。少し前なら想像もできなかったであろう事態が、いま起きている。年６％の経済成長の勢いを取り込み、フィリピンの企業はまだ成長を続けそうだ。かつては名前すら知られていなかったフィリピン発の企業が、どれほど世界で知名度を上げられるか、目が離せない。

（佐竹　実）

53

環境

★森林再生をめざした植林★

深田祐介の直木賞受賞作『炎熱商人』（文藝春秋、１９８２年）は、フィリピンを舞台に二つの物語が交差する。一つは、１９７０年代初頭にフィリピンのラワン材取引に乗り出した東京のベニヤ会社社員と総合商社マニラ支店の支店長らの木材ビジネスにかける熱い思い、もう一つは、そのマニラ支店の日比混血社員が小学生の時に接した憲兵隊大尉との交流である。70年代初頭の日本の南洋材取引は、それまで主流であったフィリピン材からインドネシア材へと移りつつあったが、フィリピンの山にはこの小説が活写するラワン材取引をめぐる駆け引きが繰り広げられた天然林がかなり残っていた。ラワンとは、建材や家具材に適するいくつかの樹木の材を総称するタガログ語である。しかし、日本ではミンダナオ材と呼ばれるほど大量のラワン丸太が、戦後ミンダナオから日本に輸入された。この物語は、日本の業者がまだ手をつけていなかったルソン島東海岸のシエラマドレ山脈に目をつけるところから始まる。

１９６０年代、70年代にフィリピンで生産された丸太の約８割が輸出用であった。木材産出ピーク時の69年、丸太は外貨の稼ぎ頭で、輸出総額の３分の1を占めていた。文字通り金の成る木に恵まれた山林の伐採権は、その取得者に莫大な利益をもたらした。フィリピンの山林は全て国有で、国家が伐採権を付与する。一件当たりの伐採権付与面積は、4万〜6万ヘクタールであるが、マルコス大統領は伐採権付与を権力基盤強化の道具として利用し、支持者や取り巻きには一件当たり10万ヘクタール以上を与えた。その結果、60年に550万ヘクタールであった伐採権の総付与面積が、70年代には国土面積の3分の1以上に相当する1100万ヘクタールになっていたのである。森林の再生力を遥かに超えた、国家推進の伐採活動は、資源を激減させ、50年代後半より活発になった林業（丸太生産）を20年弱のブームで終わらせてしまった。

60年代後半から、一次産品の輸出に依存する産業構造からの脱却をめざした工業化政策のなかで木材加工の工業化が図られた。しかし、伐採ブーム終焉とともに原料供給が困難になり、現在に至るまで木材加工業の生産量は限定的である。近年の国内の合板需要を満たすのは、マレーシア、インドネシア、パプアニューギニアからの輸入である。

50年代後半に約45％であった森林率は、70年代後半には25％、90年代末には18％にまで落ち込んだ。現在の森林率は24％で、2000年代に入ってからは増加傾向にあるものの、山林再生にはほど遠い。森林率の増加は、植林の成果もあるが、山地人口の流出によって放棄された農地で植生が回復していることが大きいと考えられる。そうはいっても、森林が持つ洪水軽減・土砂流出機能の低下によって、台風や豪雨による洪水の頻発、堆砂による灌漑施設の機能低下がもたらす農業生産力の低下といった形で人びとは山林消失のツケを払わされている。国民の命を守るためにも早急な大規模植林が必要だ、2010年に政権に就いたノイノイ・アキノ大統領もそう考えたのだろう。

アキノ大統領は、就任翌年に天然林伐採を厳禁する行政命令に署名し、以降、二次林も含めて天然林の伐採権を一切付与していない（しかし、不法伐採は止まらない）。さらに同年、アキノ大統領は、全国の山地（国有林地）を対象に大規模緑化事業（National Greening Program）を政府優先事業として打ち出し、総事業費72億ペソ（約180億円、外国援助なし）をかけて任期終了の16年までに150万ヘクタールに15億本（1ヘクタール平均1000本）を植林するとした。同事業は、環境保全だけでなく山地に住む約2000万人（全人口の約20％）の貧困緩和も目的とするため、彼らの換金作物となるべく約10年で伐採可能な外来早生樹種および果樹を植栽し、保護林とすべきところには在来樹種を植栽する計画を立てた。主たる対象地は、法的所有権はないが国有林地内の実質的な個人所有地、主に放牧に利用される住民の共有地、そして全国で800万ヘクタールもある広大な無主の草地である。本事業を監督する環境天然資源省のホームページには、年毎の実績が公表されている。15年12月時点の成果は、目標植林面積120万ヘクタールに対して達成率113％の135万ヘクタール、植栽本数は目標の6割の9億本強、5年間の雇用創出は300万件である。同省地方出先機関の職員は、本事業に多くの時間を割いて奮闘している。ドゥテルテ新政権も本事業を継続する。

しかし、国際機関や二国間の援助によってフィリピンで実施された過去の大規模植林事業は、そのほとんどが失敗に終わっている。そのため、環境天然資源省の公表値から本事業を成功と結論づけるのは早計である。以下、大規模植林事業の問題を3点指摘したい。

第一は、期間限定事業であるため、数値目標達成自体が目的化し、実態と公表値とに乖離が生じることである。本事業では、環境天然資源省の各地方出先機関に達成すべき植林面積と本数が割り当てられている。期間内の割り当て達成というノルマ圧力のもとで、たとえば、1ヘクタールの植林地が野火で全滅した場合、再び同じ場所を1ヘクタール植林することになるが、最初の植林（しかし焼失）1ヘクタールと再植林1ヘクタール、延べ植林面積2ヘクタール（実質的には1ヘクタールのまま）をもって数値上のノルマ達成とするといったことが起こる。

第二は、適切な時期に良質の苗木（果樹であれば挿し木）を大量に確保することの困難である。植林成功の第一歩は、適時に良質の苗木を植えることだが、山地の住民組織が大量の良質苗木を短期間に用意するのは簡単ではない。適時を逃して植えられた苗木が根づいて成長する割合は当然低い。果樹は住民に人気だが、果樹植栽が貧困緩和策になり得るには、市場競争力をもつ高品質の果実でなくてはならない。そのためには質のよい親木からの挿し木を確保する必要があるが、限られた予算でノルマ達成を課せられている本事業では高価な挿し木を購入する余裕はない。

第三は、長期管理システムの不在である。植林地は長期継続的な管理を要し、特に乾期の厳しい地域では、防火帯形成、見回りといった野火対策が必須だ。しかし、山地住民にとって植林事業は労賃を得るための雇用機会でしかないため、無償の植林地管理を期待するのは難しい。過去の大規模植林事業と同様、本事業も山地の住民組織と3年間の契約を結び、植林と管理を委託する方法をとる。個人所有地内の植林地は、契約終了後も維持されることが多い（ただし14年以降、1～5ヘクタールの個人所有地は植林対象地から除外）が、共有地や無主の草地での植林地（最小50ヘクタール）は、契約終了後は住民組織に管理されなくなる。契約終了後に野火で焼失した植林地は、住民組織が無償で再植林することになっているが、そうはならない。共有地や無主の草地の植林地管理には組織的、長期継続的な人員の動員が必要だが、フィリピン農村社会はそのような住民組織力を持たない。政府の期待と住民組織力には大きな隔たりがあり、住民組織による無償で長期の植林地管理を当てにすることはできないのである。

豊かさが故に政治の餌食となったフィリピンの森林。その豊かさを取り戻すべく、フィリピン政府は援助に頼ることなく、大規模植林に乗り出した。残念ながら、短期間の大量資金投入による大規模植林で一挙に森林回復とはいかない。しかし、小規模ながら住民が自ら行った植林や、外部者が住民と関係を構築しつつ長年の地道な支援によって山林を再生させた成功例もある。成功の鍵は、個人あるいは小規模集団を対象に売れる果実の生産方法を指導するなど、10年、20年の長い時間をかけゆっくりとあせらずに事を進めていくという支援側の関わり方にある。

（葉山アツコ）

54

農　業

★コメ自給への挑戦と課題★

フィリピンでは、全人口の約30％が農業に従事する。サトウキビ、ココナッツ、バナナなどの伝統的な輸出用換金作物の生産が盛んである。食糧作物としては、コメとトウモロコシを生産しているが、大半の人びとの主食はコメが主食である。FAO（国連食糧農業機関）の調べによれば、1人当たりのコメの消費量は2011年時点で1日平均325グラム。日本人（1日当たり119グラム）の約3倍も消費していることになる。しかも、コメの完全自給はままならず、毎年、輸入に頼らなければならないのが現状だ。

コメの供給の不安定化や価格の上昇はフィリピン人、特に低所得者層の家計を圧迫する。農村の土地無し農業労働者や都市の貧困者は世帯総所得の約22％をコメの購入に費やしているという報告もある（Balisacan and Rayago 2003）。米の安定した価格での自給は国家の重要な課題の一つである。比較的最近では、2008年にコメの国際価格の急上昇による「米価危機」が起きたが、これは主要輸出国ベトナムでの異常気象による不作がもたらしたコメの輸出禁止が原因となった。市場のコメ不足は、仲買人による買い占めを呼び、さらに価格が上昇する悪循環が起こった。こうした状況下、フィリピン政府は2011年から16年に向けて「食糧自給プログラム」に乗り出すなど、コメの安定供給を改めて国家課題に据えた。生産者に対しては増産を、消費者には米の無駄な消費を減らすことなどを奨励している。

フィリピンは、世界有数のコメ生産国（2013年時点で世界第8位）ではあるが、2008年から10年までは世界最大のコメ輸入国でもあった。2014年時点においても、中国、イラン、ナイジェリアに次ぐ世界第4位、東南アジア最大のコメ輸入国だ。フィリピンに本部がある国際稲研究所（IRRI）によれば、フィリピンは、1991年、92年、94年にコメの国内自給を達成したものの、その後は継続的に輸入に依存している。最近では特に、2008年と10年の自給率の低下が著しく、それぞれ80％以上も落ち込んだ。2010年にはざっと15億ドル、約238万トンの輸入を余儀なくされた。

コメの自給を実現することができない理由の一つに、人口増加がある。その増加率は年々鈍化しているものの、政府の調べによると、1980年代初頭に約5000万人だった人口は、2014年に1億人を超えた。もう一つの理由は、国内生産の問題である。もともと東南アジアでは、大陸部のタイ、ベトナム、カンボジア、ミャンマーなどがコメの主要な生産・輸出国で、西洋による植民地支配下で換金作物生産に主力が置かれた島嶼部のインドネシアやフィリピンなど食糧のコメを輸入するという構図が出来上がっていた。フィリピンは、1869年以来現在までほぼ毎年、大陸アジアなどからコメを輸入してきた。米作農民1人当たりの耕地面積をみると、フィリピンはタイの4分の1だ（Dawe 2005）。フィリピンの場合は、台風など自然災害に襲われるケースもより多い。このような、歴史あるいは自然環境がフィリピンにおけるコメの自給を困難にしている。１９６０年代までは、生産性の低さ、高い小作料、灌漑不足などの深刻な構造的な問題も存在した。

しかし、１９７０年代から90年代にかけては断続的ながら自給を達成していたことにも留意すべきである。80年代には、輸出した年もあった。この背景にあったのは、１９６０年代のＩＲＲＩとフィリピン政府による新品種の開発と普及、いわゆる「緑の革命」と、マルコス大統領政権下の１９７２年に開始された米作地とトウモロコシ畑を対象に行われた「農地再配分計画（大統領令（ＰＤ）第27号）」である。これらの政策はコメの単収を上げるとともに農民の増産へのインセンティブを高めた。地域によるばらつきがあるものの、フィリピンの農村は大きく変容した（梅原　１９９２）。

現在では新しい農業生産技術はフィリピンでは定着しているが、今後も都市化が進むことを考えると大幅な耕地面積の拡大は期待できない。このような厳しい状況の下、前述のフィリピン政府による「食糧自給プログラム」は、農業経営における生産性向上、農民の増産へのインセンティブの拡大、主食となる食物のマネジメントによる米の自給化を目指している。生産の向上に関しては、灌漑、研究開発への投資、経営技術の向上、ポストハーベスト・マネジメント（収穫後の農産物管理）、精米技術の向上がその内容である。インセンティブに関しては、国家食料庁（ＮＦＡ）のコメの流通における役割を軽減し、自由市場を活かすこと、主食のマネジメントは、主食の多様化、食物の浪費を削減することが目標とされている。

このような政府のプログラムに対して、独立系研究所「ＩＢＯＮ財団」は、政府の目標とする農業経営の近代化や外国資本による農業への資本投資の増加が、食糧不足の問題を困難にしていると指摘している。これまでの農業政策と同様に、グローバルな国際競争力を高めることは、国内の食糧生産よりも輸出農産物に優位性を与えることになるという理由からである。さらに、このプログラムの資金を得ている外資系のアグリビジネスの利益にプログラムが偏重していると批判する。農地の再配分を十分に行うことが最重要課題と主張する。２０１４年7月、アキノ大統領は、通信社ロイターのインタビューに答えて、フィリピン政府は、２０１６年の米自給の目標を棚上げすることを表明。その前月には、米価の市場価格を安定させるためにベトナムからコメを20万トン輸入することを発表した。フィリピンの米自給達成の前には、農地再配分、農業経営の近代化、自然災害への対応など解決すべき幾多の障害が立ちふさがっている。

その一方で、近年におけるフィリピンのコメの消費量をみると、２００７～08年をピークに、今日まで緩やかに減少している（ＦＡＯの調べ）。日本でそうであったように、フィリピンでも食の多様化が進み、コメ離れが進んでいると考えられる。食の変化、農業技術の高度化などがコメの自給率を高め、食糧不足解消の可能性が高まることも考えられる。ただ自給が達成されたとしても、低所得層が十分なコメを買えるかどうかという問題は残る。フィリピンの所得分配の不平等度はアジアの最高水準にあり、近年のフィリピン経済の高成長にもかかわらず、絶対的貧困率は２００６年以降、横ばいで、急速な経済成長の恩恵は貧困層に届いてはいない。

（西村　知）

［参考文献］

梅原弘光『フィリピンの農村――その構造と変動』古今書院　１９９２年

不破信彦「フィリピンの貧困はなぜ減らないのか？——労働市場からの接近にむけての予備的分析」『アジア太平洋討究』No. 23, pp. 235-246.　２０１４年

Balisacan, Arsenio M. and Ravago, Majah-Leah V. 2003. *The rice problem in the Philippines: trends, constraints, and policy imperatives.* Transactions of the National Academy of Science and Technology Philippine, Vol. 25, pp. 221-236.

Dawe et al. 2005. *Why Does the Philippines Import Rice?* (http://books.irri.org/9712202097_content.pdf IRRI の報告書)

55

世界遺産と観光

★地域開発の新たな可能性★

フィリピンで世界的に注目を集める観光商品に、ユネスコ（国連教育科学文化機関）に登録された世界遺産がある。フィリピンの世界遺産（2016年10月現在）は、文化遺産と自然遺産それぞれ三つある。トゥバタハ岩礁海中公園（パラワン州）、プエルト・プリンセサ地下川国立公園（パラワン州）、フィリピン・コルディリェーラの棚田群（イフガオ州）は、フィリピン紙幣の図案として使用されるなど、すでにフィリピンのシンボルとして知られている。なかでも、1999年に文化遺産として登録されたルソン島北部のイロコス・スール州にあるビガンの街並は、その風情ある景観から国内外の注目を集めている。

マニラから北に約400キロに位置するビガンは、ルソン島北部にあるイロコス・スール州都である。南シナ海に面したイロコス地域は、メキシコとのガレオン貿易の拠点として知られる。1572年にスペイン人ファン・デ・サルセッドによって征服され、シュダッド・フェディナンドと名付けられたことが、植民都市ビガン誕生の起源である。またヌエバ・セゴビア司教区の首座であったことから、スペイン植民地期における経済、政治、宗教の拠点となった。現在、市の中心地には二つのプラザ（サルセッドとブルゴス）を囲むように、パウロ大聖堂、大司教住居、州・市政府庁舎が並ぶ。大聖堂に向って右手には、かつて中華系メスティーソ（混血児）が居住していた地区が広がる。19世紀半ばから20世紀初頭にかけて建築され、スペインとアジアの建築様式が見事に融合された2階建てのバハイ・ナ・バト（通称、石の家）が、廃墟と化したものも含めると180棟以上確認できる。その中心を走るクリソロゴ通りには、現在多数の土産物屋が軒を連ねる。カレサと呼ばれる馬車が石畳の上を走る蹄の音が、往時の繁栄を偲ばせてくれる。

世界文化遺産ビガンの石の家「バハイ・ナ・バト」

　歴史的景観保存の意義を感じていた町政府（当時）は、1999年の世界文化遺産登録に先立つ2年前の1997年に、景観保存対象地区の設定と、その地区での用途を制限する条例をそれぞれ定めた。2006年には、保存に向けた具体的な改修、改築等の手続を定めた条例を制定し、所有者のための手引き『遺産所有者のための保存手引き』（全166頁）を、ユネスコの協力を得てまとめた。これにより、個人資産でありながら、保存対象地区内の文化財は、外壁一つであっても改修にはビガン保存協議会の許可が必要となった。

個人の権利を著しく制約する景観保存が住民間の深刻な対立を生むことなく、成功した背景には、地方行政と住民組織の密なる連携が挙げられる。長期的な地域開発のビジョンをもつ市長が、強力なリーダーシップのもと、景観を保存することのメリットを訴えた。観光促進を地域開発の柱に据えた点はまさに慧眼であった。市政府は、観光商品としての価値を高めるために、クリソロゴ通りでの午後6時から早朝6時までのライトアップ、自動車やトライシクルの走行規制、交通渋滞を避けるための一方通行規制を導入し、観光客が安心して散策できる努力を現在まで続けている。

とりわけ注目すべきことは、観光客の大多数がフィリピン人であることだ。週末にもなると、家族連れが大挙してやってくる。２０１４年12月に、同市がカタールのドーハやキューバのハバナ同様、「世界の都市七不思議」に選出されたため、観光客が近隣州のみならず、マニラ、ビサヤ地域やミンダナオから、老若男女を問わず押し寄せている。ホテルは満杯、レストランの食事には数時間待ちとなるなど、いまやビガンはフィリピンでもっとも有名な観光地の一つである。

州政府観光局の調べによると、２００８年と２０１２年のホテル等の宿泊者数は、外国人が２０００人から６０００人、フィリピン人が４万７０００人から12万３０００人へと、それぞれ3倍弱の伸びを示している。２０１４年の最新のフィリピン人の宿泊者数統計でも、前年度比で1万人以上増えて、13万９０００人となった。日帰り客を含んだ総数では、２０１３年の37万９０００人から、２０１４年は58万人となるなど、わずか1年で20万人以上の増加となった。同観光局責任者マイケル・アストム氏によれば、これはあくまでも控え目な数字であり、２０１４年のビガンを訪問した実数は、

２０１３年の3倍の１００万人に達したと興奮気味に語る。

１００万人近い観光客が訪れることで、その効果は民間セクター、とりわけホテルや飲食店の売上となって表れている。例えば、２００８年から２０１３年までの6年間の宿泊施設と飲食店での売り上げ推移（ビガン市事業許可担当部署資料）を比較すると、前者が６２０万ペソから４３１０万ペソ、後者が４６５２万ペソから3億ペソと、それぞれ6倍強伸びている。また自宅を急きょ、短期滞在者向け宿泊施設に改築した家屋、すなわち民泊（現地ではトランジェントと呼ぶ）施設も、市内に少なくとも3軒（２０１5年9月現在）確認できた。

さらに観光客数の上昇の影響は、ビガン市歳入増となって公的セクターにも及んでいる。２００８年から２０１３年の市の歳入は、6年間の内に１・３倍増となった。同市の最大の財源である内国収入割当は、総額そのものに変化がないが、２００８年から２０１３年の全歳入に占める割合は、75%から60%程度へと減少した。すなわち、市の事業収入が増加したために、内国歳入割当への依存度が低下した。特に、事業税、市場収入、と場収入が増加している。ビガンの観光化が、公的、民間セクター双方に多大な経済効果を及ぼしたことは明らかである。

観光地化は経済効果だけでなく、広く地域住民の意識にも影響を与えている。カレサと呼ばれる観光客向け馬車も１１８台（２０１4年）から１３１台（２０１5年9月現在）に増加した。これはカレサの運転手に国内外の観光客へのツアーガイドとしての役割が期待されたことから、希望者が増えた結果である。お揃いのベストを準備し、清潔感溢れる身だしなみを心掛け、観光客に自らの地域伝統を語ることに、生きがいを感じると語ってくれたのは、数少ない女性カレサ運転手のディータスである。

また、アベル・イロコと呼ばれるイロカノの伝統的な綿織り物、テラコッタや素焼き壺といった伝統的手工芸品が、歴史都市見学とセットとなって商品化が進み、ビガンにしかない地域的特産品として紹介されるようになった。彼らは地域伝統文化の保持者として、ビガンと商品のつながりやその意義を観光客に直接見せることで、世界遺産観光には不可欠な存在になりつつある。

カレサ（ビガン）

以上のように、歴史都市ビガンの世界遺産観光は、文化遺産を犠牲にすることなく、地域経済の活性化に大きく貢献している。それは同市が16年以上の長い時間をかけて、景観維持に取り組んだ地道な成果である。内国歳入割当の1割を、観光産業育成に支出する市条例採択は、その好例である。橋の欄干にある電燈のデザインや、形と色調を統一した町の道路標識などは、多くの利害関係者の協力があって、初めて結実したものである。そして今、ビガンの観光化は、ホテルやレストランの建設ラッシュとなって、国道沿いの近隣市（バンタイ市、カオアヤン市、サン・ビセンテ市）に波及するなど、新たな局面を迎えつつある。生きた歴史を物語る空間として、住民組織、近隣自治体、さらには民間セクター、特に外部からの投資家と連携しながら、広域的な地域開発をどのように進めるか、ビガン市の舵取りに期待が寄せられている。

（鈴木伸隆）

【参考文献】
鈴木伸隆「世界遺産観光と地域経済――フィリピン・イロコス・スール州の歴史都市ビガンの事例から」『国際公共政策論集』第37号　２０１６年
野沢勝美「フィリピン・ビガン市における観光開発の構造――世界遺産を地域開発の柱に」『東南アジア諸国の地域開発（Ⅲ）』亜細亜大学アジア研究所　２００７年

コラム6

加熱する不動産ビジネス

石橋正義

フィリピンの不動産市場は、2009年ごろから強い需要に支えられて価格が安定して上昇し続けている。不動産管理大手ジョーンズ・ラングラサール社（アメリカイリノイ州シカゴ）によると、2015年時点でマニラ首都圏に完成しているコンドミニアムの部屋数は20万戸を超えており、今後5年間でさらに14万件ほどの完成引き渡しが予定されているという。その多くがワンルーム・1LDKタイプの50平方メートル以下の小さい間取りで、2020年までに物件数が約70％近くも増加する活況を呈している。

フィリピンでは建物の建築に着工していない原野または更地の状態で、デベロッパーが物件の販売を開始する「プレセール」が一般的だ。通常、支払い方法は頭金なしの36回から60回の分割払い。逆に一括払いや頭金を支払うと割引を受けられる。分割払いの場合、支払い額が物件によっては1万ペソ台で設定されるものもあり、フィリピン人にとって購入しやすい価格に設定されている。完成時には、デベロッパーへ支払い済みの金額が頭金の役割を果たし、物件残金を銀行ローンなどで支払っていく。このような手頃な支払いスケジュールが好調な物件販売の一要因だ。またプレセール中の物件価格は、毎年6％ほど値上げしていくシステムになっている。これは、昨今の消費者物価指数の上昇率より高いが、購入者の心理を急き立てて成約に結びつかせる販売手法の一つである。

投資用にコンドミニアムを購入しているのは日本人や中国人、韓国人、欧米人と思われがちだが、フィリピンの不動産には外国人の購入規制があり、物件の6割を購入しているのは実は

加熱する不動産ビジネス

フィリピン人である。なかでも海外出稼ぎ労働者（ＯＦＷ）が、主な物件の購入者だ。別荘用、投資用と目的は様々だが、首都圏のコンドミニアムは投資用として賃貸収入を得る目的で購入されるものが多い。フィリピン人の一人当たりのＧＤＰは約３０００米ドルを超えようとしており、国内のＩＴ企業やビジネス・プロセス・アウトソーシング（ＢＰＯ）産業で働く人たちの給料も上昇している。しかし彼らの収入では、都心部の不動産には手が届かないのが実情である。

賃貸用の物件の借り手は、エリアや物件のグレードにより変わる。中級グレードのワンルーム・１ＬＤＫタイプだと、賃貸料が1万2000から1万5000ペソで、外国人3割に対してフィリピン人が7割ほどである。こうしたフィリピン人には、コールセンターやＩＴ企業で働く者や、弁護士や医者などの専門職など上位中間層が多い。会社が福利厚生として家賃を負担する場合もある。同僚などで2から5人くらいでシェアルームとすることも多く、なかにはカラオケ店で働く女性たちがシェアしているのも見かける。マカティ中心部のワンルーム・１ＬＤＫタイプの高級物件は、ほとんどが日本人や中国人、韓国人、欧米人の駐在員の単身者が借り手で、まれにフィリピン人のテナントもいるが、有名な女優や国会議員の秘書など社会的なステータスが高い人たちだ。

また、どこの国籍の外国人でも銀行融資を受けられるため外国人の物件購入も増えており、不動産市場の加熱を支えている。ただし、外国人はフィリピンの土地を購入することは出来ないため、コンドミニアムの区分所有権を購入することになるが、その権利は、政府の発行する権利書であるＣＣＴ（Condominium Certificate of Title）として持つことが出来る。この区分所有権も、ビルの総戸数の6割がフィリピン人に割り当てられており、4割のみに外国人の購入が認められている。日本人は、家賃収入と物件売却によるキャピタルゲインを狙って投資用に購入することが多い。物件にもよるが、表面利回りは約14％になる物件もある。

今後5年間は、平米数が小さい首都圏のコンドミニアムは一時的な供給過剰となり、賃貸相場の値崩れが物件販売を鈍化させるだろう。しかし、フィリピンの不動産は、OFWにより支えられているため、海外送金額が今後も5％の安定成長を続ければ不動産の販売数の上昇も継続されるとみられる。

コラム7

現地従業員の労務管理はなぜ難しい？

福田晋吾

日本企業の海外進出先としてフィリピンの人気が高まっている。豊富な労働力を背景に、アジアの中では比較的低賃金で、しかも安定的に推移しているためである。明るく陽気な国民性、英語が通じること、親日家が多いことも人気の理由であろう。

しかし、いざ進出してみると、日系企業側とフィリピン人従業員との間には大きな隔たりがあったりして、労務管理に苦労している企業は少なくない。過去には労働組合との間で激しい対立が起きた企業もある。駐在員からは、「何かと理由をつけてよく休む」「融通が利かない」「積極性がない」「ひがみが強い」など不満の声が出ている。

私は仕事柄、アジアの日系企業に勤める従業員の働きがいについて企業単位で調査しているが、実は右に挙げたような声は他国でもしばしば耳にする。意外なことに、他の調査国（中国、ベトナム、タイ、マレーシアなど）とフィリピンの調査結果を比べてみると、フィリピンの日系企業従業員は、もっとも高く「働きがい」を感じているとの結果が出ている。事実、定着率は群を抜いて高く、「従業員があまり辞めない国」である。

では、現地労働者との摩擦が起こる要因は何か。それは多くの場合、日本社会の現状や文化的な土壌を基盤にした日系企業の制度や文化に、彼らがうまく適合できないところからきている。

他の調査国と比較して、フィリピンの労働者たちが感じている働きがいは極めて高い水準に達している。それを支えているのは、主に会社情報の浸透度の高さ、会社との良好な関係、給与や地位といった処遇面への満足度の高さであった。福利厚生やトレーニングについてもよく理解されている。また、仕事に「楽しさ」や「生きがい」を見いだして高い勤勉性を持てている。「うちは工場内の単純作業だから働きがいは低いだろう」というクライアント企業の予想に反して、現場のライン従業員の働きがいは高く、それが会社全体の労働意欲の水準を引き上げているケースがよくある。

フィリピンの労働者は、仕事を「やらされている」という感覚より能動的に仕事に楽しみを見いだす能力が高いのだ。単純作業の中にも、自己の成長や生産目標の達成、効率性の追求などに仕事のやりがいを見いだし、その結果として明瞭な成果を実感し、達成感や仕事をコントロールする感覚を得ることができている。日本人労働者が見習うべきメンタリティーではないだろうか。

一方で、仕事の役割の明瞭性、休暇や労働時間への理解度、疲労度の大きさといった点では調査国全体の平均を下回っており、働きがいの足を引っ張る要因となっている。仕事上の役割が曖昧で、「自分は仕事ができる」という有能感を持ちづらく、休暇や労働時間に不満があり、疲労の蓄積を感じているのが実情のようである。

特に、仕事の役割が曖昧と感じているという結果は、企業側と労働者側の「仕事観」の違いが表れたものといえる。すなわち、企業側は従業員に特定の職務のことだけでなく、会社全体の効率や利益を考えて動けるような働きぶりを期待しているのに対して、労働者側は自分の職務はあくまで「ジョブ・ディスクリプション(職務記述書)」に記載された範囲であり、それを超えて仕事をする必要はないと考える傾向がある。何度も転職を繰り返すことも、そう珍しくはないため、一般的な日系企業の労務管理の慣習の方が奇異に映っているのかもしれない。家庭第一の人が多く、休日出勤や長い残業時間も不満に結びつきやすい。

このような調査結果を考えると、ここはフィリピンで稼がせてもらっている外国からの進出企業であることを自覚して、地元の人たちの考え方や感覚、立場に配慮した企業運営を心がけることが大切ではないだろうか。

［参考文献］……………………………………………
デシ、エドワード・L、リチャード・フラスト著、桜井茂男訳『人を伸ばす力――内発と自律のすすめ』新曜社　１９９９年

ビジネスモデルとしての「フェアトレード」

コラム8

水井　裕

フィリピンで物づくりをして日本に輸入し、生産者を支えるフェアトレード・ビジネスを行う団体が増えている。スーパーなどでもフェアトレードのラベルをつけたフィリピン産のバナナも見かけるようになった。私もフィリピンへの留学をきっかけに少しでもフィリピンの農村における貧困問題の解決に役立ちたいとの思いから、ココナッツを使った製品を製造・輸入販売する会社「ココウェル」を立ち上げた。

フェアトレードでは、生産者が貿易を通じて「公正な対価」を「継続的に得られる」ことが前提だ。そのためには、消費国の人々が欲する「付加価値」を生み出せるかどうかが重要になる。当然ながら簡単ではない。品質が十分ではなかったり、商品デザインや包装などが消費国の好みとかけ離れていたりすることも多い。現地で生産されたものをそのまま輸入して、需要を生み出せずに苦労しているという話はよく耳にする。「途上国の生産者を支えるため」という、共感だけを期待した商品では大きな需要は望めない。消費国に受け入れられる価値を理解し、生産者に要望をきちんと伝え、品質やデザインの改良、消費国に合わせてカスタマイズ（仕様を変更）することが必要である。何度も生産者と向き合って話し合い、信頼関係を築くことが重要なのは言うまでもない。

ココウェルと契約する農村の協同組合は、仕事がない多くの村民たちに雇用機会を作ろうとバージンココナッツオイルの生産を始めた。しかし、当初はとても日本で販売できる品質ではなかった。一時はオイルの生産を諦めかけたが、組合員たちに、彼らも知らないココナッツオイルのもつ効果効能をしっかりと伝え、先進国の消費者がココナッツオイルで恩恵を受けていること、彼らの食生活にも恵みがあることを説明した。目指すべき賃金についても聞き取りを行い、そのために必要な生産量を割り出した。諦めずに品質改善と衛生管理を行うことを促し、ココウェルでも品質改良のための機械を導入したが、それでもまだ日本で食用オイルとして販売するには十分な品質ではなかった。

試行錯誤を繰り返したあげく考えたのが、このオイルを原料として石鹸を作ることだった。石鹸にするには十分な品質のオイルだった。良質の石鹸が完成し、さらに現在ではオイルの品質も改良し、リップクリームの原料としても使用している。どちらもココウェルの主力商品になっている。カスタマイズすることで付加価値を生み出すことができた一例である。

小さな団体が「付加価値」を生み出すには、「素材へのこだわり」があるべきだと思う。あれこれ手を広げるよりも、惚れ込んだひとつの素材をとことん突き詰め、専門性を持った方がいい。その素材に対する知識や経験を得やすく、付加価値もつけやすいからだ。

ココナッツについてみると、ココナッツオイルなどの効果効能やその利用価値を生産者側が十分に気づいていないことが多々ある。地元の人たちからすればココナッツは昔からあまりにも身近なモノだったからかもしれない。外部からの指摘でその魅力に気づくことも多い。

フィリピンには、地元民もその本当の素晴らしさに気づいていないような魅力的な素材がまだまだ眠っているのではないか。そうした素材を活かした素晴らしいフェアトレード商品が今後もフィリピンから誕生することを期待したい。

VI

絡み合う日比関係

ディラオ公園の高山右近像（2015年マニラ、鈴木伸隆）

56

戦前の人流

★通商・キリシタン・独立運動★

日本の南西に位置するフィリピン諸島とは黒潮の道を通して古くから漂流民を含め、人や物の交流があった。とりわけルソン島の北部には16世紀半ばに始まるスペイン統治以前から日本人が「物」を求めて訪れていた。中には金塊をねらって侵攻する「倭寇」や交易に従事する日本人商人らもいた。その後フィリピンはスペインの統治下に入るが、その頃になると毎年のように九州各地から日本商人を乗せた船がマニラに入港した。この交易では、主に中国産の絹や陶器、フィリピンの金塊、鹿皮などが日本からの銀と交換された。当時は季節風を利用していたから、日本人は一定期間現地に滞在することになり、やがてマニラや地方の港町に日本人集落が形成された。１５９０年代の初期にはマニラのディラオ（現在のパコ付近）地区に日本人町が出来あがり、１６２０年代になるとその人口は３０００人にものぼったといわれている。

当時の東南アジアには各地に日本人町が形成されたが、フィリピン・マニラの日本人町の場合は宗教的な色彩を帯びたことに特徴があった。スペインのフィリピン統治の目的の一つはカトリック教の布教だったから、大勢のスペイン人宣教師やカト

第56章
戦前の人流

リック教に帰依したフィリピン人が布教目的で日本に送り込まれた。日本では、キリスト教の布教にかかわった外国人としてポルトガル人がよく知られているが、実際にはスペイン人やフィリピン人も含まれていたのだった。

だが、江戸時代の初期、徳川家康はカトリック教が全国統一の妨げとなるとして信者を弾圧し始める。その一例に、1614年に追放されてマニラに逃れた高山右近（摂津高槻城主でキリシタン大名）ら100名近い信者がいる。マニラのスペイン当局は彼らを手厚く保護し、1630年には日本で処刑された日本人信者二十数人を列聖する大掛かりな行事も挙行した。それは教会の権威ときらびやかさをフィリピン人に誇示するいい機会でもあった。

しかし江戸幕府は1630年代の半ば以降、鎖国体制を強化していき、公然たる対外関係をオランダと中国に限定したことで海外の日本人町も自然消滅していく。

日比の関係は明治政府樹立後ほどなくして再開した。1888年12月、貿易促進を期待して日本領事館がマニラに開かれ、翌年1月に活動を始める。だが、関税問題、フィリピン税関の汚職などで期待された貿易も進展しなかった。また1894年、日清戦争が勃発する前夜、領事館は予算の関係で1893年から一時閉鎖をよぎなくされ、日比関係の外交は香港の領事館の管轄下に入った。

日本が日清戦争に勝利したことは、フィリピンに多大な影響を与えた。特にスペインからの独立を目指した革命組織カティプーナン会員は独立闘争のために、武器購入先として日本に注目した。カティプーナンは軍事大国となった日本が背後にいることを臭わせるため、ある偽装をおこなった。まず、機関紙の発行元を「横浜」とし、カティプーナンの会合の議事録に虚偽の記録をしたため。例えば、日本へ武器購入に行く代表が決定されたこと、その代表の帰国報告などの記載である。革命勃発の3カ月前には、カティプーナン代表はマニラに入港した日本海軍の練習船を訪れ、艦長に革命支援を訴えている。しかし、何ら確答を得られなかったにもかかわらず、その会合は武器購入が確定したとの噂となって雷光のように人びとの口から口へと伝わった。会合を仲介したのはマニラ在住の日本人で商店を経営する田川森太郎という長崎出身の人物だった。最近発掘された史料によると、田川とカティプーナンの指導者アンドレス・ボニファシオとは密接な関係にあり、ボニファシオは田川にあてた手紙に「親愛なる兄弟」としたためている。また上述した艦長との会合の橋渡しに感謝して、田川を始め他の日本人を晩餐会に招待する計画もあった。

いよいよ1896年8月にスペインからの独立を求めたフィリピン革命が勃発し、それは日本の対フィリピン関係に新しい局面をもたらした。その年の10月には、在住日本人を守るという名目で領事館が再開された。日清戦争の勝利とともに、国際社会に帝国主義国家として登場した日本は、獲得した台湾のすぐ南に位置するフィリピンの動向に多大な関心を寄せた。しかし、当時の外交政策は条約改正に重点を置き、スペインを含む欧米諸国との友好関係保持に腐心していたため、表向きは中立、不介入の態度をとった。しかし軍部は情報収集のため担当官を送り込むが、その一人、坂本志魯雄は日本の利益にかなうとしてフィリピン革命への加担を強く推称した。

中立的態度を表明していた日本政府や軍参謀の態度が変化するのは、アメリカが革命に介入してきた1898年以降である。アメリカの進出は日本の国益を脅かすとみなされ、そのフィリピン進出を阻止するため、革命軍のテコ入れを積極的に始めた。陸海軍将校や日本領事館が一体となって革命軍

第56章
戦前の人流

首脳部を日本依存の方向へと導こうとしたのである。結果として革命軍代表によって日本からの武器購入が実現したが、その輸送船は途中で台風のため沈没し、数人の日本人の革命軍参加もみられたが、結果的には何の成果も得られなかった。

ここにフィリピン革命に関与した日本人を大きく二つのグループに分けることができる。日本政府、軍人、アジア主義の信奉者を含めた日本人と、在マニラの日本人である。前者が主に日本の国益のために革命援助をおこなったのに比べ、日常生活で汚職と腐敗に満ちた傲慢なスペイン官憲と接触してきた後者は、カティプーナンの革命目的により近い心情を抱いていた。しかし、その革命はアメリカの介入で挫折した。

フィリピンがアメリカの統治下に入ると、大勢の日本人が「植民地ブーム」にひかれ、また入国が厳しくなったアメリカ本土やハワイ諸島への代替地として、フィリピンを目指した。その頃入国した日本人男子のほとんどが未熟練労働者、女子は子守りやアメリカ兵相手の「からゆきさん」で、それに関わる「ならず者集団」もいた。男子労働者の中には、マニラ北方の山岳避暑地バギオにつながるベンゲット道路の工事や、ミンダナオ島の麻栽培に従事し、やがてダバオには麻農園を中心に、当時の東南アジアでは最大規模の日本人社会が成立する。

一方マニラの日本人町でも商業や漁業、製造業に従事する人たちの数も増え、1910年代の終わりに設立された日本人小学校が、日本人の定住をさらに促した。1938年の時点で日本人経営の雑貨店はフィリピン全土で170余軒に増えた。当時、その多くが集まるマニラを訪れた日本人が繁華街に軒を連ねた小綺麗な雑貨店をみて、「まるで日本にいるみたい」と感歎の声をあげたほどだった。

1930年代末にはマニラの日本人人口は約4000人、ダバオで約2万人を数えた。マニラ近郊のカビテやラグナを始め、バギオ、ビコール地方、ビサヤ地方の都市にも日本人が定住していた。

フィリピンでは1935年に念願の独立への第一歩としてコモンウェルス（独立準備）政府が樹立され、将来にむけてフィリピン第一主義に基づいた政策が打ち出された。当然、外国人の経済活動が規制を受けることになったが、それに敏感に反応したのは在住日本人だった。彼らの利益を守るため1934年には日本商工会議所がマニラに設立され、在住日本人は総領事館と共にフィリピン側へ圧力をかけたり、裏工作をしたりして経済的利益を守ろうとした。

一方フィリピン側もアメリカ離れを意識して隣国、特に日本との関係を重視し、1933年にフィリピン議会は通商使節団を日本に送っている。1935年以降は、「教育旅行」と称して毎年のようにフィリピン人青年が日本を訪れ、訪日は1940年まで続いた。その他にも教育者やジャーナリスト、知識人らの多層な視察団が日本を訪れた。多くのことを日本から学び、フィリピンに役立てようとする気概が参加者の間にみられた。そのような訪日の成果として、フィリピン学生旅行協会、日本語学校、日本案内所などがマニラに設立され、フィリピン人の日本訪問を後押しした。

また日本側もフィリピン側の熱意に応えるように、1935年には日比両国の文化、経済交流の促進を掲げる友好団体「比律賓協会」が組織され、翌年には80人にのぼる日本人学生が見学旅行でフィリピンを訪れている。両国間には教授交換や学生の合同会議も継続して行われ、日比関係はそれまでになく大きな盛り上がりをみせた。

だが、そうした交流も長続きしなかった。それは1937年に始まった日本の中国侵略で、フィリピン人の間に日本に対する恐れと不信が広まり、対日交流への参加者が急減したからである。アメリカ植民政府も1941年にフィリピン人へのパスポートの発行を禁止する。それでもフィリピン側は、1940年5月に最後の文化使節団を日本に送ることであくまで友好親善の態度を示そうとした。それはケソン大統領の熱意と指導によるものだった。彼は日本の軍事侵略がフィリピンに飛び火するのを恐れ、あくまで友好の姿勢を保とうとしたのである。国防の備えが不備な植民地小国の窮余の策でもあった。

しかしながら、フィリピン人の懸念した日本軍による侵略は現実となってしまったのだった。

（寺見元恵）

［参考文献］
池端雪浦・寺見元恵・早瀬晋三『世紀転換期における日本＝フィリピン関係』東京外国語大学　アジア＝アフリカ言語文化研究所　1989年
池端雪浦、リディア・N・ユー・ホセ編『近現代日本・フィリピン関係史』岩波書店　2004年
早瀬　晋三『フィリピン近現代史のなかの日本人』東京大学出版会　2012年

57

戦後の人流

★出稼ぎ先から観光地になったニッポン★

太平洋戦争後、独立を果たしたフィリピンと日本は1956年に正式に外交関係を樹立した。戦争で途絶えた両国間の人の往来は少しずつ回復し、加速し、今日その流れは大きく膨らんでいる。国交回復前年の1955年時点では、在日フィリピン人も在比日本人もそれぞれ500人程度だったが、ざっと60年後の2014年末現在、日本に暮らす在日フィリピン人は21万7585人（外国人登録）を数え、フィリピンに住む日本は1万8870人（在比日本大使館への届け出数）となっている。ここでは、統計資料と個人史の両側面から、戦後の日比の人流を振り返ってみよう。

1940年代から1950年代に日本にいたフィリピン人は、進駐軍や在日外国人の興行ニーズに応える歌手やプロボクサーであった。日本におけるテレビ放送の草創期に黒柳徹子らと出演していた歌手ビンボー・ダナオや、後に大阪で定住したプロボクサーのベビー・ゴステロらがその代表格だ。そのほか、米軍属として来日し定住した男性や、戦前にフィリピンへ渡った日本人移民男性の引き揚げに伴って来日したフィリピン人の妻もいた（高畑 2004年）。図1は在留外国人統計および海外在

第57章
戦後の人流

図１　在日フィリピン人と在比日本人の数（1947年～2014年）

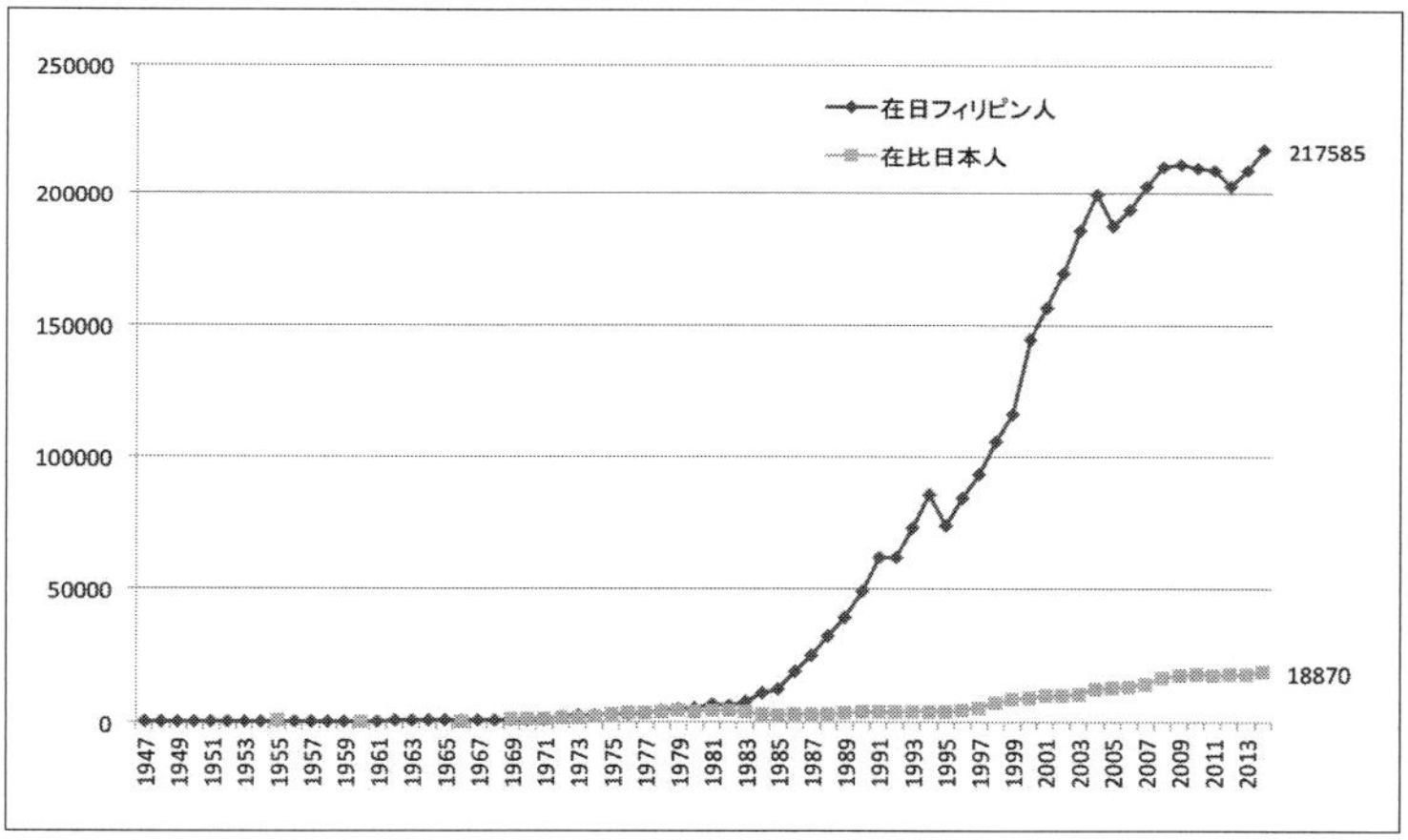

留邦人数調査をもとに、１９４７年から２０１４年までの在比日本人数と在日フィリピン人数をグラフで表したものである。

ここでは三つの転換点が読み取れる。

第一の転換点は、１９７２年の逆転現象。この年に初めて、在比日本人数よりも在日フィリピン人数が多くなった。この背景の一つが沖縄返還だろう。在沖縄のフィリピン人が外国人登録対象となった。そして二つ目の背景がフィリピン芸能人の増加である。１９７０年代は日本全国の繁華街でフィリピンバンドが雇用され、ディスコなどで演奏して人気を呼んだ。

アメリカ施政下の沖縄では基地内で多数のフィリピン人が雇われた。その実態を個人史に記述した写真家がいる。砂守勝巳だ。１９５１年、砂守は沖縄本島でフィリピン人の父と奄美出身の母の間に生まれた。しかしその後、沖縄返還に向けて基地内の仕事はフィリピン人から沖縄人へと切り替えられていく。失職した砂守の父は「フィリピンで職探しをしてくる」と言い残し、1959年に砂守少年の目前から忽然と姿を消してしまう。その後、父子がマニラで再会したのは30余年後であった（砂守 2000年）。

第二に、1980年代以降の在日フィリピン人数の急増。これは、1982年にフィリピン海外雇用庁が設置され、海外への出稼ぎが国策となったことと軌を一にする。日本の場合、特に若年女性の労働者が興行ビザを得て夜の世界で働くという特徴的な就労形態が定着した。しかし、2005年に興行ビザ発給の審査基準が厳格化され、来日する女性の数は激減している。

若い女性労働者が単身で数多く日本に来たことで日本人男性との結婚が増え、多くの「フィリピン系日本人」の子どもたちが生まれた。厚生労働省の人口動態調査によると、統計をとり始めた1993年から2013年までの出生数は9万7688人となっている。今や、その第二世代が社会人となり第三世代を育てる時代を迎えている。2015年6月にベニグノ・アキノ大統領が国賓として訪日した際、「活躍する第二世代」として女優の秋元才加さん、大相撲の幕内力士・高安関、ロンドン五輪フィリピン代表の柔道家・保科知彦さん、プロバスケットボール選手の森ムチャさんが表彰されている。

第三が、2007年以降の在日フィリピン人の再増加。興行ビザ発給の厳格化に伴い一時的に在日フィリピン人数が落ち込む。しかし、2008年の世界金融危機後も、在日ブラジル人の減少とは対照的に在日フィリピン人数が増えている。その背景には、日本人とのつながりから定住資格や国籍を得るフィリピン人の増加がある。例えば、1990年代半ばから、日本人男性と結婚（再婚）した母親に呼び寄せられて来日する子ども（前夫との子）たちが増え続けている。また、2003年からNP

O法人フィリピン日系人リーガルサポートセンターが、戦前の在比日本人移民とフィリピン人女性との間に生まれた日系2世を対象に「就籍」（日本国籍を回復し戸籍を新たに作る）の支援を始めた。戦後の混乱で身分関係書類を紛失し戸籍へ記載されていなかった2世たちが日本国籍を回復し、その子や孫たちとともに来日している。

現在、日本の各地にフィリピン日系人の集住地ができている。三重県ではシャープの下請け工場で働く日系人約２００人が労働組合を結成し、地元のコミュニティ・ユニオンの分会として活動している。また、静岡県浜松市浜北区は区の外国人人口の約４割がフィリピン人で、日系2世から5世までが民間アパートや公営住宅で暮らしている。例えば、沖縄ルーツの2世、Sさん（80歳）は3世となる6人の子どもたち、4世となる18人の孫、5世となる10人のひ孫と暮らす。１９９０年代後半から3世が日本各地で出稼ぎを始め、２０００年代半ばになって親族が浜松へ移住を始め、現在は3・4世の配偶者を含めて総勢約40人が同じ団地内で暮らしている。子どもたちが通う小中学校には市からフィリピン人の教育支援員（在日歴約20年の結婚移民）が派遣されてくる。

今日、日比間の人の往来はさらに活発となっている。特に２０１０年以降、在比日本人が増加している。在比韓国人が経営する英語学校へ韓国からの英語留学が普及したのが２００６年頃からだったが、その後、日本人経営の英語学校も増え、日本の若者にとってフィリピンはごく普通の留学先となった。子どもやシニア層の留学も増えている。ビジネスチャンスを求めてフィリピンで起業する若者も増えた。

一方、２０１３年にフィリピンから日本への観光ビザが緩和されたこともあり、観光客として来日するフィリピン人も急増中だ。フィリピンの経済発展により中間層が拡大し、円安の時代に「日本製品に割安感」を感じる人びとが増えた。格安航空会社（ＬＣＣ）が普及して日比間の移動は1万〜3万円台でも可能となったことも後押しとなり、今やフィリピンにとって日本は「消費と観光の地」ともなっている。

人口1億人を突破したフィリピンと少子高齢化に悩む日本。今後の二国間関係はどうなるだろう。また、今や10万人に迫る「フィリピン系日本人」が、両国で、また世界で羽ばたいてくれるのが楽しみだ。

（高畑　幸）

［参考文献］

大野　俊『ハポン――フィリピン日系人の長い戦後』第三書館　１９９1年
砂守勝巳『沖縄シャウト』講談社文庫　２０００年
高畑　幸「在日フィリピン人――第2世代の成長期に入ったコミュニティ」庄司博史編著『多みんぞくニホン――在日外国人のくらし（特別展図録）』１０５〜１１1頁　２００4年

58

開発援助

―――★巨大インフラ・プロジェクトの功罪★―――

日本は戦後賠償の開始以降、多種多様な主体やスキームを通してフィリピンへの積極的な開発支援を行ってきた。そのうち、フィリピンにもっとも大きな影響を与えてきたのが、日本政府による公的支援を通した戦後賠償、政府開発援助、そして民間投資支援だ。

難航したフィリピン政府との賠償交渉の結果、日本政府は、1956年から20年の間に資本財と役務（一部現金を含む）による総額5億5000万ドルの賠償に加え、賠償補充目的で2億5000万ドルの経済開発借款をフィリピンに供与した。これらは、戦争によって破壊されたインフラや産業の復興にあてられたが、フィリピンの主要産業であり、日本の経済復興にも不可欠であった鉱山の修復に多くが割かれた。この戦後補償は、日本の企業と経済が戦後の復興・成長を遂げる際にも大いに貢献した。

戦後賠償を補完するものとして開始された日本による開発支援は、出資組織に変化こそあるものの、その特徴に変わりはない。それらの特徴とは、日本企業の支援を介してフィリピンにおける開発支援と日本の経済成長を同時に追い求めようとするものであること、無償よりも現地側の自助努力を期待できるとして有償での開発支援の比重を高める開発支援の理念、巨大インフラプロジェクトの重視、相手国の主権の尊重である。

開発基盤とみなされている巨大インフラを作り出す巨大プロジェクトは、特定企業の利益というよりも公共利益を生み出す性質が強い。そのため企業にとってもリスクが高く、好条件での融資を得ることが難しい。このような巨大プロジェクトに対して、公的な開発支援機関であるＪＩＣＡ（国際協力事業団）（１９７４年〜）、ＯＥＣＦ（海外経済協力基金）（61〜99年）、ＪＥＸＩＭ（輸出入銀行）（52年〜99年）、ＪＢＩＣ（国際協力銀行）（99年〜）、ＮＥＸＩ（日本貿易保険）（99年〜）による好条件での資金提供が、重要インフラの整備に寄与し、よりダイナミックな開発の計画・実施を可能にした。日本の開発支援によって全国各地に整備された港湾や経済特区を、やはり日本の開発支援によって張り巡らされた幹線道路がつなぐことにより、日本企業をはじめ数多くの企業がフィリピン国内で生産・流通を活発化させ、雇用や経済開発に貢献した。

加えて、日本企業を介した開発支援は、アメリカの企業が独占してきた市場、技術、資本を、より有利な条件でフィリピンに提供した。開発戦略に関する有利な選択肢の増大は、フィリピン政府の交渉力と自由度を高め、60年代末から80年代前半の間、国家主導による開発戦略の積極的な展開とその経験の蓄積を可能とした。以下に述べるように、フィリピン政府は日本の状況に合わせた開発計画を導入することによって、日本からの開発支援を上手く利用してきたといえる。

60年代末から70年代、日本政府・企業による海外資源開発熱の高まりや、日本国内での公害運動による精錬工場の操業・拡大の困難化を受け、マルコス政権は、当時有効な開発戦略と認識されていた

第58章

開発援助

鉱業基盤の工業化戦略を打ち出した。日本政府に支援された日本企業からの投融資を上手く利用して、鉱山の新規開発と拡大を積極的に実施し、二つの精錬所の誘致を進めたのである。その結果、80年には、東南アジア最大の銅精鉱・地金の輸出国となり、外貨獲得と地方経済・雇用の拡大に貢献し、数多くの優れた技術者を生み出した。

80年代から90年代初期は、政治経済の混乱と天災に振り回された。フィリピンが再び積極的な開発戦略を打ち出せるようになった90年代半ば以降、日本では賃金上昇による製造業の海外移転志向が高まり、また国内外での電力自由化に伴って電力大手企業が海外進出の必要性を実感するようになる。この日本の変化が日本の開発支援を通して具体化したものが、大規模な経済特区開発や電源開発である。電力供給量の増大と安定化は、外国からの投融資を集める上での条件改善として受け取られ、日本企業をはじめ多くの外国企業が、税金や手続き等の優遇措置を求めて経済特区に進出した。経済特区からの輸出外貨はフィリピン全体の八割に達し、日本企業は経済特区登録企業の3分の1を占める。

日本からの開発支援によって実現可能となった巨大プロジェクトがフィリピン経済の拡大・活性化の基盤となったことは間違いない。しかし、他方で巨大プロジェクトのもたらす負の側面をフィリピンが十分に回避できなかったのも事実である。

第一に、開発資金が、大統領の金権政治資金として流入し、汚職構造を強化してしまった。マルコス大統領が開発資金を自身の独裁的支配の基盤と経済利益に利用したことは有名だが、それ以降も巨大プロジェクトが汚職源となっている点に変化はないと言われている。

第二に、経済効率性を度外視した開発資金の特に鉱業への集中は、一次産品価格の暴落から生じた鉱業の巨額債務を政府に転化し、累積債務危機の主要な原因の一つとなった。これは、中南米やアフリカの鉱業諸国と同様である。

第三は、巨大プロジェクトの強行が民主主義の阻害と紛争の原因と化してしまった点である。巨大プロジェクトは、数多くの住民の生活圏の一部、もしくは全ての破壊を不可避とする。その際、フィリピンでは、脆弱な自然環境、多様で流動的な生活手段、エリート依存型の社会構造等により、被害の把握も被害者への補償も十分に実施できない。したがって、プロジェクト受け入れに関する合意形成は、困難で時間がかかるものとならざるをえず、膨大なコスト・リスクとなっている。これまでの合意形成は一部の例外を除いて推進側による強制という性格が強く、異議申立の仕組みは機能せず、反対運動は無視されるかエリートの抑圧によって無力化されてきた。

90年代以降、巨大プロジェクトに関する権限が分散され、地方自治体や先住民族コミュニティ、NGOの発言権を高めて、被害住民の主張や利害をより反映しやすい制度になってきたかに見える。しかし、実際には、それ以上に地方エリートの開発特権を肥大させてしまった。地方エリートにとって、開発支援と補償やコミュニティ開発の実質的な独占が、政治経済的な基盤を強化する絶好の機会となったのである。そのため、地方エリートはより積極的かつ時に暴力的な手段を用いて形式的な合意もしくは合意強制を押し進め、合法的な手段のない被害住民は、ますます武装組織の支援に依存するようになっている。

2001年の9・11（米同時多発テロ事件）以降のアロヨ政権によるテロ対策は、活発化する武装組織のみならず政府批判運動にも向けられた。巨大プロジェクトを批判するメディアやNGO、住民組織の活動家も標的とされ、軍や警察による不当な捜査・拘留・尋問や拷問が横行し、失踪や殺害も相次いだ。その結果は武装組織に参加する被害者の増加と、国家による抑圧強化の悪循環でしかない。

ハード面での開発基盤としての巨大プロジェクトが、工業化に重要な透明性、民主化、政治経済的安定といったソフト面の阻害要因となっているのは、大きな皮肉である。この矛盾に対して、開発支援組織は、自主ガイドラインの中で、汚職、環境破壊、強制的な移転や合意への十分な対応を支援条件として位置づけ、ソフト面での開発基盤を破壊しないようにする姿勢を見せるようになってきた。しかし、効果はかなり限定的と言わざるを得ない。相手国主権を尊重する日本の美徳が、現地政府や企業の責任範囲に踏み込めない、もしくは踏み込まない言い訳となってしまっているのである。

近年では、日本と中国による資源獲得競争の激化が、ミンダナオ和平と結びついている。ミンダナオに眠る天然資源、特に鉱物資源の開発とその利益分配に関して、個々のプロジェクトレベルで今後具体的な議論が進められていくこととなるが、そのあり方が和平の成否を左右すると言っても過言ではない。開発とインフラの整備で日本の開発支援が求められているが、開発支援のあり方に大きな変化がないならば、ソフト面での開発基盤のさらなる破壊をもたらすことになるだろう。

（栗田英幸）

59

災害支援ネットワーク

★火山・地震・台風に立ち向かう★

フィリピンと日本は、ともにプレートの境目が重なり、多数の断層が走る環太平洋火山地震帯に位置する自然災害大国である。例えば、伊豆半島はフィリピン海プレートの上に乗っている。このフィリピン海プレートが、相模トラフと駿河トラフに沈み込み、両方向に引っ張られ裂ける作用により、富士山が誕生したと考えられている。

熱帯から亜熱帯に伸びたフィリピン群島、亜熱帯から温帯へと連なる日本列島。お互いに島国で長い海岸線を持ち、台風の常襲地帯でもある。日本に上陸する台風の多くは、フィリピン周辺で発生する。日本では発生から上陸までに時間があるため、進路の予測と備えをすることができる。しかし、フィリピンでは発生と同時に上陸するケースが多く、勢い被害は甚大化する。

火山、地震、ツナミ、台風。自然災害に悩まされる歴史を重ねてきたフィリピンと日本は、近年、支援活動を通じて互いに協力関係を築いてきた。１９９１年のピナトゥボ山噴火、２０１１年の東日本大震災、２０１３年の台風ヨランダ（国際名はハイエン）の例から、両国間の支援・協力関係を見てみよう。

ルソン島中西部にあるピナトゥボ山が噴火したのは91年6月

のことだった。噴煙は上空40キロに達し、政府の避難センターに収容された避難民だけでも6万人を超えた。さらに、不運にも台風や豪雨が重なり、洪水、泥流が発生。噴火から10年が経った時点でも約150万人が被災者としての生活を余儀なくされていたという。

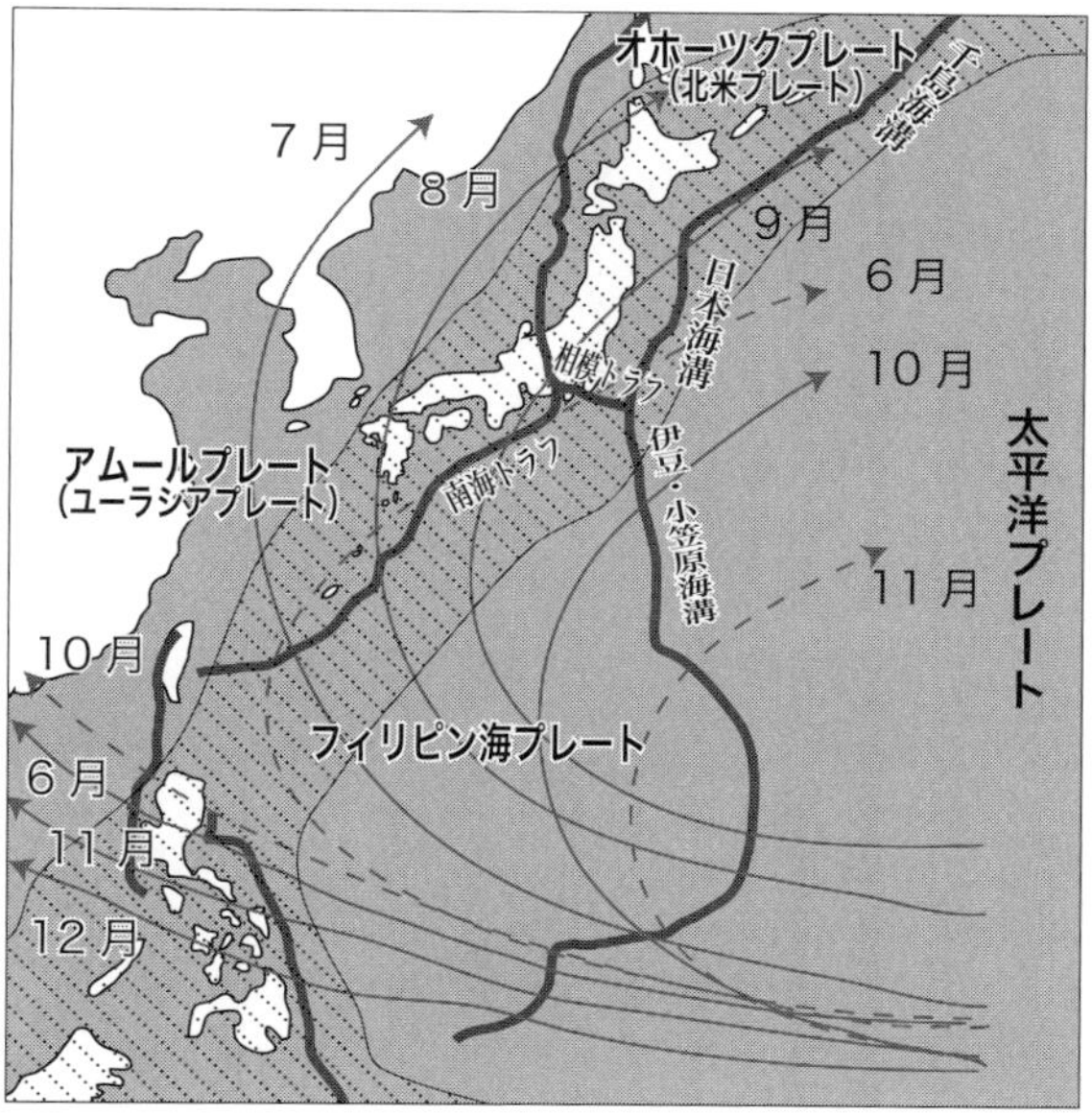

日本とフィリピンが共有するプレートと台風の経路

「20世紀では世界最大級の噴火規模」と称された大噴火は、日本の市民社会をも揺り動かし、その国際協力のあり方に一つの変化をもたらした。40もの日本の民間団体が被災者支援を展開したのである。ピナトゥボ山噴火をきっかけに設立されたNGOもあった。マニラでは、支援ボランティアに加わった日本人駐在員の家族もいたし、個人で活動した人も少なくなかった。

日本の民間団体や市民がピナトゥボ山噴火の被災地に赴いて支援を展開したことは、その後、日本の国際NGOが災害に対応して緊急出動する先駆けとなった。95年に発生した阪神・淡路大震災をきっかけに、「特定非営利活動促進法（NPO法）」が98年に成立、市民社会の活動が促進された。また、90年代には冷戦終結後の安全保障体制が転換期を迎えるなか、世界各地で武力紛争が多発した。こうした時代状況のもと、日本の国際ＮＧＯは紛争や自然災害の現場で活発な緊急人道支援を展開するようになった。

その日本は２０１１年３月発生の東日本大震災では、フィリピンを含む海外から大々的な支援を受ける立場を経験する。医療チームの派遣だけでも30カ国以上からの申し入れがあった。実際の受け入れは４カ国に留まったが、そのうちの一つがフィリピンの医療チームで、震災発生３カ月後の６月28日から７月13日まで、フィリピン人医師３人が岩手県や宮城県で主に在日フィリピン人に対して巡回医療活動などを行った。

東日本大震災は、海外からの支援受け入れという意味でも日本にとっては新たな経験となった。阪神・淡路大震災を契機として「災害対策基本法」を改正し、国の防災基本計画を見直し、国際支援の受援体制を整えた。しかし、実践してみると新たな課題が見えてきた。たとえば、医療チームの受け入れが４カ国に留まった背景には、国際医療チームの技術、装備、医療活動を受け入れる基準や体制が整っていなかったという事情もある。

東日本大震災では、海外を活動対象にしてきた日本の国際ＮＧＯの多くも経験を生かして国内で支援にあたった。そうした国際ＮＧＯは支援を受ける側の立場を経験して初めて海外の支援現場では見えなかった事に気がつかされた。たとえば、国際支援を受け入れるためには、通訳が必要だし、ドナー（資金提供者）らに対する活動報告も必要となる。海外の諸団体と連携するための調整も増える。言葉や文化が異なる現場での支援が独善的になる危険性もある。東日本大震災は、海外での自分たち

第59章
災害支援ネットワーク

台風ヨランダの影響で被害を受けた家屋（レイテ島　2014年3月）

「DOMOARIGATO」の文字（レイテ島、2014年3月）

被害をうけたココヤシと子どもたち（レイテ島、2014年３月）

の支援行為を振り返る契機となった。

２０１３年11月８日から９日にかけて、フィリピン中部のレイテ島など一帯を台風ヨランダが襲った。その規模は最大級の「カテゴリー５」。近年のフィリピン自然災害史上屈指の大台風だった。フィリピン政府の報告によると、最大瞬間風速は90メートルに達し、４メートルを超す高潮が発生した。

台風ヨランダにより、フィリピンでは全人口の約16％に当たる１６００万人余が被災し、死者は６３００人、行方不明者は１０６１人を数えた。家屋損傷は１１４万棟。世界保健機関（ＷＨＯ）は、04年のインドネシア・スマトラ島沖大地震によるインド洋津波被害、２０１０年の中米ハイチ大地震被害と同等の最悪カテゴリー３と分類した。

日本の国際ＮＧＯは、毎年のようにフィリピンを見舞う大規模台風被害に際して支援活動をしてきたが、この台風ヨランダ被災地でも、フィリピンの行政やＮＧＯなどの市民団体をパートナーに活動を展開した。フィリピンの市民団体には、キリスト教会をベースにした慈善活動の伝統があり、アメリカ統治時代以来のボランティア活動も一部ではあるが根付いている。国際支援分野でも、独立後の早い時期から個人・グループが国連などの国際機関や赤十字、アメリカのＮＧＯなどとともに中南米やアフリカ各地で医療支援活動などを行ってきた。特に、１９８６年発足のコラソン・アキノ政権期以降、市民団体の役割が憲法や地方自治法に明記されるなど、公の認知度は、むしろ日本よりも進んでいる。そして、ピナトゥボ山噴火をはじめ国内各地での自然災害の被災者支援で実績を積んできた。日本の市民社会が学ぶことは多い。

東南アジアの多くの国や市民社会が災害対応の経験と知見を積んだ今日、もはやかつてのように経済的に富める国だけが一方的に支援を行うという時代は過ぎ去った。いま、災害時の国際協力に求められていることは、いかに域外からの支援を域内の知見や経験とうまく結びつけて、被災者のためによりよい支援を展開するかという視点であろう。災害時に、国境を越えての双方向の国際協力体制をどう築いていくかが今後の課題だ。

（石井正子）

［参考文献］

清水　展『噴火のこだま――ピナトゥボ・アエタの被災と新生をめぐる文化・開発・ＮＧＯ』九州大学出版会　２００３年

津田　守・田巻松雄編『自然災害と国際協力――フィリピン・ピナトゥボ大噴火と日本』新評論　２００１年

中村安秀・石井正子編『垣根のない連帯と共感――東日本大震災における海外からの支援に関する調査事業報告書』ジャパン・プラットフォーム　２０１２年

http://tohoku.japanplatform.org/report/overseas.html

60

文化交流

★次世代につなぐカタリスト（触媒）たち★

太平洋戦争時代、日本による占領で甚大な被害を受けたフィリピンでは、戦後長らく日本人に対する警戒感が二国間の自由な文化交流を阻害していたことは否めない。さらに歴史上スペインとそれに続くアメリカによる植民地体制に組み込まれた結果、西洋、特にアメリカ文化への強い親近感から、日本文化に対してはあまり関心が高まらなかった。また日本から見れば、特に１９７０年代以降、経済発展から取り残され、開発途上国として見られたフィリピンに対する文化的関心は低かった。

そんな状況に変化の兆しが訪れたのは１９８０年代後半であろう。日本も政府レベルで国際社会における文化的貢献のあり方を模索し始めたのがこの時期。日本とフィリピンの文化交流を考察するにあたり、１９８０年代後半の動きを源流に、現在フィリピンの現地に根を張って二国間交流の中心的役割を果たしてきたケース、それも首都マニラではなく、地方の地域社会の中に入り込み、フィリピン人でさえできなかったことを実現してきた一人の女性に焦点を当て、その活動を通じて、日本とフィリピンがいかに底流でつながってきたかを概観してみたい。

マニラから北に車で６時間、コーディリエラ山脈の懐、標高

１５００メートルの山間の盆地に人口30万人超の都市バギオがある。戦前、アメリカ統治下に避暑地として開発されたムニシパリティ（町）だが、コーディリエラ地方の先住民族が多く住んでいて山地文化の玄関口でもある。そのバギオにコーディリエラ・グリーン・ネットワーク（ＣＧＮ）という環境ＮＧＯの活動拠点がある。代表は日本人の反町真理子。フィリピンでは１９００年ごろには国土の70％が森林であったが、99年時点で18・３％に激減しており、森林破壊は深刻な問題となっている。ＣＧＮの活動は、植林活動や高原野菜に代わる混成栽培推進による現金収入事業の導入、さらには環境教育や先住民の若者への奨学金事業など。その活動を支えるのは、反町を中心とした日比間の人や組織のネットワークだ。

　反町が初めてフィリピンを訪れた１９８３年はマルコス政権末期。長期独裁政権の矛盾が至る所に吹き出しており貧富の格差拡大が先鋭化した時代である。その時彼女は、約20年後に自らの活動場所の一つとなるマウンテン・プロビンス（山岳州）の州都ボントックを訪問している。その後、映画祭関連の仕事をしていた反町は、80年代後半に再びフィリピンと関係を持つことになる。映画監督キドラット・タヒミックとの出会いが運命を変えた。

　キドラットはインディペンデント映画の象徴的存在だが、日比文化交流史の文脈でも重要な人物である。デビュー作の『悪夢の香り』（１９７７年）がフランシス・コッポラに絶賛されて世界的に認知され、日本でもアジア映画紹介の嚆矢《こうし》となった国際交流基金主催の南アジア映画祭（１９８２年）で公開された。１９８１年から日常生活の撮影を始め、86年より『虹のアルバム　僕は怒れる黄色』のタイトルで上映。１９８９年に小川伸介監督らが立ち上げた山形国際ドキュメンタリー映画祭は、その後アジアを中心に世界中の映画人に多大な影響を与え続けているが、彼は第1回から参加していて日本の映画人との親交も深い。自由な発想で多くの人をひきつけ、フィリピンと日本を結びつける触媒の役目を果たしてきた。

キドラットが日比間を往復し始めた1980年代後半から90年代初めは、日本と東南アジアとの文化交流にとり重要な時代である。美術の分野では79年に福岡で始まったアジア美術展を嚆矢に東南アジアと日本のアーティストの交流が生まれ、90年に国際交流基金が渋谷にアセアン文化センターを開設して本格的に日本における東南アジア文化の紹介に乗り出した。1991年に実施したフィリピン映画祭では13本の長編映画を一挙に上映。92年には東京・渋谷の東急文化村を中心に美術、舞台芸術、映画など多ジャンルの東南アジア祭が開催され、ジョーイ・アヤラなどポピュラー音楽も紹介された。

こうした日本の動きに連動し、フィリピンにおいても日本文化への関心は徐々に高まっていった。特に現在ではアニメ、マンガ、ゲームなど日本のポップカルチャーへの関心が非常に高いが、この80年代後半という時代は、日本のポップカルチャーがまずは香港や台湾で人気となり、その後東南アジア諸国で同地域の経済成長と新興中間層の誕生と機を一にして浸透していった時代でもある。

他方、日本におけるアートの世界では、このころある地殻変動が起きていた。アートが美術館を離れ、または都市を離れて地方や農村に、そして地域に深く関わり始めたのだ。前述の山形国際ドキュメンタリー映画祭が89年、そして地域に根差した住民参画型のアートプロジェクトの先駆となった大地の芸術祭・越後妻有アートトリエンナーレが始まったのが2000年。キドラットはそのいずれにおいても重要な役割を果たしている。日比文化交流の文脈でも、この地域に根差した文化交流は重要な底流で、後の反町の活動にもつながる。

反町がフィリピンに移住したきっかけもキドラットが提供した。95年に彼が企画したイベントで、後に夫となるカリンガ族の音楽家、アーネル・バナサンと知り合う。アジア、社会問題、アートを中心に活動していた反町は、まさに当時日本で東南アジアのアートやサブカルチャーに関心が高まったその波の中でフィリピンと再会し、そしてフィリピンへと誘われた。その翌年バナサンと結ばれた反町は紆余曲折を経た後、2001年にバギオで環境NGOを立ち上げた。環境問題啓発のために実施したポスター公募展では、第1回の審査員に小沢剛を招待。今や国際的に活躍する美術家であるが、反町が日本で培った人脈によって日本からアーティストを招待する先駆となった。

地球環境をテーマにした愛知万博（2005年）への参加がCGNの活動の幅を広げた。「地球市民村」で実施したワークショップが後の環境教育における演劇の導入に繋がり、その後のCGNの活動の核となる「コーディリエラ・ユース・エコサミット」のアイディアが生まれた。同事業は、コーディリエラ地方の子どもたちの環境問題に関する理解を深めるのが目的で2007年開始。同地方を構成する6つの州（アブラ、アパヤオ、ベンゲット、イフガオ、カリンガ、山岳州）から代表高校を選んで、環境をテーマにした演劇作品を地域の言語で創作する。同地方では伝統的に民族集団間の抗争が絶えなかったが、先住民である自分たちのアイデンティティを確認しつつ一体感を醸成しようという野心的な事業である。5年間継続して各地で成果を収め、最終的には「アナック・ディ・カビリガン」（山の子どもたち）という劇団を結成して2011年には日本公演も行った。その過程で、日本から演劇、舞踊、音楽、美術、写真などの分野から多くのアーティストや文化・NGO関係者が参画し、さまざ

アナック・ディ・カビリガンの公演（提供：コーディリエラ・グリーン・ネットワーク、撮影：直井保彦）

まな交流事業が展開された。

バギオの中心部から車で10分ほど、喧騒を避けるように丘の中腹の古い邸宅を改築してオープンした複合文化施設のTALA（山岳州カンカナイ族の村に住み、山岳民族が大切に育てている田の米を守る鳥を意味する）は、反町とCGNに集う人びとの夢が詰まった場所だ。宿泊施設、喫茶店、ギャラリーが併設されていて、日本からも多くのバックパッカーが訪れ、週末ともなると地元の若者やアーティストらで賑わう。またここ数年はもともと特産品として知られていたコーディリエラ産のアラビカ・コーヒーを森林農法による技術指導で栽培して、日本のフェアトレード関係者に結び付けることにも力を入れている。反町やCGNのスタッフから何かを学び取ろうと、日本から次々とインターンの若者たちがやって来てこのTALAの門を叩く。次世代の日比の若者たちをつなぐカタリスト（触媒）としての反町の挑戦は、これからも続く。

（鈴木　勉）

61

看護師・介護士

★日比間の思惑と期待のズレ★

貿易だけではなく労働力移動の自由化は、21世紀を迎えて新たな局面に入った。世界貿易機関（WTO）を軸とした自由貿易体制に代わり、二国間貿易協定の締結が加速してきたのである。途上国との自由貿易化は、農業分野の交渉が含まれるため難航が予想された。そのため、日本政府は技術協力や労働力移動などを含めた包括的な「経済連携協定（EPA）」として交渉を進めることで、農業に的を絞らせない戦略を取ったのだ。

フィリピンとの交渉は2002年、当時のグロリア・アロヨ大統領が小泉純一郎首相に交渉を提案したことに始まる。同大統領は失業率抑制のため、日本政府に家事労働者・ベビーシッター・看護師・介護士などの受け入れを求めた。出入国管理法が技術的・専門的人材に限って受け入れを可能としていることから、日本政府は看護師と介護福祉士を検討した。経団連や外務省などが、高齢化を鑑みると人材の導入は必要と考えた一方で、厚生労働省や日本看護協会、日本介護福祉士会といった職能団体はこぞって反対した。資格を保持しながらも就労していない「潜在労働力」の掘り起こしを優先すべきという立場をとっていたからである。この「潜在労働力」掘り起こし論は、

２０１６年現在でも同じであり、海外労働者受け入れ反対の根拠となっている。
日本政府は医療・介護分野における初めての外国人受け入れに向けて、世論を説得する必要があった。経済産業省は「経済改革特区」の第５次申請（２００４年）において、医療・介護分野における外国人受け入れや資格の相互認証を求める民間や自治体からの応募が相次いだことを明らかにした。申請は厚生労働省によってすべて否定されたが、人材不足を世論に喚起するには十分であった。

２００４年11月、日比間の「経済連携協定」が大筋合意され、２００６年９月に協定が締結された。厚生労働省は看護師・介護福祉士の候補者を、２年間で合計１０００人受け入れると発表した。しかし協定の批准は、フィリピン上院で「日本から廃棄物が輸入されるのではない」かという懸念が指摘されたため、先延ばしとなった。日本側の交渉関係者にそうした意図はなかったが、覚書を両国政府が交わして受け入れを開始したのは２００９年５月となった。

フィリピンとほぼ同じ枠組みを用いて、２００６年11月にはインドネシアとのＥＰＡが大筋合意に至り、２００８年には協定を締結し、フィリピンに先んじて同年８月には受け入れが始まった。タイとの交渉は、タイ側のクーデターによる政権交代で停止した。２００８年には「日本・ベトナム経済連携協定」も発効し、２０１０年にはそれまで先送りされていた人の移動に関する追加的な交渉が開始された。２０１４年からは、送り出しも始められた。

看護師の受け入れについては、「資格の相互認証は行わない」「看護師資格を有し、かつ３年以上の実務経験者を候補者の要件とする」「受験資格認定を通じて国家試験の受験資格を与える」「滞在期間は３年間」というのが、その大枠である。介護福祉士の受け入れについては、「日本の介護福祉士制度にのっとり、就学コース（専門学校など）と就労コースに分けられ、前者は卒業と同時に有資格者となり、後者は３年の就労をもって国家試験の受験資格が与えられ、両者とも滞在期間は４年間」「看護大学卒業者か、４年制大学を卒業したフィリピン・ケアギバーの資格保持者を候補者の要件とする」である。このように、看護師候補者に対しては、日本人と同等の学力を認定する「調和」を実施するが、介護福祉士候補者についてはそれがない。母国で看護経験があっても、日本で介護の養成校に通わない場合は、３年の実務経験を新たに積まなければ国家試験の受験資格がない。資格試験が課す要件という観点で言えば、介護福祉士候補者の方がより厳しいものとなった。

受け入れの担当機関は、日本側は国際厚生事業団（ＪＩＣＷＥＬＳ）、フィリピン側は海外雇用庁である。こうした政府間の枠組みは、国際移動の過程でしばしば生じる「搾取」の防止に役立つと考えられた。他方で、来日した外国人たちは、その時点では日本の看護師・介護士福祉士資格を持たない。そのため「候補者」として雇用契約を交わしつつも、就労しながら受験勉強をしなければならない。就労と受験勉強がＥＰＡの特徴だ。

２０１５年末時点までの入国者計３１００人のうち、国家試験合格者は５００人余りである。内訳は、看護が１５４人（うちフィリピン55人、インドネシア98人、ベトナム１人）、介護３５２人（うちフィリピン１３８人：就労コース１０６人、就学コース32人、インドネシア２１４人）である。ちなみに、介護福祉士候補者の就学コースはフィリピンの第２陣までのみが対象で、以降は中止されている。というのも、就学コース修了者にも国家試験が課されるようになり、経過措置として不合格者も取得できる「准介護福祉士」が設置されたからである。在日フィリピン大使館労働部は、「フィリピン人をふるいにかけるのが目的だ」と批判し、就学コースは中止された。

単純な比較はできないが、資格取得者のうち、現在も就労している者の割合は、インドネシア人が60％（うち看護師53％、介護福祉士64％）、フィリピン人が83％（看護師89％、介護福祉士就労コース81％、就学コース81％）となっている。フィリピン人の定着率が高いのは、フィリピンでは看護師の供給過剰状態が続き、帰国しても再就労の保証がないことが挙げられる。

専門学校などの養成校を卒業すれば国家資格が取得できる介護福祉士の就学コースの卒業割合は86・5％であり、このうち81％は現在も就労している。就学コースは09年・10年の2年間のみであったため、2016年の時点で6～7年間勤続していることになる。前述の理由でこのコースは中止されたが、資格取得率・勤続年数ともに高い結果を出している。

看護師の合格率は、10％以下が続き低迷している。これは、目標を准看護師に定めた者が多くなっているからである。准看護師になると「医療」の在留資格で最大4年間滞在できる。

こうしたEPA候補者の研修には、税金が投入されている。06年度から11年度までの訪日前後の日本語研修や学習支援などの事業執行費用の総額は43・6億円に達する。これは、候補者1人当たり約250万円に相当する。財務省は予算の執行に慎重だが、合格者数や合格率は協定の正否のバロメーターとなっている。

これを「社会コスト」とみなして、受け入れに反対する論もある。しかし、EPAの候補者1人が納付する社会保険料や直接税の合計は、年間50万円程度にのぼる。5年程度の就労で、教育費用は回収できるのだ。そのため、定着が鍵となる。また、介護福祉士候補者の約8割は出身国の看護師である。候補者の養育費用・教育費用は送り出し国負担であり、日本はこうした費用を外部化しているといえる。

ＥＰＡ介護福祉士候補者に対する、施設・職員・利用者及びその家族からの評価はけっして低くない。国際厚生事業団によると、職員評価としては肯定的意見が75％、普通22％、否定的意見が３％であった。また利用者やその家族による評価では、肯定的評価が76％、普通が23％、否定的評価は１％に過ぎない。この傾向は、その他の調査でも一致している。つまり、費用に換算されない「質の高い介護の提供」という意味においても、ＥＰＡ候補者たちは一定以上の貢献をしている。ＥＰＡ候補者たちへの教育費用は、一見すると高い教育投資に思えるが、こうした点を考慮するとその評価はおのずと変わってくる。

２０１５年、技能実習制度に介護の職種を増やすことを定めた外国人技能実習制度の適正化法案や、留学を通じて介護福祉士を取得した人に対する在留資格「介護」を創設する入管法改正案など新たな枠組みが国会で提案された。これらは、費用負担の多くを実習生、留学生本人が支払う仕組みで、公的負担が小さく、個人がリスクをとる。前者はアメリカ国務省「人身売買報告書」においても毎年名指しで指摘されており、問題の多い制度だ。日本の福祉が人身売買に依存していると指摘されないよう、慎重な取り組みが求められている。さらに２０１３年には、女性の就労支援の一環として「国家戦略特別区域法」での家事労働者の受け入れが決まり、２０１６年には受け入れが始まった。請負方式で労働法令を適用するが、受け入れ企業には介護業者が名を連ねており、混合介護（介護保険制度によるサービスの制限）をにらみ、家事労働者が介護に用いられる可能性がある。

（安里和晃）

62

日比二世10万人時代

★二つのルーツを活かす★

地球規模で人が移動する新時代の到来とともに、国際カップル誕生の場も飛躍的に増えた。日本人とフィリピン人のカップルも例外ではない。その子どもたちは10万人時代を迎えている。日本に住む日比ルーツを持つ二世の生い立ちには、主に二つパターンがある。日本で生まれ育った場合と、フィリピンで生まれ小中学校期に来日したケースだ。この章では、二世たちが直面する現状と日比双方のルーツや移住経験を活かして歩む人たちに注目したい。

まず、日本で生まれ育った二世たちについてみてみよう。父親が日本人、母親がフィリピン人のもとで生まれた二世は、日本政府が統計をとりはじめた１９９１年以降では、95年が最多の５４８８人で、２０１４年がもっとも少ない１８４１人だった。出生数は減少傾向にはあるが、この間の累計は９万２９１２人。二世の多くが、今や20代から30代に達しており、ほとんどが日本国籍である。

日本生まれの二世たちがフィリピンの文化や言語を継承する機会は限られている。フィリピンでの滞在経験は、年に数日間母親の実家に帰省する程度がほとんどである。言語の継承は難しく、母親が家庭で意識的にフィリピン語を使うなどして伝えようとしているケースはごく一部である。

　フィリピン的なものをもっとも継承しているのは宗教であろう。二世の多くが、幼いころから母親に連れられて教会に通い、カトリックの信徒となる。それでも中学校に入学すると、礼拝がある日曜日に部活動が入るなどするため、教会から足が遠ざかる。二世が自分にフィリピンのルーツがあることを意識し始めるのは、高校を卒業する頃、人間関係や視野が広がる年齢に達してからである。母親が通う教会にあるフィリピン人コミュニティの集まりにやって来るということがきっかけとなる場合もある。両親とともにコミュニティのクリスマスパーティーなどを手伝っていた男子大学生（21歳）もそのひとりである。彼は大学1年生が終わった春休みに渡比し、母親の親戚宅に滞在しながら語学学校へ通い始めた。そこで、フィリピンでの生活が気に入り、アテネオ・デ・マニラ大学に編入した。今では、フィリピン語と英語を流暢に話す。

　しかし、二世たちの中には、母親が再婚で、フィリピンで育った異父兄弟姉妹がいたり、両親が離婚しフィリピン人の母親のもとで母子家庭として育ったりする場合が少なくない。こういった家庭の経済状況は深刻である。総務省の発表によると、フィリピン人を世帯主とする母子家庭の生活保護受給数は増加傾向にある。２００６年の２０７９世帯から、２０１１年には３６０６世帯（外国人世帯主家庭全体の受給数４万４３６４世帯）となった。フィリピン人母子家庭に対する先入観もある。２００９年にＴＢＳで放映されたドラマ『スマイル』では、フィリピン人母子家庭で育った早川ピト（松本潤）が出生にコンプレックスを抱く姿が描かれた。しかし、母子家庭であることに劣等感を抱かず、フィリピンにもルーツがあることに誇りを持って表明している二世たちがいる。2015年、プロ野球セリーグで新人王を受賞した山崎康晃投手もその一人である。彼の強い精神力は常に明るく前向きな母親譲りであるといわれている。

フィリピンについて学ぶ研究者たちが集う催しが2015年の夏に静岡で開かれた際、柔道の元五輪代表の数学科高校教師、女子プロレスラー、地方自治体職員、大学院生の計4人の日比ルーツを持つ若者が、自身のルーツや育った環境、活動などについて語った。いずれも両親が離婚したり、父親と死別したりして、母子家庭育ちである。彼(女)らは日本社会で懸命に生きる母親に共感し、日比両国に出自を持つことを前向きに考えている。高校教師の若者は、現役時代から現在にかけてフィリピンに柔道を普及させる活動を現地の柔道家と協力し積極的に行っている。パネルを企画した大学院生(22歳)はフィリピン人女性と結婚した日本人男性の生活史をテーマに研究している。進学するべきか、働いて家族を支えるべきかと悩んだ末に、研究することによって日比の架け橋となることを選択した。

フィリピンで生まれ、小中学校期に来日する子どもたちについてもみてみよう。2000年ごろから、日本人と再婚する母親に連れられて来日し、義理の父親に養子縁組されるフィリピンで生まれ育った未成年の若者や、日本人の父親と離別した後、帰国した母親にフィリピンで育てられた二世が再び来日するケースが目立つようになってきた。また2005年ごろから、フィリピン育ちで日本国籍を持つ二世と、その保護者で「日本人の配偶者等」ビザを得た母親が、来日し定住するようになった。その背景には、日本人の父親とフィリピン人の母親のもとに生まれたものの、両親が結婚をしなかったため、フィリピンで育ち、日本国籍を得られなかった二世や、日本人の父親から認知を受けることができなかった二世たちも２００９年の国籍法の改定によって日本国籍を取得する道が開かれたことがある。

これを契機に、フィリピン育ちの二世とフィリピン人の母親を対象に、二世の国籍申請や母親のビザ申請、就業先の斡旋までを扱い、日本へ送り出す日本人経営の人材派遣業者が急増した。来日した母親の多くは、介護現場や食品加工工場など人手不足で低賃金の分野に職を得て働いている。母子は就業先が用意した狭いマンションに住み、ギリギリの収入で暮らす。二世たちは日本語がわからないまま、日本で学校生活を送ることになる。こうしたフィリピン系の子どもたちは増加傾向にあり、２０１４年に文部科学省が実施した調査によると、日本語指導が必要な児童生徒は全体で３万２２２０人（外国籍２万９１９８人、日本国籍３０２２人）にのぼり、うちフィリピン語を母語とするのは７４０６人（外国籍５１５３人、日本国籍２２５３人）であった。こうした二世たちにとって、高校や大学に進学し、夢や目標を実現することは容易ではない。

フィリピン系の児童生徒が増加している京都市では、２０１４年から、日本在住約25年になるフィリピン人女性が母語指導員を担当し、複数の小中学校を巡回し、日本語指導や学習補助教室で子どもたちを指導している。彼女は、大学生の娘を育てた経験に基づいて二世や親たちと関わっている。

フィリピン系の児童生徒が多い地域には、行政や支援団体が運営する学習支援のための教室が開かれている。浜松市の職員として働く日比二世（21歳）は、市が運営する教室で授業補助を担当し、そこに集まる同じルーツの後輩たちにとって良き相談相手となっている。彼は2歳の時に母親と渡比し、

15歳のときに帰国した。公立中学校3年に編入したが、授業がまったく理解できなかったという。彼は担任の勧めと励ましで進学を決意し、猛勉強の末、県立高校、さらに専門学校に進学した。二世たちの中には、フィリピンで鍛えた英語力を活かして日本国内の国際科高校、そして、フィリピンの高校や大学へ進むケースもみられるようになったという報告もある。

日比二世10万人時代の前途に、より多様な選択肢のある社会を築けるだろうか。

（永田貴聖）

［参考文献］
移住連　貧困プロジェクト編『日本で暮らす移住者の貧困』現代人文社　2011年
三浦綾希子『ニューカマーの子どもと移民コミュニティ——第二世代のエスニックアイデンティティ』勁草書房　2015年

63

在比日本人

★「夢」を追う人びと★

東京ビッグサイトでは毎年11月ごろ、日本の高齢者の海外移住を促進する「ロングステイフェア」（ロングステイ財団主催）が開かれる。フィリピンをはじめ、マレーシア、タイ、インドネシアなどの海外組に加え、沖縄などの国内組、旅行業者やビザ手続き代行業者など関連業者のブースが100以上も会場に並ぶ一大イベントだ。高齢者を中心に参加者は毎年増え続け、2014年のフェアで初めて1万人の大台を突破し、特にアジア域内のロングステイは人気を博している。2015年は微減したが、今後も参加者は1万人程度が見込まれる。

会場を一周すると、「癒やし」や「理想のロングステイ」などのキャッチフレーズが踊るパンフレットが置かれ、海外移住に期待を膨らませる来場者の表情もどこか穏やかだ。

年金生活者による海外移住の歴史を紐解いてみると、通商産業省（現経済産業省）が1986年に打ち出した「シルバーコロンビア計画」がその始まりである。92年を実現の目処とし、コロンブスがアメリカ大陸を発見した1492年からちょうど500年後に、シルバー世代にとっての新天地を海外に作ろうという意味が込められていた。

この計画の中で海外移住の対象となっていたのはスペインなどの欧州やオーストラリア・ニュージーランド圏で、当初はまだ東南アジアはそれほど注目されていなかった。ところが90年代初頭のバブル崩壊後、東南アジアの経済成長が軌道に乗り始めたことが契機となり、退職者の移住先として東南アジアが脚光を浴び始める。

フィリピンで永住するために必要なビザは主に特別居住退職者ビザ（以下、退職者ビザ）と結婚ビザの二種類ある。結婚ビザは配偶者がフィリピン人であることが前提になっているが、退職者ビザは35歳以上の外国人であれば、指定の銀行口座に2万ドルを預金するだけで原則、誰でも取得できる。このビザの制度が始まったのは、シルバーコロンビア計画が発表された1年後の87年のことだった。以来、日本人のビザ取得者数は年々増え続け、２０１４年時点で総数は３０２０人にのぼる。

フィリピンに夢を追い求めた移住を語る上で、小松崎憲子さんという人物を差し置くことはできない。彼女は『マニラ極楽暮らし――年金女性のフィリピン生活』（マガジンハウス）という本を95年に出版して1万１０００部まで版を重ね、この手の本としては異例のヒット作を生み出した、いわば海外年金生活の開拓者である。父親が第二次大戦中、ルソン島に出征したことがきっかけとなり、フィリピンとの接点を持ち始めた。彼女自身は茨城県で高校教師を長年勤めていたが、地元の人間関係による煩わしさも重なり、94年の初夏にフィリピンへ渡った。

以来、日本とは対照的な海外生活が始まる。マニラ首都圏に購入した一軒屋にメイド2人を雇い、お抱え運転手付きで優雅な気分。服装もおしゃれになって若返り、フラメンコや社交ダンスを習い、スキューバダイビングで色彩鮮やかな熱帯魚に囲まれた別世界を体験する。まさしく「極楽」を絵

第63章
在比日本人

に描いたような暮らしだった。これに注目した日本の大手新聞社がこぞって彼女を取り上げ、彼女を中心にしたドキュメンタリー番組もテレビ放映され、一躍時の人となった。

その当時にフィリピンへ移住した日本人の間で彼女のことを知らない者は皆無といっても過言ではなく、「きっかけは彼女の本でした」と振り返る移住者は多い。

そんな声を拾っていくと、海外移住という選択肢は、日本の高齢化社会が抱える問題と表裏一体になっている実情が浮かび上がる。特に最近は、1億総老後崩壊が叫ばれる「下流老人」や、長生きが幸せにつながらないのではないかと疑問を呈する「老後破産」といった、日本の高齢化社会を象徴する流行語が巷を騒がせるご時世だ。内閣府の意識調査でも、65歳以上の45％が「孤独死を意識している」と答えている。そこに通底しているのは、老後における「寂しさ」である。

フィリピン中部のセブ島へ英語の短期留学に来ていた60代の独身男性はこう言った。

「今の年金額だと日本で暮らすのは精一杯なのです。このまま自然と1人で死んでしまうのかなと思うと、寂しい気持ちになります。だったら思い切って海外でチャレンジしてみたい。セブでは結構楽しい生活ができていますので、将来はここでもいいかなあ」

海外移住を視野に入れている高齢者たちの心情を代弁するような言葉である。

もちろん、フィリピンへ渡った全員が全員、薔薇色のセカンドライフを送れるわけではない。そこには明暗がある。日本で妻に先立たれ、フィリピン人と出会って結婚し、仲睦まじく幸せな家庭を築いている日本人男性もいれば、ゴルフ三昧の悠々自適の生活を送る男性、あるいは冬の間だけ渡り鳥のように南国で暮らす夫婦もいる。その一方では、金銭的なトラブルからフィリピン人妻との関係が悪化して裁判沙汰になった男性もいれば、最期は孤独死してしまう人もいる。

そこには言葉、医療の問題をはじめ、現地の生活環境に順応できるか否かという問題がある。年を重ねれば重ねるほど、異質な文化や社会を受け入れる柔軟性は乏しくなりがちだ。日本とは違って、新興国であるがゆえの停電や渋滞、ネット環境の不便さなど日常生活における支障は多い。

特に医療問題は、ロングステイ財団のアンケート調査でも毎年1位になるほどの不安要素だ。移住者の中には、掛け捨てを嫌って国民健康保険や海外旅行保険に加入しない人がいる。たとえば大病を患い、マニラ首都圏の民間病院に入院することになった場合は全額自己負担だ。その額が1000万円に達したケースもある。保険に加入するか否かは各個人の経済力などに基づくため、その判断は自己責任ということになるだろう。ただし加入しないのであれば、医療費が相当高くなる可能性を覚悟しなければならない。

日常生活においては、たまに断水や洪水などが起きると「日本だったらこうはならなかった」などと自国の価値観を持ち込み、不満を漏らす者も多い。隣に住むフィリピン人のカラオケが騒がしいと文句を言いに行く人もいる。それではせっかくの海外生活もストレスだらけで気疲れを起こすだけだ。そこには「優雅なセカンドライフ」という美辞麗句だけでは語れない海外移住の実態がある。とはいえ、そういった異国の事情を踏まえながらも、幸せに暮らす日本人高齢者が数多くいるのも事実だ。

単身世帯が増える超高齢社会の現実に向き合う時、海外移住という選択肢は幸せの形を考える上で今後も語られるべきテーマであり続けるだろう。


（水谷竹秀）

64

英語留学

★親密なマンツーマン教育★

近年、英語を学ぶためにフィリピンに行く日本人の若者が急増している。日本人のフィリピン英語留学が本格化したのは、ユニクロを展開するファーストリテイリングや楽天が、英語の社内公用語化を宣言した２０１０年以降のことである。今では法人英語研修以外に、大学生や高校生、退職したシニア世代など老若男女問わず、幅広い年齢層がフィリピンに留学している。フィリピン観光省の調べによると、約46万人（２０１４年）の日本人訪問者の内、その約1割弱（3万程度）が英語留学・研修目的の渡航だと言われている。

フィリピンにおいて、公用語である英語は官公庁や企業、学校はもちろんのこと、農村部でも使用されている。英字日刊紙も多数刊行され、英語はフィリピンの日常生活の一部である。とはいえ、非英語圏からの外国人に教授するための商品ではなかった。フィリピン人にとって英語とは、あくまでも社会上昇を果たすための文化資本である。

ところが、経済の急速なグローバル化と共に、フィリピン人の英語運用能力に対する評価が大きく変化しつつある。ある調査報告（２０１３年 GlobalEnglish 社発表）によると、フィリピンのビジネス英語能力は、156カ国中、世界一であった。英語によるコールセンターなどのアウトソーシングビジネスがインドを抜いて、フィリピンが最大の市場となるなど、ビジネス界からの高い評価が際立つ。この背景には、その数6億人とも言われるアセアン統合による一大経済圏形成への大きな期待があることは言うまでもない。

フィリピンには労働雇用省技術教育技能開発庁（TESDA）の認定を受けた外国語学校が約500程度（2012年の日本貿易振興会マニラ事務所調査）存在する。第二言語としての英語、すなわちESL（English as Second Language）プログラムを外国人向けに提供している語学学校はその一部に過ぎない。フィリピン留学の口コミ情報サイトSchool With（2015年7月現在）によると、日本人が利用した英語学校は、フィリピン全土14地域、その数127校に及ぶ。内訳は、セブ（61校）、バギオ（15校）、クラーク（12校）、マニラ（11校）、イロイロ（8校）、ダバオ（6校）、バコロド（4校）、スービック（3校）、ドマゲッティ（2校）、タガイタイ・ボラカイ・パラワン（各1校）である。最大の特徴は誘惑の多い首都マニラを避け、セブを一大拠点として、より安心して学習に専念できる地方都市の関心が高まっていることである。多くの高等教育機関があり、英語教師希望者を集めやすいといったことも、学校が地方都市に多いことの要因である。バギオでは1996年に、セブでは2001年にそれぞれ最初の英語学校が設立されているが、老舗と呼ばれる両校の卒業生数は数万人に達する。

それではいつ、どのようにフィリピン人の英語力を商品とするビジネスは、出来上がったのであろうか。英語学校というビジネスモデルを確立したのは、韓国系資本だった。1997年に経済危機に見舞われた韓国では、英語能力が就業に必須要件となった。その英語熱を追い風に、急成長したのが

第 64 章
英語留学

韓国系英語学校である。２０１０年代に入って起業家による日系資本の学校が急増しているが、依然韓国系資本が主流である。韓国系資本の卓越さは、フィリピン人を英語教師とする学校運営スタイルを一から確立したソフトパワーにある。英語学習に専念するために、学校の敷地内に寮を併設し、３食洗濯掃除付き、早朝から深夜まで授業を行うシステムは、彼らが考案したものだ。中でもバギオは、平日の外出禁止、夕食後の強制自習など、徹底したスパルタ教育発祥の地として有名である。そして対面型（現地ではワン・オン・ワンと呼ばれる）授業を多く提供できる独自の英語留学システムは、その費用対効果から、フィリピンの知名度を高める結果となった。２００４年に日本と韓国のフィリピン渡航者数は38万人程度と肩を並べていたが、その後3年間にわたり韓国は前年度比で二ケタ増加、２０１１年にはそれまで渡航者数で1位だったアメリカを上回り、翌年にはついに１００万人の大台に達した。いまや韓国人観光客は、フィリピン観光にとって最大の顧客であり、両国間の往来の活性化に一役買ったのが、英語留学である。

日本でも英語留学が認知されるようになったのは、韓国での成功からほぼ10年遅れてのことである。キュービクルと呼ばれる個室教室に座り、フィリピン人の先生と向かい合わせの一対一の授業が始まる。教師の大半は20歳前半で、生徒とほぼ同世代である。フィリピン人教師はこの個室に入れ替わり立ち代わりやってくる生徒に対応する。床面積にして二畳もない空間で、教師は日本人の言いたいことの先を読み、必要があれば、机の上の電子辞書で発音記号を確認してくれる。ある生徒は、「先生は絶対間違っているとは言わない」、「正しい英語にこだわる必要がない」と教授方法に満足感を表す。韓国系資本の慧眼は、前述のフィリピン人の卓越した英語力だけでなく、一対一という対話空間において、フィリピン流おもてなしが、国際的な競争力を持つ商品であることを証明した点にある。キュービクルの壁一面に貼られた、生徒から贈られた写真と英語のメッセージからは、英語指導者として外国人に挑戦するフィリピン人教師の努力と格闘の軌跡が垣間見える。教師と言えば、一般に初等・中等学校の教師を想起するフィリピン人にとって、外国人相手に、しかも母語でない英語を指導することは、未知なる世界への挑戦だ。一部の英語学校では第二言語としての英語教授資格取得など、世界標準を意識した教師養成も行われている。

さらに、英語学校にはもう一つの顔がある。フィリピン人教師との対面型授業は、教師と生徒という関係性を超え、フィリピンと日本の文化が相互に出会う場でもある。授業を通して、身近な家族、趣味、地域社会、文化などが共通の話題になる。そのために、生徒は毎週末に親許に帰省したり、幼い妹や弟の進学のために送金する姿から、フィリピン人が共に支えあう深い家族愛を感じ取る。一方、壁にぶち当たった生徒に向けて、自分の努力を信じなさいと激励する姿からは他人への思いやりが、日曜日に教会の礼拝に通う姿からは、信仰心の篤さがそれぞれ浮かび上がってくる。キュービクルはいわば、フィリピン人教師の私的な空間の延長であり、互いの差異への気づき、悩みや不安への共感、将来の夢の共有がなされる場でもある。数カ月にわたる授業を受けたある日本人生徒は、深夜まで授業準備や教員採用試験に向けて頑張る同世代のフィリピン教師に、「慕い敬う気持ちが芽生えてきた」と語ってくれた。

生徒が学校を通して垣間見るフィリピンは、極めて限定的である。しかし、近年のフィリピンに英語留学する日本人にも、フィリピン人教師を通して、等身大のフィリピンが映し出される。日本人生徒は、互いに共感し、会話を重ねることで、英語を学ぶと同時に、英語を通してフィリピン社会に生きる人びとの現実を感じ取っている。フィリピン英語留学が一時的な流行に終わらず、量的に拡大すれば、英語教育という新しいビジネスの拡大につながるだけでなく、日本のフィリピンに対する理解は学びの現場から、少しずつだが着実に変化するだろう。韓国資本によって考案された英語留学は、フィリピン、韓国、日本というトランスナショナルな連携の上で展開し、日比関係の新時代を切り開きつつある。

（鈴木伸隆）

【参考文献】
高城　剛『21世紀の英会話』マガジンハウス　2013年
福屋利信『グローバル・イングリッシュならフィリピンで――セブ・シティから世界をつかめ！』近代文藝社　2015

コラム9

スタディーツアー――多様な価値観との遭遇

堀　芳枝

日本では1996年以降、海外旅行者数は毎年1600万人前後で推移している。日本で海外旅行が自由化されたのは1964年である。この年に海外へ旅行したのはわずか13万人だった。1986年にはその数が約550万人に達し、1990年にはついに1000万人を突破した。ちょうどその頃、国際社会は東西冷戦やイラク戦争、カンボジアなどの内戦終結といった目まぐるしい動きを見せ、日本は経済大国としてどのような国際貢献をしてゆくべきかという空気が流れていた。中にはショッピングやグルメを目的とするのではなく、アジアや途上国で暮らす人びととの交流を通して、自分たちに何ができるかを考えようとした若者も増えてきた。そうした民際交流の先駆けとして、1983年に早稲田大学の学生たちがアジアの人びととの交流を行うために立ち上げた「ピースボート」がある。この団体は自分たちで船舶を借り切って船旅を企画し、現在は世界一周旅行を展開している。また、アジア太平洋資料センター（PARC）、日本ネグロスキャンペーン委員会（現APLA）、シャプラニールといった1970年代から1980年代にかけて設立された老舗の非営利組織（NGO）も、学生や市民に現地でのNGO活動を見てもらい、賛同者を増やすことを目的にスタディーツアーを実施している。

スタディーツアーの明確な定義はないが、単なる観光旅行とは異なり、主に国際協力にかかわる機関やNGOが主催となって、学生や市民が現地の人びとの目線から現地の事情を理解し、NGO活動にも参加するプログラムと言えよう。大学でも、2000年前後からこうしたスタディーツアーを単位認定の履修科目に組み込むようになった。

筆者が勤務している恵泉女学園大学でも1999年にフィールド・スタディーが始まり、フィリピンやタイ、最近では中国の雲南にも学生を引率している。学生たちはフィリピンのゴミ集積所で、そのそびえたつゴミ山の高さに驚く。また、暑くて湿った空気にゴミの匂いが入り交ざった中で、換金できそうなゴミを黙々と拾うスカベンジャー（ゴミくずを拾い集めて生活する人）の姿に、学生たちは言葉を失う。学生にとって貧困が「リアル」になる瞬間だ。そして、スカベンジャーたちから、実際に生活の様子を聞くことは、出口のない貧困と、それでもよりよく生きようとする彼らの強靭さと智恵を知ることになる。また、タイのカレン族は結婚すると、男性が女性の家で暮らすことが一般的である。このように現地訪問を通して異文化を知ることは、自分の生い立ちを振り返り、自分が当然だと思っていた社会が、実はその社会の歴史や文化による規範や構造によって形成されていることに気づく契機となる。日本も貧困・格差問題が取り上げられるようになって久しいが、こうした気づきは、歴史や文化が異なるアジアに行ってこそわかることである。

参加者である学生はこうした経験を通して、何を学んでいるのだろうか。おそらく、国境を越えて多様な価値観と遭遇し、当事者の語りに触れるだけでなく、越境的な対話を通して、自分を見つめ直す（自己省察）貴重な機会を手にすることになる。さらにアジアや日本に対する視野が変容し、今後新しい目標に向って何かを行動するきっかけ（動機づけ）を発見する契機となっている。海外の語学研修と異なり、海外の体験学習は語学スキル習得を目指してはいない。海外体験学習はその期間が長ければ長いほど、社会を客観的に見る力、環境への適応能力、他者を肯定し、協働できるコミュニケーション能力、将来の進路への強い動機づけといった、その後の人生をより良く生きるための術を与えてくれる。今流行の言葉でいえば、スタディーツアーは「究極のアクティブ・ラーニング」であり、「真のグローバル人材の育成」なのだ。

日本の若者は内向きだと言われたり、テロが起こると危機管理の観点からプログラムが中止になることもある。しかし、異文化体験を通じて社会への視野が変容し、問題解決のために何らかの積極的な働きかけができるようになることとは、アジアの平和、世界の平和をつくることにつながる。平和は武力ではなく、より多くの人々が当事者とつながり、考え、行動する人間が増えてゆくことで達成できるのではないだろうか。

［参考文献］

堀芳枝・波多真友子&恵泉女学園大学体験学習（FS・CSL）委員会編『タイで学んだ女子大生たち』コモンズ　2016年

コラム10

日本で生きるフィリピン系の子どもと教育

内田晴子

図は、ある公立中学校の日本語教室に所属するフィリピン系の生徒たちが、大学生とともにつくったものだ。年度末、中学生活に大切だと感じたことをそれぞれが付箋に書き出し、話し合いながら9つのキーワードに整理して重要度で並べていった。実際には模造紙に手書きで、皆が書いた付箋もそのまま貼られている。一番大事なのは「夢・目標」、そして二番目は「チャレンジ」「あきらめずやりぬく」という言葉が出てきた。読者にはどう響くだろうか。生徒たちの来日年齢は様々だが、誰もが日本語での勉強は難しいと感じ、高校受験に不安もある。学校や家で経験する理不尽と折り合いをつけながら、くさらずに「頑張る」というのはそう簡単なことでもない。

日本において同居する親の少なくとも一方がフィリピン国籍という人は、2010年国勢調査を再集計したもので10万人を超えた（高谷ほか2015）。

彼／彼女らの移動歴や成育歴は当然ながら多様で、豊かな個々の人生がそこにある。しかし、全体としては日本の中で教育格差が生じていることは否めない。例えば2010年、フィリピン国籍の17歳で高校に在学しているのは、中学3年間を日本で過ごした者でも約69％だ。日本国籍の17歳より26ポイントも低く退学率も高い（高谷ほか2015）。日本国籍でもフィリピン出身の子どもの学力に課題がある傾向を把握している自治体もある。なぜこのような格差が生ずるのか。日本社会の課題と論点は、年少者日本語教育、母語教育、進学機会、広い意味での居場所の確保だ。

新規来日の転入生の場合、日本語指導が必要なことは誰の目にも分かる。２０１４年より日本語指導が小中学校の「特別の教育課程」に組み入れられたので、正規の「日本語」の授業を受けることができ、学習評価もある。しかし、支援体制は自治体によって差が大きく、一部の集住都市を除いては時間数も非常に限られているのが実態だ。さらに問題は、生活言語と学習言語は異なり、年齢相当の学習言語能力を身に付けるには５年～８年はかかる（母語が未熟な低年齢ほど、時間がかかる）ということが、一般教員に十分に知られていないことだ。日常会話が流暢になると「もう大丈夫」と誤解され、「日本語で学ぶ」スタートラインに立てないまま学年を重ねるので、教科の成績は低くなりやすい。滞日年数が長ければ長いほど、日本語指導の必要性は見逃されやすい。

図　充実した中学生活を送るためのダイヤモンドランキング

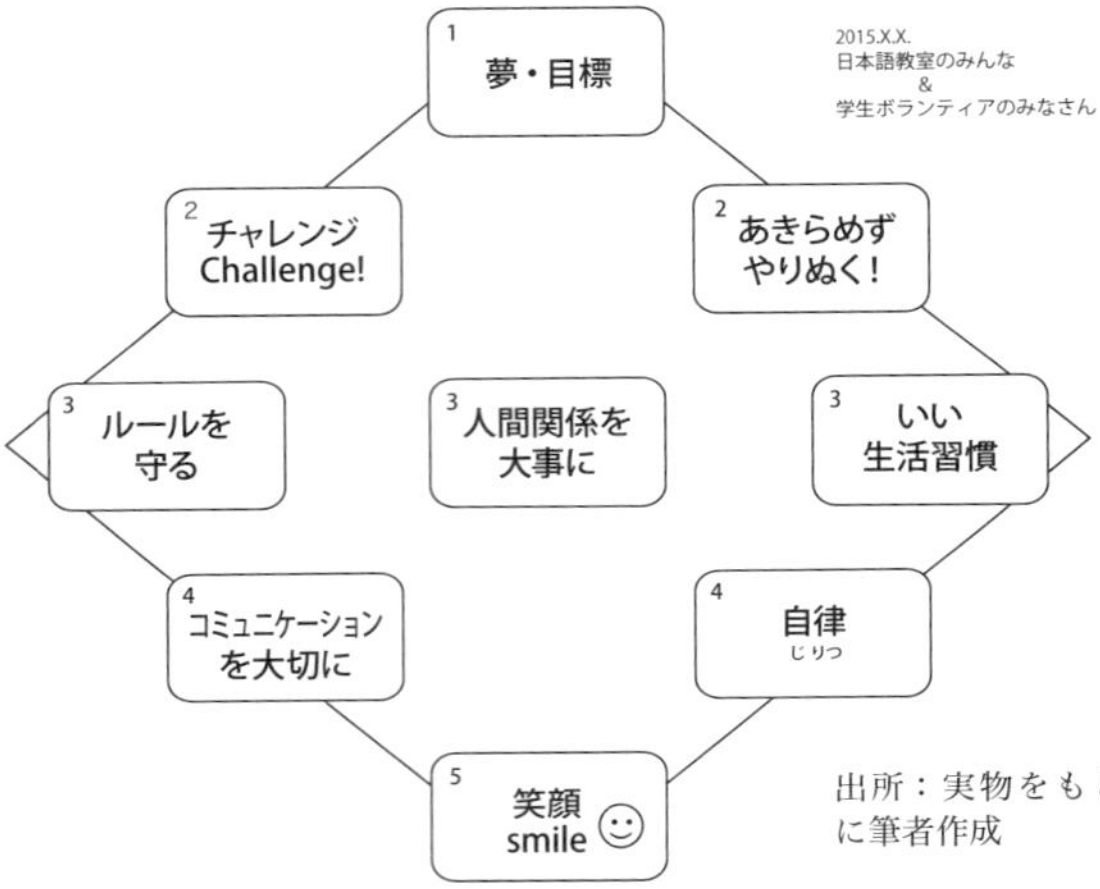

出所：実物をもとに筆者作成

母語の保持は、第二言語（日本語）の習得、学習言語の伸び、自己肯定感（self-esteem）、家族のコミュニケーション維持など、子どもの成長のあらゆる面で重要だ。しかし、フィリピンは多言語社会で子どもの母語も多様なだけでな

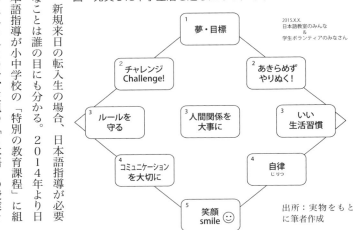

く、保護者も「英語の方が大事」という意識が先行し、母語支援は手薄になりがちだ。低年齢で来日した子どもの母語は失われやすく、前述の各分野で支障が出てくる。また、母語も日本語も未発達で「思考する言語」を持てないまま成長する事例が問題視されている。日本生まれ・日本育ちであっても同様だ。周囲がフィリピン人保護者に対して、「家庭でも日本語で」などと誤った助言をしないことも大切だ。

言語に加えて切実なニーズは「その子どもに分かる日本語で教科学習を支援すること」だ。公的な教育支援の圧倒的不足を補うべく、寄付や助成金、自治体の教育バウチャーなどを利用しながら専門的な指導や、指導者向け研修を提供するNPOもある。ただし、ボランティア頼みの現場も少なくない。大学生や地域の大人との継続的な関わりは、子どもにとっての居場所になり得る。読者も機会があればぜひ参加してほしい。

【参考文献】……………………………
高谷幸・大曲由起子・樋口直人・鍛治致・稲葉奈々子「2010年国勢調査にみる外国人の教育――外国人青少年の家庭背景・進学・結婚」『岡山大学大学院社会文化科学研究科紀要』第39号 37―56頁 2015年3月
http://ousar.lib.okayama-u.ac.jp/metadata/53309
愛知県多文化共生推進室『外国につながる子どもたちの進路応援ガイドブック～地域の支援者の皆様へ』（当事者向け各国語版もあり）2012年
http://www.pref.aichi.jp/soshiki/tabunka/0000060439.html
京都府国際センター『バイリンガルを育てる』（各国語版）2015年
http://www.kpic.or.jp/njfumin/livinginfo/kyoiku12/bilingual.html

米野みちよ（よねの　みちよ）［10］
静岡県立大学教授　　民族音楽学、人類学、移民研究
主な著書：*Unsilent Strangers: Music, Minorities, Coexistence, Japan*（共編著、NUS Press、2023年）、『外国人看護師――EPAに基づく受入れは何をもたらしたのか』（共編著、東京大学出版会、2021年）、『フィリピン周縁地域の音楽』（DVD共監修、国立民族学博物館、2019年）

渡邉暁子（わたなべ　あきこ）［7］
文教大学国際学部准教授　　フィリピン研究、文化人類学
主な著書：「マニラ首都圏におけるムスリム・コミュニティの形成と展開――コミュニティの類型化とモスクの役割を中心に」（『東南アジア研究』46（1）、pp.101-144、2008年）、「イスラーム世界と人びととの移動から地域研究を考える――イスラーム改宗者とフィリピン・ムスリム社会の再編」（『地域研究』14（1）、pp.194–213、2014年）

宮原　曉（みやはら　ぎょう）［8］
大阪大学大学院人文学研究科教授　　社会人類学
主な著書：On the Cultural Politics of “Chinese Immigrants” in the Philippines: Focusing on the Socio-Cultural Process of Exclusion and Inclusion. *Asia-Pacific Research Forum*, 72: 37-56., 2023.「ソウルフード以前――フィリピン諸島と福建の間のディアスポリック・チャイニーズの日常的な食」（『華僑華人研究』18:113-138, 2021 年）

宮脇聡史（みやわき　さとし）［36］
大阪大学大学院人文学研究科教授　　フィリピン地域研究、宗教社会学
主な著書：『フィリピン・カトリック教会の政治関与――国民を監督する「公共宗教」』（大阪大学出版会、2019 年）、『はじめての東南アジア政治』（共著、有斐閣、2018 年）

森澤恵子（もりさわ　けいこ）［49］
大阪市立大学名誉教授、大阪市立大学大学院経営学研究科特任教授　　フィリピン経済
主な著書：『岐路に立つフィリピン電機産業』（勁草書房、2004 年）、『現代フィリピン経済の構造』（勁草書房、1993 年）

森島　済（もりしま　わたる）［1］
日本大学文理学部教授　　自然地理学
主な著書：『マシューズ＆ハーバート・地理学のすすめ』（共著、丸善出版、2015 年）、『気候――変動し続ける地球環境』（監訳、丸善出版、2016 年）

山根健至（やまね　たけし）［37］
福岡女子大学国際文理学部准教授　　東南アジア政治研究、国際関係論
主な著書：『共鳴するガヴァナンス空間の現実と課題――「人間の安全保障」から考える』（共著、晃洋書房、2013 年）、『フィリピンの国軍と政治――民主化後の文民優位と政治介入』（法律文化社、2014 年）

吉澤あすな（よしざわ　あすな）［コラム 3］
日本学術振興会／立教大学 特別研究員（PD）　　文化人類学
主な著書：『消えない差異と生きる――南部フィリピンのイスラームとキリスト教』（風響社、2017 年）

古沢ゆりあ（ふるさわ　ゆりあ）［24］
国立民族学博物館機関研究員　　芸術学、美術史
主な著書：『フィリピンアートみちくさ案内　マニラ編』（共著、フィリピン・アート・ガイドブック・プロジェクト、2013 年）、『民族衣装を着た聖母――近現代フィリピンの美術、信仰、アイデンティティ』（清水弘文堂書房、2021 年）

細田尚美（ほそだ　なおみ）［5］
長崎大学多文化社会学部准教授　　文化人類学、東南アジア地域研究 、移民研究
主な著書：『湾岸アラブ諸国の移民労働者――「多外国人国家」の出現と生活実態』（編著、明石書店、2014 年）、『幸運を探すフィリピンの移民たち――冒険・犠牲・祝福の民族誌』（明石書店、2019 年）

堀　芳枝（ほり　よしえ）［コラム 9］
早稲田大学社会科学総合学術院教授　　国際関係論、東南アジア地域研究、ジェンダー
主な著書：『学生のためのピースノート 2』（コモンズ、2015 年）、「フィリピンにおけるビジネス・プロセス・アウトソーシング（BPO）の成長とジェンダー――コールセンターで働く女性たちの労働とライフコースを中心に」『経済社会とジェンダー』（日本フェミニスト経済学会、第 1 巻、2016 年 10 月）

美甘信吾（みかも　しんご）［51］
信州大学学術研究院社会科学系教授　　国際政治
主な著書：『ポスト・エドサ期のフィリピン』（共著、アジア経済研究所、2005 年）、Business Associations and Politics in the Post-EDSA Philippines: Neither Oligarchy Nor Civil Society (Philippine Political Science Journal Vol. 34, No1, June 2013)、「経済ガバナンスの再検討――タイ・インドネシア・フィリピンの中央銀行改革の比較研究へ向けて」（信州大学経法論集、第 10 号、2021 年 3 月、1-38 頁）

水井　裕（みずい　ゆう）［コラム 8］
株式会社ココウェル 代表取締役

水谷竹秀（みずたに　たけひで）［31, 63］
ノンフィクションライター　　東南アジアの在留邦人問題
主な著書：『日本を捨てた男たち　フィリピンに生きる「困窮邦人」』（集英社、2011 年）、『脱出老人　フィリピン移住に最後の人生を賭ける日本人たち』（小学館、2015 年）

中西　徹（なかにし　とおる）［48］
東京大学大学院総合文化研究科教授　　開発経済、地域研究
主な著書：「深化するコミュニティ」高橋哲哉・山影進編『人間の安全保障』（東京大学出版会、2008年）、「弱者の戦略」内田隆三編『現代社会と人間への問い』（せりか書房、2016年）

中野　聡（なかの　さとし）［19］
一橋大学学長　　アメリカ現代史、米比日関係史
主な著書：『歴史経験としてのアメリカ帝国――米比関係史の群像』（岩波書店、2007年）、『東南アジア占領と日本人――帝国・日本の解体』（岩波書店、2012年）、*Japan's Colonial Moment in Southeast Asia 1945-1945: The Occupiers' Experience.* London and New York: Routledge, September 2018.

西村　知（にしむら　さとる）［54］
東海大学文理融合学部教授　　農業経済、開発経済
主な著書："'Knot-working' of Traditional Music across the Globe: A Case Study of African drumming in Ioujima Island", *Journal of Marine and Island Cultures*, Volume 5, Issue 1, pp. 47–51. , "Institution and life of the rural people: The case of Hacienda Luicita in the Philippines." In Zayas, Kawada and de la Pena (ed.), *Visayas and Beyond: Continuing Studies on Subsistence and Belief in the Islands*, 2014, pp. 1-18. Center for International Studies Publications, University of the Philippines, Diliman.

葉山アツコ（はやま　あつこ）［53］
久留米大学経済学部教授　　森林経済政策学
主な著書：主な著書：『地域社会と開発――住民組織化の地域メカニズム』（共著、古今書院、2021年）、『森のつくられかた　移りゆく人間と自然のハイブリッド』（共著、共立出版、2021年）

福田晋吾（ふくだ　しんご）［コラム7］
公益社団法人国際経済労働研究所・非常勤研究員、株式会社サンパギータジャパン 代表取締役　　経営学、労務管理
主な著書：水害とその復興過程からフィリピン社会を考える」（『アジア・アフリカ地域研究』第9-2号、2010年）、「海外製品流入とフィリピンの地場製造業――製靴業の事例から」（『東南アジア研究』50巻1号、2012年）

高畑　幸（たかはた　さち）［57］
静岡県立大学国際関係学部教授　　社会学
主な著書 :『在日フィリピン人社会――1980 ～ 2020 年代の結婚移民と日系人』（単著、名古屋大学出版会、2024 年）、『社会再構築の挑戦――地域・多様性・未来』（共編著、ミネルヴァ書房、2020 年）

寺見元恵（てらみ　もとえ）［18, 56］
フィリピン史研究家　　フィリピン近現代史
主な著書：『フィリピン独立と日本：リカルテ将軍とラウレル大統領』（彩流社、2014 年）、*Sakdalistas' Struggle for Philippine Independence, 1930-1945* (Ateneo de Manila University Press, 2014)

永井　均（ながい　ひとし）［コラム 4］
広島市立大学広島平和研究所教授　　日本近現代史
主な著書：『フィリピンと対日戦犯裁判』（岩波書店、2010 年）、『フィリピンＢＣ級戦犯裁判』（講談社、2013 年）

永井博子（ながい　ひろこ）［2, 12, 22］
フィリピン大学音楽学部上級講師　　文化人類学
主な著書：*Transnationalizing Culture of Japan in Asia: Dramas, Musics, arts and Agencies*（共編著、Ateneo de Manila University, 2009）、*War Memories, monuments and Media: Representations of Conflicts and Creation of Histories of world War II*（共編著、Ateneo de Manila University, 2011）

長坂　格（ながさか　いたる）［26］
広島大学大学院人間社会科学研究科教授　　文化人類学、移住研究、地域研究
主な著書：Nagasaka, I. and A. Fresnoza-Flot (eds.), 2015, *Mobile Childhoods in Filipino Transnational Families: Migrant Children with Similar Roots in Different Routes.* Palgrave Macmillan

永田貴聖（ながた　あつまさ）［62］
宮城学院女子大学教授　　文化人類学、移民研究
主な著書：『トランスナショナル・フィリピン人の民族誌』（ナカニシヤ出版、2011 年）、Fiona-Katharina Seiger, Atsumasa NAGATA. *Hosting Migrants in Kyoto City: Different Migrant Cohorts and Mutual Support.* Global Perspectives Vol.1, Unibersity of California Press, 2020.

＊鈴木伸隆（すずき　のぶたか）[55, 64]
編著者紹介を参照

鈴木　勉（すずき　べん）[23, 60]
独立行政法人国際交流基金文化事業部 次長　　国際文化交流
主な著書：『フィリピンのアートと国際文化交流』（水曜社、2012 年）

鈴木有理佳（すずき　ゆりか）[46, 47]
日本貿易振興機構アジア経済研究所開発研究センター 主任研究員　　フィリピン経済・企業
主な著書：『権威主義的反動と新自由主義――ドゥテルテ政権の 6 年』（共著、アジア経済研究所、2023 年）、『フィリピン　過渡期の人材育成――職業訓練は「仕事」と結びつくのか』（共著、アジア経済研究所、2023 年）

関　恒樹（せき　こうき）[4]
広島大学大学院国際協力研究科教授　　文化人類学
主な著書：「後退する国家を生きる女性たち――フィリピンの海外雇用と条件付き現金給付の事例から」福原裕二・吉村慎太郎編『現代アジアの女性たち』（新水社、2014 年）

芹澤隆道（せりざわ　たかみち）[21]
山口県立大学国際文化学部講師　　フィリピン史、東南アジア研究
主な著書："Japanese Solidarity Discourse on the Philippines during the Second World War." *Philippine Studies* 63(2): 71–100, 2015., "Translating Philippine History in America's Shadow: Japanese Reflections on the Past and Present during the Vietnam War." *Journal of Southeast Asian Studies* 50(2): 222–45, 2019., *Writing History in America's Shadow: Japan, the Philippines, and the Question of Pan-Asianism*. Singapore and Kyoto: NUS Press and Kyoto University Press, 2020.

高木佑輔（たかぎ　ゆうすけ）[20, 32, 42, 43]
政策研究大学院大学准教授　　政治学、東南アジア地域研究
主な著書：Yusuke Takagi, *Central Banking as State Building: Policymakers and their Nationalism in the Philippines, 1933-1964*. (Quezon City: Ateneo de Manila University Press, Singapore: National University of Singapore, Kyoto: Kyoto University Press)

＊日下　渉（くさか　わたる）［3, 27, 38, 39, 45］
編著者紹介を参照

倉沢麻紀（くらさわ　まき）［50］
元日本貿易振興機構
主な著書：「フィリピン」若松勇・小島英太郎編『ASEAN・南西アジアのビジネス環境』（ジェトロ、2014 年）

栗田英幸（くりた　ひでゆき）［58］
愛媛大学国際連携推進機構准教授　　国際開発
主な著書：『グローカルネットワーク――資源開発のディレンマと開発暴力からの脱却を目指して』（晃洋書房、2005 年）、『サンロケダム闘争史――なぜ、大規模資源開発は失敗するのか？』（愛媛大学経済学研究叢書 15、2008 年）

佐久間美穂（さくま　みほ）［34］
株式会社国際開発センター主任研究員　　フィリピン政治・行政
主な著書：「フィリピンの地方政府――地方分権化と開発」船津鶴代・永井史男編『変わりゆく東南アジアの地方自治』（アジ研選書 No.28　アジア経済研究所　2012 年 2 月）

佐竹　実（さたけ　みのる）［52］
日本経済新聞社元マニラ支局長

澤田公伸（さわだ　まさのぶ）［28, 29］
ジャーナリスト・まにら新聞嘱託記者　　タガログ語およびフィリピンの文化史
主な著書：『物語マニラの歴史（ニック・ホアキン著）』（共訳、明石書店、2005 年）、『ゼロから話せるフィリピノ語』（共著、三修社、2007 年）

清水　展（しみず　ひろむ）［13］
京都大学名誉教授　　文化人類学、東南アジア研究
主な著書：『草の根グローバリゼーション――世界遺産棚田村の文化実践と生活戦略』（京都大学学術出版会、2013 年）、『アエタ 灰のなかの未来――大噴火と創造的復興の写真民族誌』（京都大学学術出版会、2024 年）

菅谷成子（すがや　なりこ）［15］
愛媛大学名誉教授　　東南アジア史、フィリピン史
主な著書：『歴史の資料を読む』（共著、創風社出版、2013 年）、「フィリピンのキリスト教化」姜尚中総監修『アジア人物史』第 6 巻（集英社、2023 年）

小川英文（おがわ　ひでふみ）［コラム 1］
東京外国語大学名誉教授　　東南アジア考古学
主な著書：『交流の考古学』（編著　朝倉書店、2000 年）、『東南アジアを知る事典』（共編著、平凡社、2008 年）

尾上智子（おのえ　ともこ）［9］
愛媛県立医療技術大学保健科学部講師　　フィリピン地域研究、医療人類学
主な著書：「『遊び』の領域」山本信人監修・宮原曉編著『東南アジア地域研究入門 2 社会』（慶應義塾大学出版会、2017 年）

加藤昌平（かとう　しょうへい）［45, コラム 5］
日刊まにら新聞記者

川島　緑（かわしま　みどり）［41］
上智大学名誉教授　　フィリピン政治、フィリピン地域研究
主な著書：『マイノリティと国民国家――フィリピンのムスリム』（山川出版社、2012 年）、「植民地の文明化と宗教的・民族的少数派――フィリピンのモロをめぐる「白人の責務」とイスラーム復興」平野健一郎他（編）『国際文化関係史研究』（東京大学出版会、2013 年）

川田牧人（かわだ　まきと）［6］
成城大学文芸学部教授　　文化人類学、宗教人類学
主な著書：『祈りと祀りの日常知』（九州大学出版会、2003 年）、『呪術の人類学』（共編著、人文書院、2012 年）

川中　豪（かわなか　たけし）［33］
亜細亜大学国際関係学部教授　　比較政治学
主な著書：『競争と秩序――東南アジアにみる民主主義のジレンマ』（白水社、2022 年）、『後退する民主主義、強化される権威主義――最良の政治制度とは何か』（ミネルヴァ書房、2018 年）

木場紗綾（きば　さや）［35］
神戸市外国語大学国際関係学科准教授　　東南アジアの政治と安全保障、国際協力論
主な著書：*Pathways for Irregular Forces in Southeast Asia: Mitigating Violence with Non-State Armed Groups*（共編著、Routledge、2022）

石橋正義（いしばし　まさよし）［コラム 6］
BED AND GO INC. CEO & PRESIDENT
JP-PH PRIME ZONE GLOBAL REALTY INC. ASSOCIATED REAL-ESTATE ADVISER
不動産業（売買、賃貸、管理、短期リース）

内田晴子（うちだ　はるこ）［コラム 10］
公益財団法人世界人権問題研究センター専任研究員　　東南アジア地域研究
主な著書：「現代フィリピン社会と国家の分析視覚〈弱い国家〉理解の共通認識に向けて」『季刊あっと［at］』4 号（オルター・トレード・ジャパン［at］編集室）

内山史子（うちやま　ふみこ）［16］
都留文科大学比較文化学科准教授　　フィリピン近現代史
主な著書：「フィリピン独立と国民文化の模索」和田春樹他編『岩波講座東アジア近現代通史 5　新秩序の模索：1930 年代』（岩波書店、2011 年）、「フィリピン・コモンウェルスの教育政策とフィリピン革命の記憶――国民の道徳的伝統の物語としての独立革命」都留文科大学比較文化学科編『せめぎあう記憶――歴史の再構築をめぐる比較文化論』（柏書房、2013 年）

太田和宏（おおた　かずひろ）［30, 40］
神戸大学大学院人間発達環境学研究科教授　　地域研究、政治学
主な著書：『共鳴するガヴァナンス空間の現実と課題』（共著、晃洋書房、2013 年）、『グローバル・サウスとは何か』（共著、ミネルヴァ書房、2016 年）

＊大野拓司（おおの　たくし）［44］
編著者紹介を参照

大村雪香（おおむら　ゆきか）［コラム 2］
京都大学アジア・アフリカ地域研究研究科博士課程中退　　文化人類学、フィリピン研究

岡田泰平（おかだ　たいへい）［17］
東京大学大学院総合文化研究科地域文化研究専攻教授　　歴史学
主な著書：『「恩恵の論理」と植民地――アメリカ植民地期フィリピンの教育とその遺制』（法政大学出版局、2014 年）、*The Japanese Community in Cebu, 1900-1945*（共著、National Historical Commission of the Philippines、2023 年）

執筆者紹介（＊は編者、［　］は担当章、50音順）

赤嶺　淳（あかみね　じゅん）［14］
一橋大学大学院社会学研究科教授　食生活誌学
主な著書：『ナマコを歩く――現場から考える生物多様性と文化多様性』（新泉社、2010年）、『鯨人の個人史・捕鯨の同時代史』（吉川弘文館、2017年）、『マツタケ――不確定な時代を生きる術』（アナ・チン著、翻訳、みすず書房、2019年）

安里和晃（あさと　わこう）［61］
京都大学文学研究科特定准教授　社会学、移民研究
主な著書：「移民レジームが提起する問題――アジア諸国における家事労働者と結婚移民」（『季刊社会保障研究』第51巻第3-4号、pp.270-286、2016年）。ASATO, Wako (2014) “Incorporating Foreign Domestic Workers as Providers of Family Care: Case Studies of Hong Kong, Taiwan and Singapore”, Ochiai, Emiko and Leo Aoi Hosoya ed., *Transformation of the Intimate and the Public in Asian Modernity*, 190-234, Brill.

東　賢太朗（あずま　けんたろう）［11］
名古屋大学大学院人文学研究科准教授　文化人類学
主な著書：『リアリティと他者性の人類学――現代フィリピン地方都市における呪術のフィールドから』（三元社、2011年）、『リスクの人類学――不確実な世界を生きる』（共編著、世界思想社、2014年）

石井正子（いしい　まさこ）［59］
立教大学異文化コミュニケーション学部教授　フィリピン・ムスリム社会研究、紛争研究、人道支援
主な著書：『女性が語るフィリピンのムスリム社会』（明石書店、2002年）、『甘いバナナの苦い現実』（共著、コモンズ、2020年）

石岡丈昇（いしおか　とものり）［25］
日本大学文理学部教授　社会学
主な著書：『増補新装版　ローカルボクサーと貧困世界――マニラのボクシングジムにみる身体文化』（世界思想社、2024年）、『タイミングの社会学――ディテールを書くエスノグラフィー』（青土社、2023年）

〈編著者紹介〉

大野拓司（おおの　たくし）
ジャーナリスト、元朝日新聞記者
アジア・アフリカ・オセアニア地域研究
【主要著書】『マゼラン船団　世界一周500年目の真実――大航海時代とアジア』（作品社、2023年）、『新版 入門東南アジア研究』（共著、めこん、1999年）、『鷲と龍――アメリカの中国人、中国のアメリカ人』（共著、平凡社、2002年）、『現代アジアの統治と共生』（共著、慶応義塾大学出版会、2002年）、『新聞と戦争』（共著、朝日新聞出版、2008年、石橋湛山記念早稲田ジャーナリズム大賞）、『南シナ海紛争――西フィリピン海におけるフィリピンの主権的権利と管轄権』（訳書、アントニオ・カルピオ著、eBook、2017年：www/imoa.ph）

鈴木伸隆（すずき　のぶたか）
筑波大学人文社会系教授
文化人類学、フィリピン地域研究
【主要著書】『東南アジアのイスラーム』（共著、東京外国語大学アジア・アフリカ言語文化研究所、2012年）、*Junctions between Filipinos & Japanese: Transborder Insights and Reminiscences*（共著、Kultura't Wika, 2007年）、*Islam and Cultural Diversity in Southeast Asia*（共著、ILCAA Tokyo University of Foreign Studies, 2015年）、*Colonialism & Modernity: Re-mapping Philippine Histories*（共編著、Ateneo de Naga University Press、2022年）

日下　渉（くさか　わたる）
東京外国語大学総合国際学研究院教授
政治学、フィリピン地域研究
【主要著書】『反市民の政治学――フィリピンの民主主義と道徳』（法政大学出版会、2013年）、*Moral Politics in the Philippines: Inequality, Democracy, and the Urban Poor* (Singapore University Press and Kyoto University Press, 2017)、『東南アジアと「LGBT」の政治――性的少数者をめぐって何が争われているのか』（編著、明石書店、2021年）、『現代フィリピンの地殻変動――新自由主義の深化・政治制度の近代化・親密性の歪み』（編著、花伝社、2023年）

エリア・スタディーズ　154
フィリピンを知るための64章

2016年12月31日　初版第1刷発行
2024年 7 月30日　初版第4刷発行

編著者　大野拓司
　　　　鈴木伸隆
　　　　日下　渉
発行者　大江道雅
発行所　株式会社　明石書店

〒101-0021 東京都千代田区外神田 6-9-5
電話　03（5818）1171
FAX　03（5818）1174
振替　00100-7-24505
http://www.akashi.co.jp

組版　有限会社秋耕社
装丁　明石書店デザイン室
印刷・製本　モリモト印刷株式会社

（定価はカバーに表示してあります）　ISBN 978-4-7503-4456-0

エリア・スタディーズ

1 **現代アメリカ社会を知るための60章**
明石紀雄、川島浩平 編著

2 **イタリアを知るための62章**【第2版】
村上義和 編著

3 **イギリスを旅する35章**
辻野功 編著

4 **モンゴルを知るための65章**【第2版】
金岡秀郎 著

5 **パリ・フランスを知るための44章**
梅本洋一、大里俊晴、木下長宏 編著

6 **現代韓国を知るための61章**【第3版】
石坂浩一、福島みのり 編著

7 **オーストラリアを知るための58章**【第3版】
越智道雄 著

8 **現代中国を知るための54章**【第7版】
藤野彰 編著

9 **ネパールを知るための60章**
日本ネパール協会 編

10 **アメリカの歴史を知るための65章**【第4版】
富田虎男、鵜月裕典、佐藤円 編著

11 **現代フィリピンを知るための61章**【第2版】
大野拓司、寺田勇文 編著

12 **ポルトガルを知るための55章**【第2版】
村上義和、池俊介 編著

13 **北欧を知るための43章**
武田龍夫 著

14 **ブラジルを知るための56章**【第2版】
アンジェロ・イシ 著

15 **ドイツを知るための60章**
早川東三、工藤幹巳 編著

16 **ポーランドを知るための60章**
渡辺克義 編著

17 **シンガポールを知るための65章**【第5版】
田村慶子 編著

18 **現代ドイツを知るための67章**【第3版】
浜本隆志、髙橋憲 編著

19 **ウィーン・オーストリアを知るための57章**【第2版】
広瀬佳一、今井顕 編著

20 **ハンガリーを知るための60章**【第2版】 ドナウの宝石
羽場久美子 編著

21 **現代ロシアを知るための60章**【第2版】
下斗米伸夫、島田博 編著

22 **21世紀アメリカ社会を知るための67章**
明石紀雄 監修　赤尾千波、大類久恵、小塩和人、落合明子、川島浩平、高野泰 編

23 **スペインを知るための60章**
野々山真輝帆 著

24 **キューバを知るための52章**
後藤政子、樋口聡 編著

25 **カナダを知るための60章**
綾部恒雄、飯野正子 編著

26 **中央アジアを知るための60章**【第2版】
宇山智彦 編著

27 **チェコとスロヴァキアを知るための56章**【第2版】
薩摩秀登 編著

28 **現代ドイツの社会・文化を知るための48章**
田村光彰、村上和光、岩淵正明 編著

29 **インドを知るための50章**
重松伸司、三田昌彦 編著

30 **タイを知るための72章**【第2版】
綾部真雄 編著

31 **パキスタンを知るための60章**
広瀬崇子、山根聡、小田尚也 編著

32 **バングラデシュを知るための66章**【第3版】
大橋正明、村山真弓、日下部尚徳、安達淳哉 編著

33 **イギリスを知るための65章**【第2版】
近藤久雄、細川祐子、阿部美春 編著

34 **現代台湾を知るための60章**【第2版】
亜洲奈みづほ 著

35 **ペルーを知るための66章**【第2版】
細谷広美 編著

36 **マラウィを知るための45章**【第2版】
栗田和明 著

37 **コスタリカを知るための60章**【第2版】
国本伊代 編著

38 **チベットを知るための50章**
石濱裕美子 編著

39 **現代ベトナムを知るための63章**【第3版】
岩井美佐紀 編著

40 **インドネシアを知るための50章**
村井吉敬、佐伯奈津子 編著

41 **エルサルバドル、ホンジュラス、ニカラグアを知るための45章**
田中高 編著

42 **パナマを知るための70章**【第2版】
国本伊代 編著

43 **イランを知るための65章**
岡田恵美子、北原圭一、鈴木珠里 編著

44 **アイルランドを知るための70章**【第3版】
海老島均、山下理恵子 編著

エリア・スタディーズ

45 **メキシコを知るための60章**
吉田栄人 編著

46 **中国の暮らしと文化を知るための40章**
東洋文化研究会 編

47 **現代ブータンを知るための60章**【第2版】
平山修一 著

48 **バルカンを知るための66章**【第2版】
柴宜弘 編著

49 **現代イタリアを知るための44章**
村上義和 編著

50 **アルゼンチンを知るための54章**
アルベルト松本 著

51 **ミクロネシアを知るための60章**【第2版】
印東道子 編著

52 **アメリカのヒスパニック＝ラティーノ社会を知るための55章**
大泉光一、牛島万 編著

53 **北朝鮮を知るための55章**【第2版】
石坂浩一 編著

54 **ボリビアを知るための73章**【第2版】
真鍋周三 編著

55 **コーカサスを知るための60章**
北川誠一、前田弘毅、廣瀬陽子、吉村貴之 編著

56 **カンボジアを知るための60章**【第3版】
上田広美、岡田知子、福富友子 編著

57 **エクアドルを知るための60章**【第2版】
新木秀和 編著

58 **タンザニアを知るための60章**【第2版】
栗田和明、根本利通 編著

59 **リビアを知るための60章**【第2版】
塩尻和子 編著

60 **東ティモールを知るための50章**
山田満 編著

61 **グアテマラを知るための67章**【第2版】
桜井三枝子 編著

62 **オランダを知るための60章**
長坂寿久 著

63 **モロッコを知るための65章**
私市正年、佐藤健太郎 編著

64 **サウジアラビアを知るための63章**【第2版】
中村覚 編著

65 **韓国の歴史を知るための66章**
金両基 編著

66 **ルーマニアを知るための60章**
六鹿茂夫 編著

67 **現代インドを知るための60章**
広瀬崇子、近藤正規、井上恭子、南埜猛 編著

68 **エチオピアを知るための50章**
岡倉登志 編著

69 **フィンランドを知るための44章**
百瀬宏、石野裕子 編著

70 **ニュージーランドを知るための63章**
青柳まちこ 編著

71 **ベルギーを知るための52章**
小川秀樹 編著

72 **ケベックを知るための56章**【第2版】
日本ケベック学会 編

73 **アルジェリアを知るための62章**
私市正年 編著

74 **アルメニアを知るための65章**
中島偉晴、メラニア・バグダサリヤン 編著

75 **スウェーデンを知るための64章**【第2版】
村井誠人 編著

76 **デンマークを知るための70章**【第2版】
村井誠人 編著

77 **最新ドイツ事情を知るための50章**
浜本隆志、柳原初樹 著

78 **セネガルとカーボベルデを知るための60章**
小川了 編著

79 **南アフリカを知るための60章**
峯陽一 編著

80 **エルサルバドルを知るための66章**【第2版】
細野昭雄、田中高 編著

81 **チュニジアを知るための60章**
鷹木恵子 編著

82 **南太平洋を知るための58章** メラネシア ポリネシア
吉岡政徳、石森大知 編著

83 **現代カナダを知るための60章**【第2版】
飯野正子、竹中豊 総監修 日本カナダ学会 編

84 **現代フランス社会を知るための62章**
三浦信孝、西山教行 編著

85 **ラオスを知るための60章**
菊池陽子、鈴木玲子、阿部健一 編著

86 **パラグアイを知るための50章**
田島久歳、武田和久 編著

87 **中国の歴史を知るための60章**
並木頼壽、杉山文彦 編著

88 **スペインのガリシアを知るための50章**
坂東省次、桑原真夫、浅香武和 編著

89 **アラブ首長国連邦（UAE）を知るための60章**
細井長 編著

エリア・スタディーズ

90 コロンビアを知るための60章　二村久則 編著
91 現代メキシコを知るための70章【第2版】　国本伊代 編著
92 ガーナを知るための47章　高根務、山田肖子 編著
93 ウガンダを知るための53章　吉田昌夫、白石壮一郎 編著
94 ケルトを旅する52章　イギリス・アイルランド　永田喜文 著
95 トルコを知るための53章　大村幸弘、永田雄三、内藤正典 編著
96 イタリアを旅する24章　内田俊秀 編著
97 大統領選からアメリカを知るための57章　越智道雄 著
98 現代バスクを知るための60章【第2版】　萩尾生、吉田浩美 編著
99 ボツワナを知るための52章　池谷和信 編著
100 ロンドンを旅する60章　川成洋、石原孝哉 編著
101 ケニアを知るための55章　松田素二、津田みわ 編著
102 ニューヨークからアメリカを知るための76章　越智道雄 著
103 カリフォルニアからアメリカを知るための54章　越智道雄 著
104 イスラエルを知るための62章【第2版】　立山良司 編著
105 グアム・サイパン・マリアナ諸島を知るための54章　中山京子 編著
106 中国のムスリムを知るための60章　中国ムスリム研究会 編
107 現代エジプトを知るための60章　鈴木恵美 編著
108 カーストから現代インドを知るための30章　金基淑 編著
109 カナダを旅する37章　飯野正子、竹中豊 編著
110 アンダルシアを知るための53章　立石博高、塩見千加子 編著
111 エストニアを知るための59章　小森宏美 編著
112 韓国の暮らしと文化を知るための70章　舘野晳 編著
113 現代インドネシアを知るための60章　村井吉敬、佐伯奈津子、間瀬朋子 編著
114 ハワイを知るための60章　山本真鳥、山田亨 編著
115 現代イラクを知るための60章　酒井啓子、吉岡明子、山尾大 編著
116 現代スペインを知るための60章　坂東省次 編著
117 スリランカを知るための58章　杉本良男、高桑史子、鈴木晋介 編著
118 マダガスカルを知るための62章　飯田卓、深澤秀夫、森山工 編著
119 新時代アメリカ社会を知るための60章　明石紀雄 監修　大類久恵、落合明子、赤尾千波 編著
120 現代アラブを知るための56章　松本弘 編著
121 クロアチアを知るための60章　柴宜弘、石田信一 編著
122 ドミニカ共和国を知るための60章　国本伊代 編著
123 シリア・レバノンを知るための64章　黒木英充 編著
124 EU（欧州連合）を知るための63章　羽場久美子 編著
125 ミャンマーを知るための60章　田村克己、松田正彦 編著
126 カタルーニャを知るための50章　立石博高、奥野良知 編著
127 ホンジュラスを知るための60章　桜井三枝子、中原篤史 編著
128 スイスを知るための60章　スイス文学研究会 編
129 東南アジアを知るための50章　今井昭夫 編集代表　東京外国語大学東南アジア課程 編
130 メソアメリカを知るための58章　井上幸孝 編著
131 マドリードとカスティーリャを知るための60章　川成洋、下山静香 編著

エリア・スタディーズ

132 **ノルウェーを知るための60章**
大島美穂、岡本健志 編著

133 **現代モンゴルを知るための50章**
小長谷有紀、前川愛 編著

134 **カザフスタンを知るための60章**
宇山智彦、藤本透子 編著

135 **内モンゴルを知るための60章**
ボルジギン・ブレンサイン 編著　赤坂恒明 編集協力

136 **スコットランドを知るための65章**
木村正俊 編著

137 **セルビアを知るための60章**
柴宜弘、山崎信一 編著

138 **マリを知るための58章**
竹沢尚一郎 編著

139 **ASEANを知るための50章【第2版】**
黒柳米司、金子芳樹、吉野文雄、山田満 編著

140 **アイスランド・グリーンランド・北極を知るための65章**
小澤実、中丸禎子、高橋美野梨 編著

141 **ナミビアを知るための53章**
水野一晴、永原陽子 編著

142 **香港を知るための60章**
吉川雅之、倉田徹 編著

143 **タスマニアを旅する60章**
宮本忠 著

144 **パレスチナを知るための60章**
臼杵陽、鈴木啓之 編著

145 **ラトヴィアを知るための47章**
志摩園子 編著

146 **ニカラグアを知るための55章**
田中高 編著

147 **台湾を知るための72章【第2版】**
赤松美和子、若松大祐 編著

148 **テュルクを知るための61章**
小松久男 編著

149 **アメリカ先住民を知るための62章**
阿部珠理 編著

150 **イギリスの歴史を知るための50章**
川成洋 編著

151 **ドイツの歴史を知るための50章**
森井裕一 編著

152 **ロシアの歴史を知るための50章**
下斗米伸夫 編著

153 **スペインの歴史を知るための50章**
立石博高、内村俊太 編著

154 **フィリピンを知るための64章**
大野拓司、鈴木伸隆、日下渉 編著

155 **バルト海を旅する40章**　7つの島の物語
小柏葉子 著

156 **カナダの歴史を知るための50章**
細川道久 編著

157 **カリブ海世界を知るための70章**
国本伊代 編著

158 **ベラルーシを知るための50章**
服部倫卓、越野剛 編著

159 **スロヴェニアを知るための60章**
柴宜弘、アンドレイ・ベケシュ、山崎信一 編著

160 **北京を知るための52章**
櫻井澄夫、人見豊、森田憲司 編著

161 **イタリアの歴史を知るための50章**
高橋進、村上義和 編著

162 **ケルトを知るための65章**
木村正俊 編著

163 **オマーンを知るための55章**
松尾昌樹 編著

164 **ウズベキスタンを知るための60章**
帯谷知可 編著

165 **アゼルバイジャンを知るための67章**
廣瀬陽子 編著

166 **済州島を知るための55章**
梁聖宗、金良淑、伊地知紀子 編著

167 **イギリス文学を旅する60章**
石原孝哉、市川仁 編著

168 **フランス文学を旅する60章**
野崎歓 編著

169 **ウクライナを知るための65章**
服部倫卓、原田義也 編著

170 **クルド人を知るための55章**
山口昭彦 編著

171 **ルクセンブルクを知るための50章**
田原憲和、木戸紗織 編著

172 **地中海を旅する62章**　歴史と文化の都市探訪
松原康介 編著

173 **ボスニア・ヘルツェゴヴィナを知るための60章**
柴宜弘、山崎信一 編著